우리 역사에서
왜곡되고 사라진

근현대
인물
한국사

우리 역사에서
왜곡되고 사라진

근현대
인물
한국사

초판 1쇄 인쇄 2021년 4월 9일
초판 1쇄 발행 2021년 4월 19일

지은이 하성환
펴낸이 김승희
펴낸곳 도서출판 살림터

기획 정광일
편집 이희연
북디자인 꼬리별

인쇄·제본 (주)현문
종이 (주)명동지류

주소 서울시 양천구 목동동로 293, 22층 2215-1호
전화 02-3141-6553
팩스 02-3141-6555
출판등록 2008년 3월 18일 제313-1990-12호
이메일 gwang80@hanmail.net
블로그 http://blog.naver.com/dkffk1020

ISBN 979-11-5930-190-2 03910

우리 역사에서
왜곡되고 사라진

근현대
인물
한국사

하성환 지음

머리말

한국 사회는 역사 정의가 무너진 사회이다. 공동체를 위해 희생한 사람에게 상을 주고 공동체를 배반한 자들을 단죄했어야 했다. 그러나 한국 사회는 역사 청산에 실패했다. 오히려 해방된 조국에서 식민통치 시절 민족을 배반한 자들에 의해 거꾸로 역청산을 당했다. 빼앗긴 나라를 되찾고 민족해방을 위해 자신을 불살랐던 항일독립지사들이 고통받았으며 심지어 목숨마저 지켜내기 어려웠다.

의열단과 조선의용대를 창설해 일제로부터 200억~300억에 이르는 가장 많은 현상금이 나붙었던 약산 김원봉은 쫓기듯이 북쪽을 선택했다. 그뿐 아니라 항일 민족주의 교육을 실천했고 언어독립투쟁인 조선어학회 사건으로 피검돼 고문을 받은 교육사학자 야자 이만규 또한 북행길에 올랐다. 해방공간 몽양 여운형과 정치노선을 같이했고 아들 이정구가 공산주의 혐의를 받은 탓이다. 그렇기에 한국전쟁이 발발하기 이전인데도 가족이 남북으로 갈라져 이산가족이 되었다.

그들이 북쪽을 선택한 것은 당시 남쪽 사회 내 빈발했던 백색테러와 관련이 깊다. 1947년엔 좌우합작을 추진했던 몽양 여운형이 피살됐고 남북합작을 추진했던 백범 김구도 1949년 피살됐다. 친일 반민족 세력들이 미군정 통치 아래 다시 지배세력으로 화려하게 변신한 결과였다. 일제강점기 항일독립지사들을 혹독한 고문으로 죽였던 친일경찰의 대명사 노덕술, 김덕기, 하판락 등도 해방된 조국에서 어떤 처벌도 받지 않았다. 친일 고문경찰이 절대다수였던 친일반민족행위자들은 1949년 '반민특위'가 실패로 끝나면서 누구 한 사람 처벌받지 않았다. 물론 '반민특위' 활동의 좌절은 이승만 정권의 기반이 된 친일세력이 주도한 방해공작의 결과였다.

역사 정의가 좌절되면서 민족의 사회 정의는 곤두박질쳤고 역사적 인물에 대한 평가도 왜곡되거나 굴절되었다. 심지어 항일독립투쟁에 뚜렷한 발자취를 남겼음에도 대중의 기억 속에서 잊히고 사라졌다. 만주 항일무장투쟁의 3대 맹장이었던 송암 오동진 장군이나 한인사회당 연락책으로 그리고 의열단 활동에 깊숙이 관여했던 대암 이태준 선생이 대표적인 사례이다. 나아가 봉오동 전투의 실질적 주역이자 보천보 전투 배후로 일제에 피검돼 6차례 옥고를 치렀던 최운산 장군 역시 마찬가지이다. 현재, 길거리 지나가는 시민 아무나 붙잡고 물어봐도 김좌진은 알아도 오동진은 모른다. 이태준도 몽골 여행을 가서야 알게 되는 경우가 대부분이다. 북간도 제1의 거부이자 노블레스 오블리주를 실천한 최운산 장군은 더더욱 모르는 게 우리 사회의 현실이다. 모두 대중의 기억 속에서 오래도록 잊히고 사라진 인물들이다.

사회주의 계열 항일독립운동으로 들어가면 그 정도가 더욱 심하다. 1930년대 초 혁명적 노동운동에서 활동을 활발히 한 코뮤니스트 김찬을 모르듯이 김찬과 함께 재판을 받고 옥고를 치른 코뮤니스트 항일혁명가 김명시를 모른다. 대한민국 국민이 윤봉길의 홍구 공원 투탄 사건은 알아도 그 거사를 제1선에서 도왔던 이화림은 모른다. 이화림은 김구의 비서이자 김구가 만든 한인애국단 단원으로 이봉창, 윤봉길과 함께 한인애국단 3인방이었다. 이봉창과 윤봉길의 거사를 가장 가까이서 도왔던 실질적인 조력이었음에도 교과서에 한 줄 기록도 없고 대중의 기억 속에서 잊힌 인물이다.

그 이유는 이화림이 코뮤니스트인 데다 여성이었기 때문이다. 항일독립운동을 남성들만 실천한 것이 아님에도 대중의 기억 속에 자리한 여성 항일독립지사들은 유관순, 남자현, 정정화, 김마리아 등으로 손에 꼽을 정도이다. 실제로 국가보훈처에 등재된 여성 항일독립지사는 3%에도 미치질 못한다. 대중은 유관순을 기억하지만, 이화림은 모른다. 그것은 분단이 낳은 비극이자 역사 왜곡이다. 박종홍과 함께 서양철학을 수용한 1세대 철학자이면서 윤동주와 각별한 인연을 맺었던 철학자 박치우 역시 대중의 기억 속에서 완전히 잊힌 인물이다. 모두 분단이 빚은 비극이자 한국근현대사에서 상실된 부분이다.

역사 정의가 좌절되면서 역사가 왜곡되고 굴절된 경우도 적지 않다. 친일 세력이 민족세력으로 둔갑한 경우가 그 예이다. 오죽했으면 친일인명사전에 등재된 인물이 박정희 정권 시절 항일독립유공자를 심사하는 심사위원으로 행세했을까! 삼국사기 초기기록 불신론을 주장한 쓰다 소키치의 제자 이병도는 총독부 조선사편수회에 관여했을 뿐만 아니라 그 스스로 삼국사기 초기기록을 불신했다. 삼국사기 초기기록이 조작됐다고 주장한 것이다.

마찬가지로 과학적 언어학을 소개한 경성제대 고바야시나 언어학의 가치중립성을 강조한 오쿠라 신페이를 '좋은 스승', '나의 스승', '은사'로 기억하는 이희승은 이숭녕과 함께 주시경의 언어민족주의 학파와 맞서며 한글전용을 부정하고 국한문혼용을 주장했다. 오늘날에도 논란이 되는 초등교과서 한자병기 주장은 경성제대-서울대를 중심으로 하는 관학아카데미즘 학문 권력이 주시경의 언어민족주의 학파를 압도한 결과이다.

박정희 유신 이념인 국가주의 철학을 정립하는 데 적극적으로 협조한 철학자 박종홍이 지나치게 미화된 것도 마찬가지이다. 그런가 하면 1세대 서양철학자이자 경성제대 일본인 스승으로부터 '천재' 철학자로 찬사를 받은 박치우는 빨치산 유격대 활동 와중에 군경토벌대에 사살되면서 완전히 대중의 기억 속에서 지워졌다.

독재자 이승만을 '이순신'에 비유하고 박정희를 '세종대왕과 이순신을 합체한 인물'로 극찬했던 노산 이은상은 어떠한가. 마산이 낳은 문인 가운데엔 천상병 시인도 있고 카프 문학의 지도자 권환도 있다. 그러나 역사 정의가 무너진 한국 사회에선 독재자 이승만-박정희-전두환을 연이어 찬양한 노산 이은상만 기억하게 했다. 이후 마산지역 시민들의 노력으로 '노산문학관'이 '마산문학관'으로 개칭된 것은 그나마 다행스러운 일이 아닐 수 없다.

역사란 지나가버린 과거사만을 말하는 것이 아니다. 역사는 역사전쟁을 치르며 다시 쓰이고 있다. 특히 역사 정의가 무너진 사회에선 사회 정의를 바로 세우기 힘들고 학문 정의 역시 마찬가지이다. 치열하게 전개되고 있는 오늘날 한국근현대사의 숱한 장면과 격랑 속에서 망각되고 사라진 역사적 인물들을 발굴해 내는 것은 일견 한국근현대사의 내용을 풍부하게 만드는 뜻깊은 일이 아닐 수 없다. 나아가 분단과 과잉이념으로 굴절된 인물들을 제대로 바라보고 객관적으로 평가하는 작업 또한 매우 가치 있는 일이라 생각한다.

자라나는 후손들을 위해서도 역사는 공과 과를 모두 함께 기술해야 한다. 친일인명사전에 등재된 김동인의 문학 업적과 정신을 기리는 '동인문학상'이 수십 년이 지난 오늘날 여전히 논란인 것은 역사 정의가 무너진 곳에 문학 정의를 바로 세우는 게 쉽지 않은 일임을 반증한다. 김동인의 공과 과를 바르게 기술함으로써 '동인문학상'이 과연 기념할 만한 문학상인지 되묻고 성찰하는 것은 오늘날 피할 수 없는 시대의 과제로 떠올랐다. 우리는 후손에게 역사 정의를 바로 세워 역사가 모든 사람에게 좋은 삶의 거울이자 나침판이 되도록 노력해야 한다.

이 책에 실린 글들은 그동안 〈진보평론〉, 〈교육비평〉, 〈순국〉, 〈밀양문학〉 등 잡지에 기고한 내용을 읽기 쉽게 다시 수정해 편집한 것이다. 이 책이 나오기까지 도움을 준 황지숙 선생님, 안정애 선생님, 임선일 선생님, 야학 친구들, 민족문제연구소 박용규 박사, 대중문예비평가 늘샘 김상천 선생님, 언론개혁시민연대 최성주 대표에게 고마움을 전하고 싶다. 아울러 어려운 출판 환경 속에서도 예쁜 책으로 정성을 다해 출간해 주신 살림터 이희연 편집자와 정광일 대표께 마음 깊이 고마움을 전하고 싶다. 끝으로 하늘길로 떠난 누이를 추모하며 하제숙 선생님에게 삼가 이 책을 바친다.

2021년 2월에 하성환 씀

차례

1.

진보의 시각에서 본
이희승 비판

민족주의 언어학과 관학아카데미즘의 충돌

1. 문세영이 만든 『조선어 사전』에 대한 근거 없는 비판

"정부의 '한글전용정책'에 맞서서 '한자 교육을 통한 국어 교육의 정상화'를 목표로 … (중략) … 94년이라는 긴 세월을 살아오는 동안 한 번도 지조를 굽힌 일이 없었다."[1] 네이버 지식백과에 나온 이희승에 대한 평가이다. 그런가 하면 한국학 중앙연구원의 민족문화대백과에서는 "단어와 어휘 분야에도 큰 관심을 기울여 1961년에 발행한 『국어대사전』(수록어휘 257,854)은 또 하나의 위대한 업적이었다"라고 기술하고 있다. 학술원공로상(1957), 서울특별시교육공로상(1960), 건국훈장 독립장(1962), 인촌문화상(1978), 국민훈장 무궁화장(1989)을 받은 이희승은 과연 한국 국어학계에서 정말로 존경할 만한 인물일까?

시 「박꽃」, 수필 「딸깍발이」, 「벙어리 냉가슴」 등 문학작품을 남겼으며 사람들에게 딸깍발이 선비상을 보여준 이희승은 청렴하고 온화한 미소, 검약한 생활로 깊은 자취를 남긴 학자로 평가받는다. 더구나 언

---

1. https://terms.naver.com/entry.nhn?docId=3577549&cid=59011&categoryId=59011

문세영이 편찬한 『조선어 사전』
일제강점기 시절 청람 문세영이 1938
년 10년 고행 끝에 만든 『조선어 사전』
은 우리말로 풀이를 단 최초의 국어사
전이다. 국어사전편찬사에서 위대한
업적으로 길이 남을 일이다. 6·25 전쟁
당시 1951년 납북돼 1952년 사망하
였지만, 아직 독립유공자로 추서되지
못하고 있다. (출처: 한국민족문화대백
과사전)

어독립투쟁이자 항일운동인 '조선어학
회'(1942) 사건 당시 옥고를 치른 독립
유공자이다. 실제로 이희승은 '조선어
학회' 사건 당시 이극로, 최현배에 이
어 세 번째로 높은 징역형을 받은 인
물이다. 그는 해방이 되어 8월 17일 들
것에 실려 나온 이극로, 최현배와 함
께 함흥형무소에서 출소한다. 그리고
가난하지만, 남산골샌님처럼 지조를
잃지 않고 꼿꼿한 선비 학자로서 후학
을 길러내고 국어학계에 뛰어난 자취
를 남겼다고 알려져 있다.

그런데도, 국어학자 이희승의 지나
온 발자취에는 오점이 있고 그 오점은 국어학사와 국어운동사에서 결
코 가볍게 다뤄질 수 없을 해악이다. 하나는 문세영의 『조선어 사전』 편
찬에 대한 근거 없는 폄훼와 그에 따라 이루어진 이희승의 『국어대사
전』에 대한 세간의 과대평가이다.

두 번째는 한글전용론자로서 출발했음에도 꼿꼿한 선비로서 지조를
지키지 않고 한글전용론에 맞서 국한문혼용론으로 전향(?) 내지 변절
(?)해 주시경 학파의 한글전용론과 대립한 점이다. 이는 해방 후 벌어
진 국어학계의 대립, 분열과 관련이 깊다.

먼저 문세영의 『조선어 사전』 편찬에 대해 이어진 근거 없는 폄훼과
정을 살펴보자. 일찍이 문세영의 『조선어 사전』 편찬에 관해 연구해 온
문세영 연구의 권위자 박용규 박사(민족문제연구소 연구위원)에 따르면

문세영은 이희승과 마찬가지로 조선어학회 회원으로서 스스로 고군분투하여 1938년 우리말로 풀이를 한 최초의 조선어 사전을 편찬한 분이다.

문세영의 『조선어 사전』 편찬은 항일 전쟁 말기 제국주의 일본 군대와 마지막까지 치열하게 전투를 벌이던 항일부대 조선의용군을 감동시키고 사기를 크게 진작시켰다. 조선의용대 출신 작가 고 김학철은 자신들의 적구 선무공작에 대해 이렇게 회고했다.

"적의 점령지역에서 목숨 걸고 일본군 봉쇄선을 탈출해 태항산 항일부대로 넘어온 애국적인 조선 청년들이 배낭에서 갓 출간된 문세영의 『조선어 사전』을 꺼내 놓았다. 그러자 조선인 항일전사들은 '오! 우리말이 아직도 살아 있구나!'라고 탄성을 지르며 주체할 수 없는 감동을 받았다."

_김학철(1994). 『누구와 함께 지난날의 꿈을 이야기하랴』. 145쪽[2]

1938년 간행된 문세영의 『조선어 사전』(1938)은 이희승의 『국어대사전』(1961)이 출간되기 전까지 이윤재의 『표준 조선말 사전』(1947)과 더불어 23년간 우리나라를 대표하는 국어사전이었다.[3] 1939년 1월 1일자 『동아일보』 15면에 「단 두 평 되는 마루에서 조선어 사전 완성」이라는 2단 기사가 자세히 소개돼 나온다.

"감격할 일이다. 정음 반포 493년 되는 지난해(필자 주: 1938

---

2. 김학철(1994). 『누구와 함께 지난날의 꿈을 이야기하랴』. 실천문학사. 145쪽.
3. 박용규(2011). 『조선어학회 항일투쟁사』. 한글학회. 88~89쪽.

년) 7월 비로소 숨은 독학자 청람 문세영 씨의 10년 연한의 결정으로써 우리로서 처음 가져보는 역사적인 대저가 세상에 나왔으니 그는 곧 조선어 사전이다. (중략) 조선어 사전 초판 1천 부가 나온 지 불과 순일에 다 없어지고 다시 재판이 세상에 나오게 되었으니…(중략) 10만여의 어휘로 엮어진 범 1천7백여 페이지의 거대한 저술 그것이 개인의 힘으로 이루어졌다는 것부터 놀랄 일이 아닐 수 없다…(중략) 중학 시절부터 조선말에 대한 관심이 컸으나 어디 하나 책으로 밝혀준 것이 없음에 은연히 발분하여 동양대학 시대부터 이것을 이루어보겠다는 결심을 굳게 하여 한 가지 두 가지 어휘를 모으기 시작한 것이…(중략) 배재고보 교편까지 버리고 재산 전부를 팔아서 은행에 넣고 감 꼬지 빼어 먹듯 하며 3년을 작정하고 들어앉아서는 하루 평균 4시간의 수면으로 제때에 못 먹고 오로지 일심 정력으로…(중략) 우리도 조선말 사전을 갖게 되었다는 것부터가 감격하지 않을 수 없으며 이 기쁨을 얻기 위하여 10년 동안 고난의 길을 밟아 온 저자에게 우리는 무한한 경의를 표하지 않을 수 없다."[4]

그리하여 해방 직후 1946년 7월 조선어학회는 문세영에게 우리글을 빛낸 3대 저술가로 큰 잔치를 열어 주었다. 외솔 최현배 선생의 『우리말본』(1937), 김윤경의 『조선문자급어학사』(1938), 그리고 청람 문세영의 『조선어 사전』(1938)이 그것이다. 더구나 3년 뒤에는 한글학회 회원들이 일제의 강도 같은 민족말살정책 아래에서 오로지 한글 연구와 민족문

---

4. 『동아일보』. 1939. 1. 1.

화를 일구는 데 크게 기여한 노고를 치하하며 축하연을 베풀어주기도 했다. 바로 최현배, 문세영, 김윤경, 양주동 네 분의 '국어학 도서 출판 기념 축하회'가 1949년 10월 상공회의소 제1회의실에서 개최된 것이다.[5]

그런데 이희승은 1957년과 1976년 두 차례에 걸쳐 문세영의 『조선어 사전』 편찬에 대해 그의 노고를 폄훼하는 발언을 한다. 1957년 한글학자 환산 이윤재의 인물평을 하면서 문세영의 조선어 사전은 원고 재료나 카드의 태반이 이윤재의 손으로 만들어졌다고 하며 조선어 사전 출간 비밀을 폭로한다. 그리고 문세영으로부터 사례 인사조차 받지 못한 이윤재가 '고약한 친구'라고 문세영을 비난했다는 것이다. 이어 문세영이 이윤재의 사전 원고를 빼돌렸고 사전 출간에 대해 이윤재가 노발대발 분개했다[6]는 주장을 한다.

그러나 박용규 박사의 연구에 따르면, 이윤재와 함께 조선어학회 사무실에서 활동했던 이석린의 증언이나 조선어학회 기관지 『한글』 제10호에 기고한 신영철의 「문세영 선생이 지은 조선어 사전」을 볼 때 이희승의 문세영 비판은 사실이 아님을 알 수 있다. 또한 이윤재와 함께 사전 편찬 작업을 했던 정인승, 그리고 가까운 거리에서 이윤재 선생을 지켜본 조선어학회 사전편찬원의 증언 역시 이희승의 문세영 비판이 근거 없음을 증명해 준다. 오히려 그분들의 증언은 이윤재의 사전 편찬과 별개로 문세영 선생이 사전 편찬 작업을 진행했다는 사실을 알려 준다. 1936년 천신만고 끝에 문세영은 『조선어 사전』 초고를 완성하였고 이를 들고 1937년 이윤재의 지도와 교정을 받았다는 것이다.

---

5. 『자유신문』. 1949. 10. 23.
6. 박용규(2011). 「이희승의 문세영 『조선어 사전』 비판에 대한 검토」. 『국학연구』 제18집. 430~433쪽.

그뿐만 아니라 문세영은 1938년 『조선어 사전』 편찬 당시 머리말에서 이윤재의 지도와 교정에 대해 감사의 인사말을 전하고 있다. 박용규 박사는 연구 논문을 통해 계속해서 다음과 같이 주장한다.

"정말로 이희승의 주장대로 문세영이 이윤재의 원고를 빼돌렸다면 어떻게 해방 후 조선어학회에서 큰 잔치를 베풀어줄 수 있었겠는가? 일제 강점기인 1938년 문세영의 『조선어 사전』이 출간되었을 때 조선어학회의 기관지인 『한글』잡지에 광고까지 게재해줄 수 있었겠는가?"[7]

그 광고에선 오히려 문세영의 『조선어 사전』이 '탁월한 정력으로 다년간 심혈을 기울여 만든 저술'임을 강조하고 있다. 그러면서 '훈민정음이 제정된 지 사백구십 년이 넘도록 순전한 조선말로 된 사전이 일찍이 없었다'라며 '많이 주문해달라'라는 독려도 함께한다.[8]

그래서 이희승이 문세영을 비판한 시기에 주목할 필요가 있다. 1957년은 이희승이 서울대 문리대 학장에 재직할 시기였다. 그리고 한글학회의 숙원 사업이었던 『큰 사전』이 출간된 시기이기도 하다. 문제는 이희승이 1956년 5월부터 100명이 넘는 인력의 도움을 받으며 『국어대사전』 편찬에 들어갔다는 사실이다. 이희승의 『국어대사전』은 수록된 사전 어휘의 70%가 한자어로 구성되어 추후 한자병기운동의 구실을 스스로 구축했음을 짐작할 수 있다. 일찍이 '딸깍발이 선비' 이희승의 허상을 분석적으로 비판한 김영환 교수(부경대)의 연구 논문들[9]을 보아도

---

7. 박용규(2011). 위의 논문. 436쪽, 448쪽.
8. 박용규(2011). 위의 논문. 435~447쪽 참고.

이희승의 『국어대사전』 출간은 세간의 평가와 달리 지나치게 과대 포장된 느낌이다.

그 안에 내용도 일본식 한자말을 되도록 많이 수록하고 토박이말을 일부러 많이 빠뜨렸다. 어휘 수를 늘리기 위해 한자 숙어도 올리고 심지어 '언행군자지추기(言行君子之樞機)' 같은 한문마저 올렸다. 그런가 하면 '예스, 굿 모닝, 고잉 마이 웨이' 같은 외국어도 수록했다. 외래어와 외국어의 구별 자체를 허물어버린 것이다. 한마디로 1957년 한글학회가 완간한 『큰사전』과 대결하기 위해 감정적인 집념으로 『국어대사전』을 만든 것이다. 결국 사전 편찬을 시작한 지 6년째인 1961년 이희승은 『국어대사전』을 발간한다. 그리고 이 사전은 처음 발간된 1961년 이래 1994년까지 33쇄를 찍을 정도로 널리 대중화된다. 일본 『광사원』을 모방 또는 베낀 것이라는 주장이 오래전부터 있어 왔지만[10] 일부 학자들은 사전편찬사에서 기념비적 사건으로, 그리고 일반 대중은 위대한 업적으로 이를 칭송해 왔다.

문세영의 10만 어휘나 한글학회의 16만 어휘를 훨씬 뛰어넘는 25만 어휘를 담은 사전을 발행한 것도 과대평가에 한몫했다. 한자어뿐만 아니라 외국어까지 잡다하니 다 끌어 모아 수록어휘 수를 크게 부풀린 결과이다. 문제는 이희승의 『국어대사전』이 조선어학회의 후신인 한글

9. 이희승의 허상을 비판한 논문으로 김영환(2001). 「'과학적' 국어학 비판- 이희승을 중심으로」. 『한글』 제252권; 김영환(2002). 「다시 생각해 보는 최현배와 이희승」. 『나라사랑』 제103호; 김영환(2007). 「한글사랑 운동의 역사적 성격과 그 앞날」. 『한글』 제276권; 김영환(2015). 「'과학적' 국어학의 유산-경성제대와 서울대」. 『仙道文化』 제19집; 김영환(2016). 「이희승의 '딸깍발이'에 나타난 선비관 비판-'과학적' 국어학과 연관하여」. 『仙道文化』 제20집을 참고하시라.
10. 김영환(2001). 「'과학적' 국어학 비판-이희승을 중심으로」. 『한글』 제252권. 257~258쪽.

학회의 학문적 전통과 대항하기 위해 만들었다는 것이다. 그리하여 『국어대사전』은 이희승, 이숭녕을 비롯한 경성제대-서울대로 이어지는 관학아카데미즘이라는 학문 권력과 그 후광에 힘입어 판을 거듭하였다. 그 결과 이희승의 『국어대사전』은 오랫동안 한국 사회에서 대표적인 국어사전으로 통칭되었고 그것이 문제의 본질이 되었다.

한글학회의 『큰사전』을 뛰어넘는, 그러면서 이희승 자신이 만든 『국어대사전』을 돋보이게 하도록 일부러 문세영의 『조선어 사전』을 폄훼한 것으로 볼 수 있다. 그는 앞서 만들어진 문세영의 『조선어 사전』이나 한글학회의 『큰사전』의 어휘를 도용까지는 아니더라도 참고한 것 또한 분명하다. 그렇다면 이희승의 주장대로 '문세영이 이윤재의 원고(글자 카드)를 훔쳤다'기보다 이희승이 문세영의 것을 활용했다고 볼 수도 있다. 참으로 기막힌 일이 아닐 수 없다. 문세영은 한국전쟁 와중인 1951년 납북되었고 1952년 사망했다고 전해진다.[11]

그런데도 1950년대까지 문세영의 『조선어 사전』은 수정 증보돼 16판이 나올 정도로 큰 인기를 누리고 있었다. 이런 문세영의 업적은 이희승의 근거 없는 폄훼로 퇴색되고 차츰 대중의 기억 속에서 잊혔다.

2. '딸깍발이 선비' 학자의 변심
-한글전용에서 국한문혼용으로

두 번째로 이희승의 학문적 변심을 살펴보자. 이희승은 애초에 한

---

11. 박용규(2014). 『조선어학회 33인』. 역사공간. 263쪽.

글전용론자였다. 일제강점기에서는 물론이고 해방 직후에도 '한글전용
촉진회' 부회장(회장 최현배)을 맡을 정도였다. 한자 제한론 혹은 한자의
점진적 폐지를 주장했다. 그러나 1968년 정부에서 한글 전용 7개 항을
발표하고 교과서에서 한자를 배제하는 정책을 취하자 이희승은 자신
의 정체를 드러낸다. 1969년 이은상, 그리고 이희승의 제자 남광우가 중
심이 돼 '한국어문교육연구회'를 설립, 이희승 자신은 회장을, 이숭녕은
부회장을 맡으면서 국한문혼용론자로 변신한다.[12] 그간 주장과는 달리
그는 국민의 일상생활에서 국한문혼용이 현명한 어문생활이라고 강변
한다.

여기서 잠깐 '한국어문교육연구회'를 설립한 노산 이은상을 살펴보
자. 그 역시 조선어학회 사건에 직접 연루된 33인 가운데 한 명이다.
한글학회 이사를 역임했지만, 정통 주시경 학파와 달리 국한문혼용론
을 주장했다. 그런데 이은상은 해방 후 이승만 정권, 박정희 정권, 전두
환 정권에 아르기까지 독재정권을 찬양했던 인물이다. 4월 혁명의 도
화선이 된 3·15 부정선거에 대한 항의를 '지성이 실종된 데모'라고 폄훼
했으며 이승만을 '이순신 같은 분'이라고 추켜세웠다. 나아가 박정희를
'이순신과 세종대왕을 합체한 인물'이라고 망언을 일삼았고 죽기 직전
까지도 전두환 5공 정권 국정자문위원으로 참여하였던 매우 극우 성
향의 인물이다.[13]

'한국어문교육연구회'는 한글전용(법) 폐지를 주장하고 '한자교육이
국어교육의 지름길'임을 강조한다. 학교에서 한자교육을 하지 않음으로

---

12. 김영환(2015). 「'과학적' 국어학의 유산-경성제대와 서울대」. 『仙道文化』 제19집.
    88쪽.
13. 박용규(2015). 「해방 이후 조선어학회의 정치지형」. 『仙道文化』 제19집. 73쪽.

써 국민지성의 저하, 학술발전의 저해, 전통문화와 국어교육의 혼란을 야기했다고 역설한다. 그리하여 초등학교부터 한자교육을 시행할 것을 강조하고 모든 교과서를 국한문혼용으로 구성할 것을 강조한다.

이런 변심의 이유에는 학계의 오랜 대립이란 요소도 있다. 한글전용을 주장한 언어민족주의와 한자 섞어 쓰기를 강조한 '과학적' 국어학의 학문적 대립은 일제강점기 시절부터 이어져 왔다. 경성제대 조선어학 및 문학과 출신 가운데 조선어학회에 가입한 인물은 이희승, 방종현, 이숭녕 세 명이다. 방종현은 한글전용에 대해 이렇다 할 자기주장이 없이 1952년 일찍 사망했다. 이숭녕은 해방 후 조선어학회 활동에 일시적으로 참여한다. 이희승은 최현배의 권유로 일제강점기 시절 조선어학회에 가입한다. 입회 당시 조선어학회 회원 다수가 이희승의 입회를 여러 이유로 반대했지만 1930년 경성제대를 졸업한 그해 이희승은 조선어학회에 가입했다.

일제강점기 시절에는 이희승과 최현배 사이에 대립과 갈등이 표면화되진 않았다. 그러다 해방 후인 1949년부터 대립과 갈등이 표면화된다. 이희승은 1949년 조윤제, 이숭녕, 현상윤과 함께 한자 사용 건의안을 국회에서 통과시킨 뒤 1948년 제정 공포된 '한글전용법'을 정면으로 반대한다. 그리고 1950년 상용한자 1천 자를 제정한다. 1949년 중등 말본(문법)교과서 말본(문법)용어 파동, 그리고 1957년 한글학회의 『큰사전』 발간에 대한 이희승의 대응 등에서 보듯 서서히 대립과 갈등이 나타나기 시작한다.

한글학회의 1957년 『큰사전』은 록펠러 재단으로부터 두 차례에 걸쳐 81,400달러에 이르는 원조를 받아 천신만고 끝에[14] 6권을 완간한 것이다. 문제는 한글학회 『큰사전』의 권위에 맞서 이희승이 자신의 사전으로 대결 구도로 만든 것에 있다. 그 대결의 결과가 1961년, 『큰사전』 16만 어휘를 훌쩍 뛰어넘는 25만 어휘의 『국어대사전』 간행이다. 그러한 대립과 갈등은 박정희-전두환 군사정권하에서 경성제대-서울대로 이어지는 '과학적' 국어학의 학맥이 국어학계의 학문 권력을 장악하여 오늘날까지 국한혼용, 즉 한자병기를 강조하는 현실을 만들었다.

일석(一石) 이희승
국한문혼용을 주장한 '딸깍발이 선비' 이희승은 경성제대 스승 오구라 신페이의 '과학적' 언어학을 신봉하며 한글운동을 펼친 한글학회와 대립했다. (출처: 위키백과)

반면에 주시경-최현배의 한글전용론을 따르는 조선어학회는 1949년 한글학회로 명칭을 바꾸고 활동을 했지만, 학계에서의 지위와 영향은 약해졌다. 특히 1970년 최현배 선생이 별세한 이후, 1980년대 후반에 이르면 한글학회 활동이 정체되고 그 위상 또한 쇠락하면서 거꾸로 '과학적' 국어학의 관학아카데미즘이 국어학계 전반의 학문 권력을 장악하였다.

이희승, 이숭녕, 남광우의 '과학적' 국어학의 학맥은 1972년 박정희 정권 문교부를 상대로 한자교육을 부활시키고 고등학교 과정에서 한문교육을 필수로 하도록 했다. 그리고 1978년 상용한자 1800자를 만들어 제시한다. 1984년 전두환 정권에선 이희승의 '한국어문교육연구회'를 중심으로 김형규의 국어학회, 김석하의 국어국문학회, 이응백의 한

---

14. 김선기(1977). 「국어운동, 한글학회의 발자취」. 『나라사랑』 제26호. 43쪽.

국국어교육연구회 등 국어 관련학회 연명으로 '국립 국어연구원 설치 건의서'를 정부에 제출한다.[15] 그리하여 일본의 국립 '국어연구소'를 모방한 학술원 산하 임의단체인 '국어연구소'를 설립하고 이를 바탕으로 1991년 국립 '국어연구원'으로 승격, 발전시킨다. 국립 국어연구원장(오늘날 국립국어원)은 대부분 서울대 출신 인사들이 맡아 왔다.

2015년 초등교과서 한자병기 파동은 오랜 국어학계 학문 권력 투쟁의 산물이자 조윤제, 이희승, 이숭녕으로 대표되는 '과학적' 국어학 후예들의 일대 반격일 뿐이다. 2015년. 한글학회가 중심이 되고 수많은 시민단체와 연대하여 가까스로 초등교과서 한자병기라는 그들의 의도를 저지시켰지만 학문 권력의 역학관계에서 보면 어려운 싸움이 될 전망이다. 따라서 현재를 그 어느 때보다 한글학회의 자기성찰과 일대 혁신이 뒤따라야 할 위기 상황으로 보아야 한다.

본디 언어는 민족의 정신을 담는 그릇이다. 19세기 말 제국주의 열강이 한반도를 침략해 들어올 때 한글운동이 용솟음치듯이 분출한 것은 그 때문이다. 당대 선각자들은 배우기 어려운 한자만의 세계를 철폐하고 누구나 배우기 쉬운 한글세계로의 전환을 열망했다. 『독립신문』 창간호 논설이 그러하고 더 나아가 한문망국론을 역설했다. 『독립신문』 1897년 8월 5일자에는 다음과 같은 논설이 실려 있다.

"백배나 나은 조선 글을 내버리고 어렵고 세상에 경계 없이 만든 청국 글을 기어이 배워 그 글을 숭상하기를 좋아하니 대단히 우습고 개탄할 일이라 (중략) 조선에서 사람들이 한문 글자를

---

15. 이준식(2013). 「해방 후 국어학계의 분열과 대립-언어민족주의와 '과학적' 언어학을 중심으로」. 『한국근현대사연구』 제67집. 112쪽.

가지고 통정하기를 장구히 할 것 같으면 독립하는 생각은 없어질 듯하더라."[16]

신채호 역시 한자전용론을 비판하면서 한문망국론을 역설한다. 그는 우리나라가 비참한 처지에 빠진 이유가 편리한 우리말글을 버리고 한문을 숭상한 폐단에서 비롯되었다고 강조한다.[17] 심지어 조선 유학의 역사가 사대부 지배계층의 폐쇄적인 학문이자 교조적임을 갈파한다. 그리하여 신채호는 '공자의 조선만 있고 조선의 공자는 없다'고 그 폐단을 비판했다.[18] 그러나 한자 폐지, 한문망국론에 대한 반발과 저항 역시 거세게 일어났다. 예를 들어 동도서기론자이자 온건개화론자로 알려진 학부대신 신기선은 "머리 깎고 양복 입는 것은 야만의 시초요, 국문을 쓰고 청국 글을 폐하는 것은 옳지 않고 외국 태양력을 쓰고 청국 황제가 주신 정삭을 폐하는 것은 도리가 아니라"[19]하는 격렬한 상소를 올린다.

그러나 19세기 말 근대 민족국가가 성립되는 과정에 언어는 필수불가결한 요소로 작용하였다. 독립된 근대 민족국가가 자국의 언어를 중시한 것은 당연하다. 모국어를 통해 민족 구성원 간 의식의 통일과 통합을 꾀했던 것은 가장 정치적인 선택이자 역사의 필연이다. 그리고 근대 국민국가 형성 시기에 모국어의 대중적인 보급과 초등과정의 의무교육화는 필수적인 요소다. 그러한 시대의 흐름 속에서 19세기 말 한자

---

16. 『독립신문』. 1897. 8. 5.
17. 『대한매일신보』. 1907. 5. 23.
18. 김영환(2007). 「한글사랑 운동의 역사적 성격과 그 앞날」. 『한글』 제276권. 188쪽.
19. 『독립신문』. 1896. 6. 4.

세계를 폐하고 한글세계로의 급격한 대전환을 시도한 것은 선각자들의 당연한 외침이었다. 더구나 제국주의 열강이 식민지를 탐하는 현실 속에서 배우기 쉽고 편리한 대중적인 언어인 한글을 널리 보급하는 것이야말로 민족의식 형성에 매우 긴요한 시대의 과제였다.

19세기 말 주시경이 『독립신문』 편집에 적극적으로 참여하여 한글운동을 펼친 것은 그 이유이다. 나아가 주시경의 한글 연구와 한글 보급 등 한글운동은 20세기에 들어와서도 줄기차게 진행된다. 주시경의 한글사랑, 한글운동은 민족이 처한 위기의식의 발로에서 나온 자연스러운 민족운동이며 항일독립운동이다.

다시 말해, 20세기 초 주시경-김두봉, 최현배, 이극로, 김윤경의 한글운동은 당대 글자세계를 혁명적으로 뒤집은 역사적 사건이었다. 19세기까지 우리말글을 지배해 온 것은 사대부 양반관료들의 한자세계였다. 한자는 중국글자이고 한문은 조선 지배계층의 이데올로기, 즉 지배사상을 종종 표현하는 도구였다. 그러한 한자세계를 일반 민중들의 한글세계로 전환한 인물이 바로 한힌샘 주시경 선생이다. 한자세계는 제한된 일부 특수지배계층의 언어이자 사대주의 문화의 산물이다. 반면에 한글세계는 일반 민중도 쉽게 다가갈 수 있는 말글로서 자신들의 삶을 오롯이 드러낼 수 있는 주체적인 민족문화이다.

언어를 잃어버리면 민족의식을 잃어버리는 결과를 낳는 것은 당연하다. 제국주의 열강들의 언어가 식민지 토착민들의 문화를 미개한 것으로 무질러버린 것은 그러한 역사의 참담한 결과이다. 따라서 민족의식의 형성을 통해 근대 민족국가 형성에서 가장 중요한 요소는 언어라고 볼 수 있다. 주시경은 이 부분에 주목한 것이다. '언어가 살면 나라가 흥하고 언어가 죽으면 나라가 죽는다'는 주시경의 언어-민족 일체관은 언어민족주의를 가장 잘 드러낸 표현이다.

그리하여 주시경은 전덕기 목사의 상동교회를 중심으로 1900년대 '조선어강습원'을 개설하여 제자들을 길러낸다. 주시경의 한글운동의 주무대가 바로 상동감리교회였다는 것은 그동안의 연구 결과로 밝혀졌다. 그 제자들이 김두봉, 최현배, 김윤경, 권덕규 등이다. 그리고 교회 학교 또는 주일 강연을 통해 한글의 우수성과 과학성을 힘주어 강조한다. 한글강습회를 주기적으로 열었고 지방에서 초청하면 보따리에 국어책을 가득 담아서 출장을 다녀오는 걸 마다하지 않았다. 주시경 선생을 '주보따리'라고 부르는 이유이다. 예정에 없던 숙박을 하면서도 주시경은 열과 성을 다해 가르쳤다. 수제자인 김두봉, 최현배, 권덕규 역시 하계 방학을 이용해 전국 각지를 다니며 스승인 주시경의 한글보급 운동에 진력, 매진하였다.

주시경 선생이 38세의 젊은 나이에 급체라는 이유로 의문의 죽음을 맞는 1914년 여름에도 최현배는 스승인 주시경의 뜻에 따라 멀리 부산 동래지역으로 한글강습회를 떠난다. 한글 보급 운동 중에 주시경의 변고를 듣고 크나큰 충격을 받는 이야기가 나온다. 한글 강습을 떠나는 제자 최현배에게 '잘 다녀오라'라는 격려 말을 했던 것이 마지막이 된 셈이다.

주시경의 언어관은 언어생활, 즉 말글살이와 민족국가는 불가분의 관계라는 것이다. 그리하여 우리 한글을 널리 보급함으로써 민중들이 자신의 생각과 감정을 우리말글로 표현할 수 있도록 분투했다. 그 길이 민족을 외세에 빼앗기지 않는 지름길이자 설혹 식민지로 전락하더라도 언젠가 나라를 되찾을 수 있는 길이 되기 때문이다. 그래서 생경한 외국어를 우리말로 대체하려고 애썼으며 사라지거나 숨겨진 우리 토박이

말들을 찾아내 널리 보급하고자 힘썼다. 그리고 한글 연구를 통해 우리말글의 문법 체계, 바로 말본 체계를 정립하려고 노력했다. 일제강점기 최현배 선생의 『우리말본』(1937)은 한글학회에서 선정한 우리말글을 빛낸 3대 저술 중에 하나가 될 정도였다.

오늘날 남과 북이 분단된 지 75년이 다가오는데도 같은 우리말글을 함께 쓰고 비슷한 말본 체계를 간직한 것도 모두 주시경-김두봉, 이극로, 최현배, 김윤경으로 이어지는 언어민족주의 국어학자들이 분투한 결과이다. 남과 북이 수십 년 동안 헤어져 살았음에도 의사소통에 거의 문제가 없는 것은 이러한 분들의 숨은 공로가 아닐 수 없다. 해방과 함께 김두봉, 이극로, 이만규, 정열모 등 북에 잔류한 한글학자들 모두 한자 폐지와 함께 한글전용을 주도하며 북쪽 언어정책을 담당했고[20] 해방 직후 남쪽 언어정책을 주도한 것은 최현배, 장지영, 이병기 등 주시경 학파였다. 특히 최현배는 8월 17일 함흥형무소 출감 직후에도 상한 몸을 추스르거나 연희전문학교로 돌아가지 않았다. 오히려 미군정 통치 기간 동안 미군정청 문교부 편수국장이 되어 1945년 9월 21일부터 1948년 9월 21일까지 조선어학회와 함께 교과서 편찬과 해방 후 한글전용정책에 심혈을 기울인다. 해방 직후 문맹률 80%가 넘는 현실에서 한글의 보급은 언어정책의 골간을 바로 세우는 작업이자 이 땅에 민주주의를 앞당기는 지름길이었기 때문이다. 한글전용정책, 즉 한글 보급을 통한 교육의 대중화는 미국식 민주주의를 실현하는 미군정의 통치 방침과도 정책적으로 맥락을 같이했다.

그에 비해 관학아카데미즘으로 볼 수 있는 강단학자들, 바로 이희승,

---

20. 이준식(2008). 「최현배와 김두봉-언어의 분단을 막은 두 한글학자」. 『역사비평』. 2008. 2. 55쪽.

외솔 최현배
스승 주시경의 언어민족주의 관점에서 '한글만 쓰기'를 평생 실천했던 외솔 최현배 선생은 언어-민족 일체관을 바탕으로 한글전용을 주장하며 60년대까지 한글학회를 이끌었다. (출처: 대종교 홈페이지)

이숭녕 등은 서울대 국문과 교수라는 학문적 배경을 바탕으로 일제 치하 '과학적' 국어학의 학맥을 제자들에게 널리 퍼뜨렸다. 우리가 오늘날 중·고등학교 시절 배우고 열심히 암기했던 언어의 사회성, 언어의 자연성, 소쉬르의 과학적 언어학 등이 바로 그들에 의해 유포된 지식이다. 과학적 언어학, 소쉬르의 언어학을 우리나라에 처음 소개한 인물이 경성제대 조선어문학과 교수 고바야시다. 그리고 언어학이 과학적으로 중립성을 띠기 위해선 가치 판단으로부터 자유로워야 하고 따라서 언어학이 철저히 가치중립적인 학문임을 표방한 인물이 오구라 신페이다.

이희승, 이숭녕, 조윤제가 기억하는 일본인 학자 오구라 신페이나 고바야시는 그들의 고백처럼 '나의 스승', '은사', '좋은 스승'이다. 더구나 이들 스승은 경성제대 교수들 가운데 정치색이 없는 것으로 알려졌다.[21] 관학아카데미즘의 '과학적' 국어학의 탄생에는 일본인 학자들의 영향이 절대적이었음을 알 수 있는 대목이다. 나아가 언어민족주의 학풍의 한글전용을 주장하는 학자들이 이희승, 이숭녕의 '과학적' 국어학을 '일제 잔재', '식민 학문'으로 비판하는 이유이기도 하다.

그렇다면 언어는 정말로 과학적으로 객관성을 지녀야 하는 가치중립

---

21. 김기협(1994). 「이희승 비판론의 획일주의」. 『말』 1994년 11월호. 215쪽.

적 성격의 학문인가? 오구라 신페이의 주장대로 언어학자는 언어의 재료를 수집하고 이를 비교 분석하는 객관적인 태도에만 머물러야 하는가? 언어민족주의 학자들의 주장대로 새로운 언어를 만들어 내고 이를 널리 퍼뜨리려 애쓰는 한글운동은 학자 본연의 영역이 아닌가? 이러한 논쟁은 국어학계 일반의 해묵은 논쟁이기도 하지만 심지어 기울어진 운동장 상태인 한글학회 자체 내에서 벌어지고 있는 논쟁이기도 하다. 그만큼 한글학회가 오염돼 있다는 방증이라고 볼 수 있다.

2018년 1월과 2월 한글학회 회칙개정 과정에서 벌어진 논쟁 가운데 한글학회는 국어를 연구하는 전문학술단체이지 한글운동을 하는 시민단체가 아니라는 주장[22]이 그 예이다. 그러나 이러한 한글학회 현행 집행부의 주장은 한글학회의 모체인 조선어학회=조선어연구회-국어학연구회를 만든 주시경 선생의 본뜻을 심히 훼손하는 몰지각한 발언이다.

일제강점기는 물론이고 해방 직후 수십 년 동안 한글학회는 우리말글인 한글을 전문적으로 연구하는 활동과 함께 한글을 널리 보급하는 한글운동을 병행하는 것을 그 설립목적으로 지켜 왔다. 단순히 학술단체의 성격만 지니지 않았다는 것이다. 그럼에도 일부 한글학회 주도세력들은 민족운동의 일환이라는 학회 설립의 숭고한 의미를 축소함으로써 한글학회의 정체성에 혼란을 가져왔다. 그 결과 범람하는 외국어에 우리말글이 속수무책으로 죽어가는 가슴 아픈 현실을 맞이했다.

일제강점기 조선어학회 사건(1942)의 발단은 엉뚱한 데서 시작되었지

---

22. 2018년 3월 한글학회 총회에서 한글학회 회장이 회의 진행 전 모두 발언으로 한 말이다. '한글운동은 시민단체에서 할 일이지 한글연구단체인 한글학회의 고유 영역이 아니'라는 내용이다.

만, 그 파장은 실로 엄청났다. 그리고 이윤재, 한징 두 한글학자는 물고 문과 무차별 구타 등 잔혹한 고문 끝에 옥사했고 너무 많은 학자가 고초를 겪었다. '조선의 페스탈로치' 이만규 선생조차 기소유예로 풀려났음에도 고문 과정에서 귓바퀴가 심하게 훼손될 정도였다.

고문 과정에서 발생한 유명한 일화가 있다. 온화하고 고결한 성품을 지닌 한글학자이자 역사학자 이윤재 선생은 자신의 제자에게 고문을 당했다. 그것도 치욕적인 수모를 겪으면서 말이다. 배재고보 졸업생인 김석묵(창씨개명 시바타)이 바로 고등계 형사였는데 고문 과정에서 자신의 스승인 환산 이윤재 선생에게 '이 선생님', '이놈의 자식아!'라고 희롱하면서 채찍과 몽둥이로 내리친 것이다.[23] 환산 이윤재 선생은 6번의 물고문과 난타를 매일같이 당했다. 홍원경찰서에서 함흥형무소 이감 후 고문의 후유증으로 56세에 옥사한다. 고문 과정은 상상을 초월했고 인간성의 바닥을 드러내게 했다.

이윤재 선생이야말로 우리 시대 존경할 만한 근현대사 인물 가운데 극히 몇 안 되는 분이다. 문세영이 『조선어 사전』 원고 초고를 완성하여 조선어학회에 출판을 의뢰했을 때 조선어학회는 어떤 이유에선지 거절한다. 그럼에도 이윤재는 자신보다 아랫사람인 문세영의 『조선어 사전』 출판 열의에 감동해 휴일에도 문세영을 자신의 집으로 불러들여 교정과 사전 체계를 잡아주는 등 1937년 '수양동우회' 사건으로 감옥에 갈 때까지 세심한 지도를 이어간 인물이다.

다시 이희승으로 돌아가자. 이희승은 대체 어떤 인물일까? 이희승은 10대 후반 주시경의 국어책, 『소리갈』을 접하고 우리말글에 지적 호기

---

23. 박용규(2013). 『우리말 우리역사 보급의 거목 이윤재』. 독립기념관 한국독립운동사연구소. 61~62쪽.

심과 깊은 학문적 관심을 간직한다. 그리하여 경성방직 직원 일을 그만두고 늦은 나이에 경성제대 조선어문학과에 입학한다. 그리고 오구라 신페이를 직접 사사한 인물이다. 경성제대 졸업 후 오구라 신페이의 도움으로 경성사범학교 교유(敎諭), 즉 교사 생활을 한다. 경성사범학교는 해방 후 '국대안' 사건 당시 서울대학교 사범대학으로 바뀐다. 이희승은 그즈음 조선어학회에 가입하였고 2년 뒤 이화여전 교수로 전직한다. 그리고 조선어학회에서 간사장(오늘날 이사장에 해당)과 간사를 역임하며 기관지『한글』에 '한글맞춤법 통일안 강의'를 기고하는 등 열정적으로 한글전용론자로서 활동한다.

이희승은 해방 후에도 한글전용론자로서 '한글전용 촉진회' 부회장으로서 한자를 점진적으로 폐지하고 한글로만 말글생활이 가능하게 해야 한다고 주장했던 인물이다. 그러나 1949년 중고등학교용 문법 교과서 채택에서부터 최현배와 틀어지기 시작한다. 최현배의 이름씨(명사), 움직씨(동사), 씨갈(품사), 우리말본(문법)이란 순우리말 대신 한자어 명사, 동사, 품사, 문법이란 용어를 주장한 게 그 시발점이다. 이후 앞에 언급했듯 1950년대 한글학회의『큰사전』발간에 대응하여 한자어가 대거 수록돼 어휘 수를 늘린『국어대사전』을 출간한다. 한글전용론을 주장한 언어민족주의 학맥과 묘하게 긴장관계를 유지하면서 1969년부터는 드러내 놓고 한자를 옹호하기 시작한 것이다. 이는 한글학회가 발간한『큰사전』의 권위를 부정하는 것이자 한글학회의 전통을 부정하는 행위였다.

그리고 19년 동안 '한국어문교육연구회장' 직을 맡으면서 즉각적으로 한자 섞어 쓰기, 즉, 국한문혼용론을 주장한다. 2015년 초등교과서 한자병기 움직임은 그러한 흐름의 연장선상에서 나온 것이다. 이를 위해 이희승의 제자인 남광우 등 국한문 혼용론자들은 전두환 정권 출범 초기 '국어연구소'를 만들고 전두환에게 청원을 올리는가 하면 1990년 드디어 국립 '국어연구원'으로 승격, 발전시킨다. 이는 일본의 국립 '국어연구소'를 모방한 것으로 관학아카데미즘의 성과를 전 국민을 대상으로 대중화하는 보루로 작용하였다.

그에 따라, 순우리말로 고쳐 쓰고 다듬어 쓰는 최현배의 한글운동에 대해 이희승은 국어학자가 언어를 일부러 만들어 내는 것에 강하게 반대하며 말 다듬기 운동을 비판한다. 언어는 일종의 사회적 약속이라는 소쉬르의 언어의 사회성을 거론하며 국어는 객관적, 과학적이어야 한다는 주장이며, 언어학자는 현재 사용되는 언어에 대해 객관적인 관점에서 그 특징을 비교 연구할 뿐 새로운 언어를 만드는 것이나 말 다듬기 운동은 학자들이 해야 할 일로 볼 수 없다는 주장이다.

이는 철저하게 경성제대 오구라 신페이의 주장을 그대로 반복한 느낌이다. 바로, 식민 학문의 결과이다. 마치 한국 주류사학계인 이병도, 김원룡, 한우근, 이기백, 김철준, 이기동 등이 와세다 대학의 일본인 스승 쓰다 소키치의 주장대로 삼국사기 초기기록 불신론을 반복해서 주장하듯이[24] 말이다.

아직도 많은 이들이 '딸깍발이 선비'를 연상할 때 이희승을 떠올린다. 경성제대-서울대로 이어지는 관학아카데미즘이 몇 세대를 걸쳐 유포시킨 허상이다. 그러한 허상이 거꾸로 한글전용을 강조한 최현배를 '국수주의자' 내지 '옹고집쟁이'라는 허상으로 보게 했다.[25] 경성제대의

---

24. 이주한(2011). 『노론 300년 권력의 비밀』. 역사의 아침. 289쪽. 쓰다 소키치가 창안하고 이병도가 널리 유포한 삼국사기 초기기록 불신론, 즉 초기기록 조작설이 얼마나 허무맹랑한 소설인지는 이덕일(2009)의 『한국사 그들이 숨긴 진실』. 역사의 아침 171~219쪽을 참고하시라.

일본인 스승이 가르쳐 준 이론이 과학적이고 반면에 한글운동에 매진 했던 주시경-최현배의 학설은 비과학적이라는 주장을 한다. 일본 사전 표절 논란이 있음에도 학계 일각에선 이희승의『국어대사전』을 사전편 찬사의 위대한 업적으로 칭송한다. 나아가 대중들의 많은 사랑을 받으 며 국어생활의 지침이 된 제 역할을 충분히 수행했다고 평가한다.

이희승에겐 항일운동 관련 인물을 존경하는 글이 없다. 이희승이 서 울대에서 퇴임한 후 1975년 단국대 부설 동양학연구소장으로 있을 때 『朴殷植 全書』가 출간된다. 이희승은 연구소 소장의 자격으로 간행사 를 썼는데 간행사 마지막 글이 '謝意(사의)를 表(표)하여 둔다'로 되어 있다. 일본어 말 형식이 그대로 노출된 것이다.[26] 식민지로부터 해방된 지 20년이 지난 시점에서 일본식 어법을 청산하고 우리말을 아름답게 가꾸어 쓰는 데 모범을 보여야 할 국어학자가 여전히 일본식 말투를 드러내고 있다.

3. 나가며

우리는 '딸깍발이 선비' 이희승에 대한 허상을 말끔히 씻어내는 것에 서 식민지 국어학의 폐단이 청산됨을 알아야 한다. 왜냐하면 해방 이 후 국어학계의 오랜 갈등과 대립 그리고 학문 권력의 다툼 이면에는 이희승, 이숭녕이 경성제대에서 배웠던 '과학적' 국어학에 그 뿌리가 있

25. 김영환(2002).「다시 생각해 보는 최현배와 이희승」.『나라사랑』제103호. 160쪽.
26. 려증동(2001).「〈백범일기〉를 허물어뜨리고 〈白凡逸志〉로 조작한 사람 이광수」. 『배달말교육』제22호. 배달말 교육학회. 96쪽.

기 때문이다.[27] 이희승, 이숭녕 등 경성제대 학맥이 '과학적' 국어학을 처음으로 제시한 것이 아님에도 그들은 '과학'을 내세워 주시경 학파를 '비과학적 쇼비니즘', '국수주의', '광신적 애국주의'라고 공격했다. 게다가, 언어 연구에서 비교언어학, 역사언어학적 방법론은 1930년대 이희승 이전인 1927년 주시경 학파의 정열모, 최현배의 논문에서 이미 발견된다. 국어학에서 과학적 연구방법이 강조되기 시작한 것은 1910년대 이후이고 1927년 최현배의 「언어학상으로 본 조선어」나 정열모의 「음성학상으로 본 正音」, 「조선어 연구의 정체는 무엇인가」는 '과학', '국어학'이라는 용어를 사용한 대표적인 논문이기 때문이다.[28] 따라서 이희승의 '과학적' 국어학은 실증주의를 내세워 '과학'의 외피를 썼을 뿐 비주체적인 학문임을 이제는 밝혀야 한다. 그리할 때 우리말글이 살고 우리 의식이 건강하게 되살아날 것이다.

오늘날, 길거리 뜻 모를 외국어들이 난무한 현상이나 굳이 알파벳으로 간판을 달아야 좀 더 세련된 것처럼 인식하는 사대주의적 언어생활은 모두 한글학회의 쇠락과 맥을 같이한다. 민족학회로서의 기품은 사라지고 일개 학자들의 학술단체로 닫힌 그곳에서 주시경-최현배 선생의 한글운동, 한글사랑을 찾을 길은 없다.

현재는 우리말글이 오염되면 우리 정신이 오염되고 '우리말글이 죽으면 우리 민족이 쇠락한다'라는 주시경 선생의 말씀을 다시 기억해야 할 시점이다. 또한 '우리말글살이는 한글만 쓰기에서부터 시작해야 한

---

27. 김영환(2016). 「이희승의 '딸깍발이'에 나타난 선비관 비판」. 『仙道文化』 제20집. 519쪽.
28. 허재영(2015). 「근대 계몽기 과학 담론 형성과 일제강점기 '과학적 국어학'」. 『코기토』. 제78권. 139~142쪽 참고.

다'라고 목이 쉬도록 외쳤던[29] 최현배 선생의 피의 외침을 오늘날 다시금 새겨야 할 시점이기도 하다.

---

29. 이강로(1994). 「외솔 선생과 한글학회」. 『나라사랑』 제89호. 262쪽.

2.

인텔리겐치아의 실천과 모순, 그리고 어긋난 삶

1세대 철학자 박치우와 박종홍의 어긋난 삶

1. 들어가며

박치우와 박종홍은 신남철과 함께 서양철학을 수용한 1세대 철학자를 대표하는 인물들이다. 박종홍은 1903년생으로 신남철보다 4살 많고 박치우보다 6살 많다. 그리고 1907년생[1] 신남철은 박치우보다 2년 먼저, 박종홍은 박치우보다 1년 먼저 학업을 마쳤다. 세 사람 모두 경성제대에서 독일관념론, 바로 신칸트학파 철학을 전공했다. 다시 말해 서양철학을 한국 사회에 수용하고 연구한 1세대 철학자들이다. 그러나 세상 사람들은 철학자 박종홍을 기억하지만, 철학자 박치우와 신남철은 잘 모른다. 그나마, 역사를 전공한 사람들은 일제강점기 시절부터 마르크스주의 철학자로 두각을 나타낸 신남철을 안다. 그러나 같은 시대의 박치우에 대해선 소상히 아는 사람은 극히 드물다.

오히려 국문학을 전공한 사람들이 일제 말기 최재서의 『인문평론』에

---

1. 김재현(1988). 「일제하, 해방 직후의 맑시즘 수용 : 신남철을 중심으로」. 『철학 연구』 제24권. 13쪽. 〈한국학 중앙연구원에서 펴낸 『민족문화대백과』에선 신남철의 출생연도가 1903년으로 되어 있다. 그러나 김재현의 연구논문이나 권영민이 펴낸 『한국현대문학대사전』에는 1907년생으로 명기돼 있다.〉

발표된 박치우와 신남철의 '신체제론',
'동양문화론'을 들어 친일비평가로 인
식하는 정도이다.[2] 여기에는 한국근현
대문학사에 상당한 영향력을 끼친 김
윤식의 비평이 작용했다. 물론 친일문
학을 연구한 임종국도 박치우의 30년
대 후반 평론에 대해 친일비평으로 비
판했다. 그러나 이것은 1940년 7월에
나온 박치우의 평론, 「동아협동체론의
일성찰」(『인문평론』)에서 연유한다. 그런
데 정작 박치우는 파시즘을 통렬히 비
판한 철학자였다. 일제강점기 시절엔

**1930년대 후반으로 추정되는 박치우
와 아내**

경성제대 재학 시절, 일본인 스승으로
부터 〈일본에도 없는 천재〉라는 극찬
을 받았던 천재철학자 박치우는 1936
년 김종숙과 결혼한다. 1949년 11월
빨치산 유격투쟁 와중에 군경토벌대
에 사살된다. (출처: 한겨레 자료사진)

독일, 이탈리아, 스페인의 파시즘을 비판했고 해방 후엔 일본 제국주의
를 포함했을 뿐, 철학자 박치우의 논리에는 변함이 없었다.

　해방 직후 박치우가 쓴 『사상과 현실』(1946년)에 수록된 평론 「전체
주의와 민주주의」는 이를 잘 보여주고 있다. 국문학계에선 친일비평가
로 알려진 인물이지만 한국의 철학계에서는 마르크스주의 철학자로
알려져 있다. 집단 망각이 역사를 왜곡시키는 방법이듯이 선택적인 집
단 기억 또한 역사를 왜곡시키는 또 다른 방법이다. 그런 점에서 특정
시기 지배집단이 특정 이데올로기를 앞세워 인간의 의식과 관련된 상
부구조를 가장 손쉽게 장악할 수 있게 하는 도구는 교육 문화 영역이
다. 거기에 교육 연구와 언론, 그리고 종교 등 문화 메커니즘이 훌륭한

---

2. 손정수(2005). 「신남철 박치우의 사상과 그 해석에 적용하는 경성제국대학이라는
　장」. 『한국학 연구』 제14권. 2005년 12월. 204~205쪽.

대한민국에서 주류 행세를 하던 친일파를 다시 소환한 임종국(1929~1989) 선생의 생전 모습

친일파들은 〈반민특위〉를 와해시키고, 한국전쟁으로 남북 대결이 격화하자 빨갱이 잡는 반공 투사로 '애국'의 개념을 변신시키는 데 성공했다. 1960년대부터 홀로 친일파 연구를 수행한 임종국 선생을 기리기 위해 2009년 〈친일인명사전〉을 편찬해 낸 민족문제연구소는 2005년부터 〈임종국상〉을 제정해 민족사 바로잡기에 기여한 인물들에게 시상하고 있다. (출처: 한겨레 자료사진)

이념 전파 도구로서 기능해 왔던 게 역사적 사실이다. 우리의 집단 기억 속에 박종홍은 있어도 박치우가 존재하지 않는 것은 75년 동안의 분단 상황에서 교육 연구 활동이 지극히 왜곡, 편향되었기 때문이다. 이 글은 그러한 왜곡과 편향을 깨트리고 역사적 사실을 복원하고자 쓴 것이다.

해방공간에서 위의 세 사람은 각기 다른 길을 걸었다. 해방공간은 '분단이냐 통일이냐'라는 민족의 운명이 결정되는 절체절명의 시대였다. 역사적 실천과 개인의 희생을 당연하게 내면화한 당대 인텔리겐치아에겐 더욱더 그러했다. 해방이 곧 분단으로 이어진 전후 처리 상황에서 민족 분단은 필연적으로 전쟁의 참화를 낳을 것을 충분히 예견할 수 있던 시절이었다.

실제로 몽양 여운형이나 백범 김구는 분단국가 건설이 전쟁의 위험을 초래한다고 역설했다. 그러나 해방공간의 이 민족지도자들은 피살되거나 테러에 시달렸다. 두 거인, 특히 몽양 여운형은 임시정부 수립 문제를 논의하기 위한 미소공동위원회(1946~1947)가 두 차례 결렬되는 와중에 일찌감치 김규식, 김성숙 등 당대 민족적 양심들과 좌우합작에

혼신의 힘을 쏟았고 민족 분단을 막기 위해 12차례나 이어진 테러 위협에 온몸으로 저항하다 흉탄에 스러졌다.

분단으로 치닫던 민족 현실은 민족 구성원 누구에게나 절실한 삶의 문제로 다가왔고 일단의 사람들은 자신의 신념대로 거친 역사의 소용돌이 속으로 뛰어들었다. 해방공간, 삶과 죽음이 극명히 갈리는 극한 상황에서 다수의 사람은 침묵하며 현실과 일정하게 거리를 두었다. 일단의 사람들은 외세와 분단권력에 밀착돼 분단체제에 적극적으로 순응하였고 또 다른 사람들은 분단질서를 거부하며 저항하였다. 그리고 당대 정치적 패배자들은 죽음으로 내몰렸고 죽음을 운명으로 담담히 받아들였다.

2. 박치우의 철학과 삶

오늘 여기서 소개하는 두 철학자, 박치우와 박종홍은 해방공간에서 자신들이 공부한 철학에 충실한 삶을 살아갔다. 박치우는 해방공간의 남로당에 가입해 박헌영의 비서 및 남로당 핵심이론가로 활동했다. 그는 일제강점기 시절과 다르게 해방공간 마르크스주의 철학자로 두각을 나타냈고 민족 분단이라는 모순된 현실의 변혁을 위해 실천하는 삶에 애썼다. 마르크스의 표현대로 철학자는 현상을 해석하는 게 아니라 모순된 현실을 변혁하는 것을 자신의 임무로 생각했고 그것을 스스로 실천했다. 철학자 박치우에게 실천은 이론과 현실이 모순된 속에서 모순을 극복하려는 투쟁이자 변증법적 통일의 과정이었다.

박치우는 아버지가 함경북도 노회장을 지낸 기독교 목사 가정에서 성장했다. 어린 시절 17년이라는 오랜 기간 러시아로 선교를 떠난 아버지의 부재로 경제적 궁핍 속에 살았다. 영민한 덕에 1928년 경성제대 예과에 국어학자 이숭녕과 함께 입학했다. 그러나 졸업할 때까지 박치우는 두 번 등교정지 처분을 받았다. 학비를 내지 못해서였다. 실제로 박치우는 시간이 날 때마다 학비를 벌기 위해 일을 해야 했다. 심지어 박치우는 대학 시절 조선일보 방응모에게서 장학금을 받아 학비문제를 해결한 적도 있다. 당시 박치우는 방응모가 만든 장학회 '서중회' 회원이었다.

박치우가 등교정지 처분을 받은 시기가 1931년 두 차례인데 경성제대 '반제동맹사건'(1931)과 비슷한 시기이다. 그러나 박치우는 그 사건과 관련이 없다.[3] 왜냐하면 박치우는 '경제연구회'[4]나 '독서회' 등의 활동을 한 적이 없기 때문이다. 신남철이 일찌감치 마르크스주의 철학자로 부각되는 것과 달리, 박치우는 일제강점기, 적어도 30년대 중반까지 마르크스주의 철학과 어느 정도 거리를 둔 게 틀림없다.

다만 박치우는 1933년 신남철, 박종홍과 함께 '철학연구회'를 만들어 활동했다. '철학연구회' 창립 멤버로는 박치우, 신남철, 박종홍(이상 경성제대), 김두헌(도쿄제대), 전원배(교토제대), 갈홍기(미국 시카고대), 안호상(독일 예나대), 한치진(미국 USC대) 등이 있었고 서양철학 일색의 활

3. 이순웅(2016). 「박치우의 삶과 죽음을 통해 본 해방정국의 인텔리겐치아 문제」. 『진보평론』. 제67쪽.
4. 정종현(2010). 「신남철과 대학제도의 안과 밖: 식민지 학지의 연속과 비연속」. 『동악어문학』제54권. 395쪽. 〈'경제연구회' 창립멤버는 유진오, 이종수였으며 이강국, 박문규, 최용달, 신남철이 합류하는데 모두 경성제대 1, 2, 3회 졸업생들이다. '경제연구회'는 1920년대 다이쇼 민주주의라는 사상과 학문이 자유로운 분위기 속에서 러시아 사상가인 플레하노프와 부하린의 저서를 함께 읽고 토론했던 모임이었다. 지도교수 역시 좌파 교수였던 경성제대 미야케와 스즈끼였다.〉 특히 미야케 교수는 조선공산당 재건 사건과 관련된 인물이다.

동을 이어갔다. '철학연구회'는 한국 사회 최초로 철학 전문잡지『철학』을 3회 발간했다. 1933년 7월 17일 1호가 나오고 1935년 6월 20일 마지막 3호를 발간한 뒤 1936년 발행인 이재훈이 사상범으로 일제에 피검되면서 '철학연구회'는 해체되었다. 그런데 연구회 그 자체의 활동이나 학회지『철학』의 내용은 일제 식민당국을 긴장시킨 적이 없었다. 식민지 약소민족 문제나 식민지 지식인의 고뇌, 또는 조선의 독립에 대한 글은 없었다. 오히려 조선의 현실문제와 동떨어진 아카데믹한 내용[5]이 실렸는데『철학』은 서양철학을 소개하는 잡지였기 때문이다.

박치우는 오히려 경성제대 재학 시절 원정경기를 갈 만큼 축구 선수로 맹활약했다.[6] 1920년대 후반 일본 문부성과 총독부는 대학이 사회주의 사상을 전파하는 온상이 되는 것을 막기 위해 경성제대 학생모임인 '문우회'를 강제 해산시켰다.[7] 그러자 학생들이 '문우회' 대신 축구부를 만들어 모임을 지속했다. 박치우는 재학 시절 졸업 이수단위 21단위를 초과해 27단위를 수강하였고 학점도 우수했다. 동료 학생들에게 한문을 가르칠 정도로 한문 실력도 뛰어났고 기독교 가정에서 성장한 탓인지 서양음악에도 재주를 보여 경성제대 총장 부임 환영 음악회에서 학생연주자로 참여하기도 했다.

일제강점기 시절 경성제대 철학과는 도쿄제국대학 철학과와 마찬가지로 칸트와 헤겔 등 독일관념론이 당대 주류학문이었다. 당시 경성제대 철학과는 법문학부에 소속돼 있었는데 조선인 교수는 단 한 명도 없었다. 경성제대 법문학부 교수들은 모두 도쿄제국대학과 인적, 정신

---

5. 이순웅(2016). 앞의 논문. 65쪽.
6. 이충우(1980).『경성제국대학』. 다락원. 144쪽.
7.『동아일보』. 1928. 5. 2.

적으로 연결되었고 식민지 지배이데올로기를 생산하여 지식인 사회에 전파하는 역할을 충실히 수행했다. 나아가 실증주의, 내지 과학을 앞세워 조선인 사회의 주체적 움직임을 배제하였다.[8] 특히 경성제대 철학과 교수들은 미야모토 카츠요시를 비롯한 소장파 학자들로 구성돼 있었는데 이들은 이와나미(岩波) 서점을 통해 칸트철학 전집을 발간하였다.

박치우 역시 대학 시절 칸트철학에 깊이 심취했다. 사회주의 사상과는 거리를 두었다.[9] 자신에게 철학개론을 가르친 스승 미야모토로부터 '일본에서도 보기 힘든 천재'라는 칭찬을 받았다. 박치우는 1933년 3월 31일 대학 졸업 후 미야모토 교수의 연구실 조수로 생활했다. 당시 연구실은 오늘날 대학원에 해당한다. 그러나 박치우는 2년 계약 기간인 연구실 조수를 1934년 9월, 1년 6개월 만에 그만둔다. 평양 숭실전문학교 교수로 부임했기 때문이다. 당시 숭실전문학교 동료교수로는 양주동, 이훈구, 이효석이 있었고 숭실중학 재학생으론 윤동주, 문익환, 그리고 숭실학교 졸업생으론 황순원이 있었다.

박치우, 윤동주, 황순원은 당시 숭실학교 '학생 YMCA 문예부'가 발간했던 「숭실 활천」이란 문예지에 작품이 실리면서 인연을 맺었다. 윤동주는 숭실중학교 재적 기간이 1935년 9월부터 1936년 3월까지 7개월로 매우 짧았다. 그럼에도 박치우와 윤동주는 이 공간을 통해 서로 교류하게 되었다. 특히 1935년 10월에 발간된 『숭실 활천』 제15호에 윤동주의 시 '공상'이 실렸는데 이는 윤동주의 시가 최초로 활자화된 순간이었다. 이 교내 잡지에 박치우도 기고했고 이후 윤동주가 용정으로

---

8. 정선이(2014). 「경성제국대학은 우리에게 무엇인가」. 『역사와 현실』 제93권. 한국역사연구회. 558~561쪽 참조.
9. 윤대석(2006). 「아카데미즘과 현실 사이의 긴장: 박치우의 삶과 사상」. 『우리말글』 36권. 375쪽.

돌아가서 중학교를 졸업한 뒤 다시 연희전문으로 진학했을 때까지도 박치우와 꾸준히 교류하고 있었다. 그러한 사실은 윤동주의 유품, 바로 박치우가 윤동주에게 보낸 엽서 한 장으로 밝혀졌다. 그 엽서에는 박치우가 윤동주에게 자신의 제기동 집으로 찾아올 때 키우는 개가 있으니 조심하라는 문구도 들어 있었다.[10]

　실제로 윤동주가 30년대 말 언론매체에 작품을 발표한 지면은 『조선일보』 학예란이었고 당시 조선일보 학예부 기자가 박치우였다. 박치우가 1941년 7월 17일에 윤동주에게 보낸 안부 엽서는 1940년 조선일보가 자진 폐간된 이후 박치우가 경성제대 대학원에 재학한 시절 보낸 것이었고 윤동주는 연희전문학교에 4학년 재학 중이었다. 서북지방 기독교 계통 학교인 평양 숭실고보와 숭실전문학교는 당대 경성 이북 지역 최고의 엘리트들이 모였던 공간이기도 했다. 둘 다 식민지 조선의 참담한 민족현실에 주목했지만 윤동주는 민족적 서정시를 지향했고, 박치우는 마르크스 변증법적 유물론에 깊이 천착하던 시기였다. 그럼에도 둘 사이에는 돈독한 교류와 친분이 유지되고 있었다.

　평양 숭실학교에서 발간한 회보 『숭실 활천』은 둘의 관계를 맺어준 시작점이었다. 1935년 6월 유럽 파시즘에 대항해 파리에서 개최된 '국제작가대회'는 윤동주로 하여금 작가로서 자신을 깊이 성찰하는 계기를 만들었다. 이 '국제작가대회'에 참석한 토마스 만, 로맹 롤랑, 싱클레어 루이스, 버나드 쇼, 막심 고리키 등 38개국 230명의 작가가 참석한 행사를 박치우는 『동아일보』에 소개했다.[11] 또한 윤동주가 애독했던 『인

---

10. 김성연(2020). 「윤동주 평전의 질료와 빈 곳-윤동주와 박치우의 서신, 그 새로운 사실과 전망」. 『한국사학연구』 제61권. 19~27쪽 참고.
11. 김성연(2020). 위의 글. 23쪽, 32쪽.

문평론』은 박치우와 작가 김송이 기고했던 잡지였다. 박치우는 바로 그 소설가이자 희곡작가인 김송의 종로구 누상동 9번지 하숙집으로 윤동주에게 엽서를 보낸 것이다.

평양 숭실전문학교 교수로 부임하면서 박치우의 학문세계는 커다란 전환점을 맞았다. 그 당시 경성제대는 관학아카데미즘에 갇혀 있었다. 경성제대는 1920년대 국내 유일한 대학이었다. 이는 3·1운동 직후 거세게 일어난 조선사회의 고등교육 열망을 일제 식민당국이 일정 부분 수용함과 동시에 식민지 중견관료를 양성할 의도에서 기획한 학교였다. 다분히 식민통치 도구로서 경성제대를 운용한 것이다.

실제로 조선 민중의 고등교육 열망을 수용한 것이라지만 신입생의 2/3는 일본인들로 채워졌다.[12] 그나마 조선인 입학생들은 철저한 신원 조회로 입학 자체가 까다로웠다. 특히 6·10만세운동 당시, 다수가 만세 시위에 가담하여 검거된 학생 수가 많았던 경성 시내 사립중등학교 학생들에게는 거의 입학허가를 내주질 않았다.[13] 가족 가운데 3·1만세 시위나 독립운동을 비롯해 사상 사건이 일부라도 관련되었으면 아무리 조선의 수재라도 입학을 불허했다. 그래서인지 졸업생들의 졸업 이후 상황을 들여다보면 대부분의 삶의 양태가 식민지 지식인의 고뇌나 조선 독립운동과는 거리가 멀었고 오히려 일제 식민당국의 충직한 관료로서 친일한 인물들이 다수였다.

이 행태의 대표적인 사례로 조선인 관리들에게 결코 개방된 적이 없던 도 경찰부장(오늘날 지방경찰청장)에 올라 전시체제에서 요직에 있었

---

12. 김용덕(2007). 「경성제국대학의 교육과 조선인 학생」.『한일공동연구총서』12권. 134쪽. 입학생의 1/3은 조선 거주 일본인 학생이고 1/3은 일본에서 유학 온 일본인 학생, 그리고 나머지 1/3은 조선인 학생들이었다.
13. 정선이(2002).『경성제국대학 연구』. 문음사. 91쪽.

던 자들도 생겨났음을 볼 수 있다.[14] 또한 그 당시 경성제대 법학과 출신 3명 중 1명은 고등관인 식민지 중견관료로 진출했다. 그래서인지 "경성제대 법학과에 입학하게 되면 군수 자리 절반은 따놓은 당상"[15]이라는 인식이 파다했다. 따라서 경성제대는 조선 민족이 처한 참담한 현실과 유리된 관학아카데미즘 분위기가 지배적이었다. 그러나 평양 숭실전문학교는 그런 아카데믹한 분위기에서 일찌감치 벗어나 있었다. 오히려 상당히 민족적인 분위기가 우세했고 지배적이었다.

실제로 일제강점기 시절 기독교 계통 사립학교들은 민족주의 교육이 일상적으로 행해질 정도로 상당히 민족의식을 강조하고 공유했던 공간이었다. 일제 식민당국이 4차례 강행한 교육법 개정 역시 민족 교육의 온상인 이러한 사립학교들을 억압하기 위한 술책이었다. 1930년대 후반 신사참배거부운동 당시 윤동주가 7개월 정도 재학했던 평양 숭실중학교나 박치우가 재직 중이던 숭실전문학교 학생들이 보인 거센 저항은 그런 분위기를 압축적으로 표출한 사건이었다.

1933년 9월 12일 부임해서 1938년 3월 31일 신사참배거부운동으로 강제 폐교된 숭실전문학교를 떠날 때까지의 시기에 철학자 박치우는 사상적으로 커다란 전환점을 맞았다. 그는 현실과 유리된 아카데믹한 분위기에서 벗어나 민족이 처한 비참한 현실과 식민지 지식인으로서 깊은 고뇌와 성찰의 시간을 보냈다. 1936년 1월 잡지 『조광』에 발표한 글 「아카데믹 철학을 나오며」는 박치우 자신의 학문세계가 대전환을 맞았다는 자기 선언이었다. '철학이란 무엇이며 더구나 이 땅! 조선

14. 정선이(2007). 「일제강점기 경성제국대학 졸업생의 사회적 진출양상과 특성」. 『교육비평』 제23권. 184쪽. 대표적인 인물로 전봉덕, 한동석, 손석도, 현석호, 박주식 등이 일제 말기 경찰 요직에 있었다.
15. 정선이(2007). 위의 논문. 183쪽.

에서 철학을 한다는 것은 무엇인가'에 대한 자기성찰적 질문 속에 박치우는 실천을 지향하는 철학적 탐색을 시도했다. 그리고 평양 숭실전문학교 교수 시절 박치우는 마르크스 사상에 심취한다. 조선 사회에 대해 과학적으로 이해하기 위한 첫발자국인 셈이다. 그리고 자신이 정립한 철학적 개념과 가치관을 바탕으로 실천적인 태도를 견지한다.

1937년 중일전쟁 이후 제국주의 일본은 황국신민화 정책을 노골적으로 드러냈고 황도 국민정신을 강화하는 차원에서 신사참배를 강제했다. 결국 신사참배거부운동은 극심한 탄압을 받았고 학교는 강제 폐교되었다. 박치우는 당시 방응모가 만든 장학회 '서중회' 회원이었기에 바로 이튿날 조선일보 학예부 기자로 발령을 받았다. 1938년 4월 1일 박치우가 조선일보로 옮긴 사건은 그 자신의 삶에 또 다른 전기를 맞게 했다. 이육사의 동생 이원조가 조선일보 학예부장으로 자신의 상관이 되었기 때문이다.

이원조는 일본 유학을 다녀온 사회주의자로 일제강점기하 부르주아 문학작품에 대해 날카로운 비평활동을 전개했다. 그리고 해방공간에선 좌파언론지 『현대일보』 편집국장으로 언론활동을 통해 직접 변혁운동에 뛰어든 인물이다. 한국전쟁기엔 조선공산당 기관지 『해방일보』 주필로 활동했다. 특히 이원조가 『현대일보』 편집국장 시절에 『현대일보』의 발행인이 박치우였다. 박치우가 빨치산 투쟁에서 총살되고 이원조는 그 후 남로당 숙청 때 임화, 김남천, 설정식과 함께 미국 스파이라는 죄명으로 투옥돼 평양교화소에서 사망했다.

박치우는 1940년 8월 10일 조선일보가 총독부 시책인 물자 절약 준수 차원으로 자진 폐간하기 전, 경성제대 대학원에 진학했다. 30년대 중반 파시즘의 대두에 대해 비판적인 견해를 보였던 박치우는 파시즘의 대두를 위기로 진단했고 시대의 위기와 싸울 것을 역설했다. 1934 년 2월 『철학』 제2호에 쓴 「위기의 철학」이 바로 그것이다. 다만 이 글에서 박치우가 위기의 실체를 직접적으로 언급하지는 않았어도 이탈리아, 독일의 파시즘을 겨냥한 것으로 해석된다.

일제의 식민통치 말기로 치닫는 상황에서 박치우는 직접 그리고 노골적으로 파시즘의 또 한 축인 일본 군국주의를 비판할 자신이 없었다. 1940년 경성제대 대학원 진학은 박치우가 치열한 삶을 요구하는 일제 말기 현실로부터 아카데미로 자신을 감춘 것이라고 해석될 여지가 있다. 대학원 진학은 일종의 도피처인 셈이었고 그 전공 역시 고대 아리스토텔레스 철학을 주된 연구 주제로 삼아 이를 암울한 현실과 일정한 거리두기로 해석할 수 있기 때문이다. 다만 주목할 만한 사실은 경기도 경찰부가 작성한 비밀문서에서 보이듯 박치우가 조선일보 퇴직 당시 1,000엔[16]이라는 고액의 퇴직금과 위로금을 받았다는 것이다. 고액의 퇴직금과 대학원 진학 그리고 중국으로 망명은 어떤 연관이 있었을까?

1938년 4월 박치우가 조선일보에서 이원조와 만난 사건은 1940년대 박치우의 해방 이전 숨겨진 삶에 적지 않은 영향을 미쳤다. 사실 1940년 박치우의 경성제대 대학원 진학 후 1945년 해방 직전까지 그는 행적이 불투명하다. 훗날 박치우의 진술에 따르면 1940년대 어느 시점에 중국으로 건너갔고 중국에서 활동하다 해방을 중국 땅에서 맞았다. 따라서 박치우의 해방 전 행적을 이해하는 하나의 단서를 이원조에게서 찾을 수 있다. 왜냐하면 박치우와 이원조는 1938~1940년 동안 조선일

---

16. 이순웅(2016). 앞의 논문. 72쪽.

보 학예부 기자로서 함께 활동했고 해방 이후엔 남로당원으로 정치노선을 같이했으며 『현대일보』에서 함께 활동하며 사회변혁 활동에 함께 투신했기 때문이다.

철학자 박치우에 대해 최초로 연구된 논문은 손정수의 「신남철·박치우의 사상과 그 해석에 적용하는 경성제국대학이라는 장」(2005)이다. 물론 손정수는 1996년 서울대 석사학위 논문인 「일제 말기 역사철학자들의 문학비평 연구」에서 박치우를 언급한 적이 있다. 그리고 2006년 윤대석은 『우리말글』제36권에 「아카데미즘과 현실 사이의 긴장-박치우의 삶과 사상」을 발표함으로써 철학자 박치우 연구의 계몽기를 열어젖혔다. 그러다 본격적으로 철학자 박치우를 연구한 서적이 출간된 것은 윤대석, 윤미란이 함께 펴낸 『박치우 전집』(2010)과 류승완이 쓴 『이념형 사회주의』(2011), 그리고 위상복이 출간한 『불화 그리고 불온한 시대의 철학-박치우의 삶과 철학사상』(2012) 등이 잇따라 세상에 나오면서부터다.

그들 연구에 따르면 조선일보 학예부 기자로 들어간 박치우는 자신의 상관으로 만난 이원조를 매개로 항일혁명시인 이육사와 연결된다. 박치우와 이육사는 1943년 어느 날 중국 북경으로 잠입한다. 이는 경성콤그룹 사건으로 투옥됐다 1943년 여름쯤 병보석으로 풀려난 김태준이 아내 박진홍과 함께 화북 연안으로 탈출한 시기와 비슷하다. 그 탈출의 배경은 국내외 항일무장투쟁을 서로 연계시키기 위해서였다. 당시 화북 연안에는 경성콤그룹에서 활동한 김명시가 파견돼 무정 장군의 부관으로 항일투쟁에 나서고 있었다.

이육사의 친구 윤세주 역시 태항산에서 조선의용대 화북지대의 지도자로 활약하고 있었다. 이육사가 모종의 임무를 띠고 중국 북경으로 잠입했을 땐 윤세주는 얼마 전 '태항산 반소탕전'(1943. 5)을 치르며 이미 전사한 뒤였다. 물론 이육사는 그 사실을 알지 못했다. 1943년 박치우와 이육사의 중국 북경행은 같은 목적에서 비롯되었을 가능성이 크다. 이육사가 일제 경찰에 피검돼 고문 끝에 피가 낭자한 채로 죽어갔을 때 그의 시신을 수습한 이병희 역시 일제 경찰에 의해 투옥돼 있었고 그 역시 경성콤그룹 활동가였기 때문이다. 박치우는 중국에서 해방을 맞았지만 바로 귀국하지는 않았다. 박치우가 귀국한 것은 해방된 해 11월이었다. 그사이 박치우는 장춘에서 경성콤그룹 동지인 이명신과 함께 '장춘해방동맹' 및 『한민일보』 발간에 관여했다.[17]

이러한 사실들을 종합해 보면 40년대 일제강점기 암흑기로 치닫던 그 순간, 박치우가 단순히 현실도피처로서 경성제대 대학원 아카데미를 선택한 것은 아닌 게 분명하다. 박치우 역시 모종의 임무를 띠고 중국 북경으로 잠입한 것이고 해방이 되자 조직의 지시에 따라 만주에 남아 임무를 수행했다고 보인다. 20대에 『조선 소설사』와 『조선 한문학사』를 써서 한국문학사에 한 획을 그었던 김태준 역시 항일전선 참가와 해방공간에서의 민족문제에 깊이 천착하며, 문학도로서 자신의 연구 활동을 뒤로 미루고 당대 절체절명의 당면과제에 충실했던 것과 같은 이치였다.

박치우는 해방이 돼 중국에서 귀국함과 동시에 해방공간에서 좌파가 중심이 된 통일전선체 '민주주의 민족전선'(이하 민전) 결성대회 준비위원 및 민전 중앙위원으로 활동했다. 박헌영의 비서가 돼 4차례 방북 과정 중 3차례 수행하기도 했다. 『현대일보』 발행인 겸 주필로 있을 때

---

17. 류승완(2012). 「사상과 현실, 그리고 실천」. 『내일을 여는 역사』 제47권. 263쪽.

박치우는 우익 청년들로부터 테러를 당하곤 했다. 남로당을 비롯해 좌파 정치세력에 대한 미군정의 탄압과 극우파시즘을 비판한 『현대일보』 논조 때문이었다. 박치우는 1946년 10월 대구 인민항쟁 당시 미군정 경찰로부터 지명수배를 받고 소환되었지만 불응했다.

박치우는 불가피한 월북 후 박헌영의 지시에 따라 강동정치학원을 설립해 정치부원장을 맡아 사상교육을 담당했다. 그러다 1949년 9월 6일 박치우는 직접 강동정치학원 출신 360명을 제1군단으로 편성해 남쪽 빨치산 부대로 내려왔다. 오대산, 태백산으로 이동하던 박치우 빨치산부대는 국군 제8연대의 토벌에 직면해 고전을 면치 못했다. 박치우는 앞서 침투한 김달삼 부대와 연합해 전투를 계속했지만, 그해 11월 말경 군경토벌대에 사살된다. 분단으로 치닫던 시절 빨치산 유격대 활동을 실천하다 죽음을 맞은 것이다.

군경토벌대에 사살되었을 당시 '빨치산 유격대 괴수' 박치우는 나이 마흔이었다. 제1군단 사령관 이호제가 토벌대에 사살된 후, 목이 잘렸듯이 1군단 정치위원 박치우 역시 그런 죽음을 맞았으리라. 외세에 의해 분단된 암울한 현실 앞에서 철학자로서 자신의 사상대로 해방공간 역사의 거친 소용돌이 속으로 자신을 내던진 박치우의 삶과 죽음은 어쩌면 엄숙한 비장미를 느끼게 할 것이다. 경성제대 일본인 스승으로부터 천재 철학자로 인정받은 박치우의 죽음은 그래서 더욱 비극적으로 보인다. 볼셰비즘을 좇아간 그 신념이나 철학이 지금 이 시대의 우리가 보기에는 비록 잘못된 것일지라도!

3. 박종홍의 철학과 삶

반면에 박종홍은 서양철학을 수용한 철학 1세대로서 한국 실존주의 철학의 효시이다. 박종홍은 철학의 실천을 강조하며 대학에서 많은 제자를 길러냈다. 분명한 사실은 철학자 박종홍이 일제감점기 시절이나 해방 이후 1976년 작고할 때까지도 파시즘 체제를 비판한 적이 없다는 것이다. 오히려 강고한 제국주의 질서나 해방 후 파시즘에 준하는 독재체제에 저항 없이 순응했다. 다시 말해 철학자로서 자신의 신념을 기초로 제국주의 식민통치에 소극적으로 저항하거나 해방 이후 이승만-박정희 독재체제를 비판한 적이 없다는 것이다. 다음은 최초로 발간된 철학 전문잡지 『철학』 제1호에 실린 박종홍의 글이다. 철학도로서 박종홍 스스로 철학을 어떻게 생각하고 있었는지 그 단면을 이해할 수 있다.

> "철학하는 사람은 그 누구나 절실한 자기의 문제로부터 출발한다고 볼 수 있다. 전체적으로 보아 비록 사소한 문제일는지는 모르나 진실로 적극적 정신을 가진 힘 있는 '철학하는 것'의 출발점이 되어 있는지도 모른다. (중략) 즉, 철학이 무엇이라는 개념을 가지기 전에 벌써 우리는 사실에 있어서 철학을 하고 있다. '철학하는 것'은 사람의 본성(本性)에 속한 것이요, 단지 학과의 일부분도 아니며 학자의 이지(理智)로써 짜낸 어떤 특이한 영역(領域)도 아닐 것이다."
>
> _『철학』 제1호. 1933. 7. 17.

실제로 박종홍은 서울대 철학과 교수로서, 그리고 당대 누구도 따라

가지 못할 정도로 존경받는 학자로서 박정희 유신체제를 미화하는 데 자신의 철학을 활용한 인물이다. 1972년 10월 유신체제의 전주곡인 국민교육헌장(1968)을 기초한 실질적인 인물이자 10월 유신(維新)에 이름을 붙여준 명명자[18]가 바로 철학자 박종홍이라는 사실은 그의 면면을 알 수 있는 단적인 사례이다. 그런 측면에서 비록 늦었지만, 철학자 박종홍에 대한 공과는 객관적 사실에 기초해 엄격히 재평가되어야 한다.

흔히들 열암 박종홍을 유교, 불교를 비롯해 한국 전통 사상을 현대화시킨 최초의 인물로 기억한다. 그 직계 제자들은 열암기념사업회를 통해 박종홍을 세계적인 철학자로 부각하려 분투한다. 박종홍이 연구했던 원효, 의천, 지눌, 이퇴계, 그리고 19세기 최한기의 사상을 독특한 민족 주체적인 사상으로 현대화하여 해석한 철학자로 스승 박종홍을 추앙한다. 실제로 박종홍은 당시까지 사상가로 인정받지도 못했던 원효, 의천, 지눌, 최한기 등 역사적 인물들을 방대한 자료를 인용하여 선구적으로 연구한 성실한 철학자였다.[19] 연구 속의 방대한 인용과 성실성 앞에 절로 감탄과 존경을 갖지 않을 수 없다. 나아가 철학자 박종홍이야말로 동서고금의 철학을 망라한 사상가로 한국적 특수성을 세계 보편적 가치 속에 담아낸 철학자로 높게 평가한다. 6~70년대 민족이 당면한 현실 문제를 창조적으로, 그리고 자주적으로 타개해 나가기 위해서 자신의 철학 사상을 현실에 적용한 실천적인 철학자로까지 찬미하고 숭배되기도 한다.

그러나 과연 철학자 박종홍이 그 직계 제자들의 표현대로 존경할 만

---

18. 홍윤기(2001). 「박종홍 철학연구-철학과 권력의 퇴행적 결합」. 『역사비평』 162쪽.
19. 박노자(2018). 「박종홍 철학: 민족과 근대, 종속과 주체성 사이에서」. 『동서인문』 제10권. 108쪽.

한 인물일까? 필자는 박종홍의 삶의 궤적을 살펴볼 때 그러한 의견에 수긍하기 어려운 부분이 많다고 생각한다. 역사적 인물을 평가하는 데는 대단히 조심스럽고 신중해야 하지만 그렇다고 철학자 박종홍을 대대손손 존경할 만한 위대한 철학자로, 반면에 이념이 다르다는 이유로 박치우를 망각의 철학자로 역사의 감옥에 유폐시키는 것은 또 다른 역사 왜곡이라고 생각한다. 역사 왜곡은 현실을 왜곡할 뿐만 아니라 미래 세대를 나락으로 떨어뜨리는 진원지가 될 수 있다. 우리가 왜곡된 역사를 바로잡으려는 이유는 현실을 바로 바라보기 위함이요, 나아가 미래를 제대로 전망하고 설계하기 위함이다. 왜곡된 역사인식의 토대 위에선 감히 한국 사회의 미래를 상상할 수 없기 때문이다.

다시 그의 생애를 살펴보자. 박종홍은 1903년생으로 신남철보다 4살 많고 박치우보다 6살 연상이다. 1929년 뒤늦게 경성제대에 입학한 탓에 박치우와 졸업 연도의 차이는 1년이다. 박종홍은 평양고보 재학시절 3·1 만세운동에 참여하면서 인생의 일대 전환을 맞는다. 김산, 조봉암, 김성숙, 윤세주를 비롯해 수많은 독립운동가가 3·1 만세운동을 계기로 삶의 질적인 전환을 맞는 것처럼 박종홍도 스스로 고백하듯이 3·1 만세운동을 계기로 이전과 전혀 다른 삶을 살아간다.

3·1 만세운동 당시 박종홍은 3주간 경찰서 유치장에 감금돼 친구들이 고문당하는 걸 목격하면서 치를 떨며 일제 통치에 분노한다. 그러면서 참담한 현실로 고통받는 우리! 바로 우리 민족에 대해 알고 싶어 하는 지적 호기심이 가득해진다. 그리하여 이전까진 교과서 이외에 책을 읽어본 적이 없었던 그가 닥치는 대로 독서에 열중한다.

맨 먼저 우리 민족의 역사를 알고 싶어서 한문으로 된 우리 역사책을 탐독했고 그런 와중에 일본인 다카야마 초큐가 쓴 『근세미학사』를

읽고 미학을 통해 철학적 사
고를 접한다. 다카야마를 지
배한 철학적 관점은 '인종 경
쟁'의 시각에 입각해 있는데
박종홍은 다카야마가 쓴 거
의 모든 저술을 섭렵하며 그
의 미학적 세계관에 매우 익
숙해졌다.[20] 그는 또, 20세에
대구 수창보통학교 교사로 지
내면서 논리학과 심리학을 공
부했다. 공부하는 내내 박종
홍에게 '우리', '우리 민족'은 철
학적 탐구의 기저를 이루었다.

한국 사회 서양 철학을 수용한 철학 1세대 박종홍
한국 사회 실천철학에서 박종홍의 업적은 중요한
성과를 내었다. 그렇지만 박정희 유신독재체제에
철학적으로 봉사했다는 비판을 동시에 받고 있다.
(출처: 한겨레 자료사진)

결국 철학자 박종홍에게
'우리', '우리 민족'은 민족적 우월의식을 지닌 '천성적 민족우월주의'로
귀착되어 우리 민족 고유의 타고난 기질과 창조적인 재능을 다른 민족
에게서 발견할 수 없는 장점이라고 극찬한다. 나아가 우리 민족의 우수
성은 전 세계에 내보여도 손색이 없는 우월함과 자긍심으로 작용한다
고 말한다. 그러나 박종홍이 탐구하고 주장한 민족우월주의는 일제강
점기 식민제국에 대한 저항적 민족주의로 발전하지는 못했다. 일제 식
민당국을 비판하는 철학으로 한 걸음도 나아가질 못한 것이다.
　　일제 말기 이화여전 교수를 하다 전시 상황에서 갑자기 실직했을 때

---

20. 박노자(2018). 앞의 글. 111쪽.

박종홍은 촉탁으로 1944년 7월부터 1945년 6월까지 식민통치의 심장부인 조선총독부 학무국에서 근무했다. 그러나 그 사실만으로 그가 친일 행동을 했다고 단정하기는 어렵다. 왜냐하면 그 시기에 박종홍이 조선총독부 학무국에서 어떤 일을 하였는지 알려진 게 없기 때문이다. 따라서 일제에 추종하거나 협력했다고 비판할 근거도 없다.

실제로 살펴보면 박종홍은 일제강점기 시절 식민통치에 저항하거나 아니면 식민통치에 협력하기보다 현실에서 일정하게 거리를 두고 초연한 삶을 살았다고 생각된다. 이화여전 교수 시절 학생들이 일본인 교수에 대한 불만이 누적되자 백지동맹 사건을 일으킨 적이 있었다. 그런데 당시 박종홍은 교실에 들어와 제자들에게 '잘했다! 잘못했다!' 일언반구도 없이 수심에 가득 찬 모습으로 창밖을 내다보고만 있었다고 한다. 그가 이화여전 교수 시절 백지동맹 사건에 참여했던 제자이자 당시 학생이었던 김옥길(전 이화여대 총장)은 그렇게 회상했다.

박종홍은 1933년에 출간한 『현대철학의 동향』에서 하이데거와 니체의 철학을 나치즘과 연관지어 비판했다. 그럼에도 훗날, 고희를 눈앞에 둔 나이에 박종홍은 박정희 정권에서 교육문화 담당 대통령 특별보좌관을 지낸다. '국민정신'을 강요한 국민교육헌장을 기초한 3인 기초위원으로 참여하고 유신독재의 서곡인 10월 유신의 명명자가 된다. 자신의 철학이론과 현실의 모습이 어긋나 보이지만 철학자 박종홍은 그렇게 생각하지 않았다.

그는 '국적 있는 교육'이나 '민족주체성'을 강조하는 박정희 정권과 함께 하는 것을 '민족'을 앞세운 자신의 철학이론을 실천적으로 현실에 접목시킨 것으로 생각했다. 한국의 전통사상 속에서 주체성과 창조성, 그리고 민족의 우수성을 찾아내고 그 민족우월성을 현실 정치 속에서 실천적으로 펼칠 수 있는 공간으로 박정희 유신체제에 참여한 것이다. 따라서 철학자 박종홍이 유독 근대화와 주체성을 강조하는 박정희 유신체제에서 적극적으로 자신의 국가철학을 펼친 것은 서로 궁합이 맞았기 때문이라 생각된다.

철학자 박종홍이 박정희 정권에 참여한 것은 60년대 말 국민교육헌장 제정과 70년대 교육문화 담당 대통령 특보가 전부는 아니다. 그는 1961년 5·16 군사쿠데타 직후 쿠데타 최고 권력기구였던 국가재건최고회의 기획위원회 사회분과위원으로 추대된 적이 있다. 뿐만 아니라 그해 10월 문교 재건 자문위원으로 참여하였고 한 달 뒤엔 재건 국민운동 중앙위원으로 위촉되기도 했다. 1년 뒤 1962년 서울대학교 대학원장이 된 이후 박정희 정권으로부터 그해 8월 15일에 훈장을 받고 10월에는 중앙국민투표 관리위원이 된 이력도 있다. 1966년 5월에는 5·16 민족상 심사위원으로 활동하고 1967년에는 이사로 취임하였다. 그리고 1968년 국민교육헌장 3인 기초위원(박종홍, 이인기, 유형진)으로 참여하였다.

박종홍은 60~70년대 박정희 정권 내내 권력과 상당히 가까운 거리에 있었다. 철학자 박종홍은 일제강점기와 마찬가지로 이승만 철권통치가 자행되던 12년 동안 독재정권을 비판한 적이 없다. 소극적으로나마 저항한 경우는 더더욱 없다. 오히려 박정희 정권에선 적극적으로 현실 권력에 밀착돼 있었다. 한마디로 철학자 박종홍은 원효와 지눌, 퇴계와 최한기를 팔아 '애국애족과 총화단결'을 역설하며 '박정희 신민(臣民)'[21]을 양성하는 파시스트적 세뇌 작업에 동참한 셈이다. 실제로 철학자

---

21. 박노자(2018). 앞의 글. 123~124쪽.

박종홍이 기초하고 독재자 박정희가 선포한 국민교육헌장은 전 국민을 대상으로 국가가 저지른 정신적 폭력이었다.

"반공민주정신에 투철한 애국애족이 우리의 삶의 길"임을 강조하고 유신의 독재 권력이 요구하는 대로 국민교육헌장에서 '정의'를 삭제했다. '정의' 대신 '성실'[22]로 충분하다고 국회에서 답변했던 철학자 박종홍을 현시대의 우리는 다시 생각해야 한다. 그는 전 국민을 향해 국민교육헌장을 제대로 이해하라는 뜻인 양 『국민교육헌장 독본』을 발간해 배포하기도 하였다. 다시 말해 그는 국가주의 교육철학을 구축하는 데 스스로 일익을 감당하며 박정희 유신체제에 철학적 기초를 다져 준 것이다. 그리고 '유신은 민족중흥을 실현하려는 과제'라고 역설하며 박정희 유신체제하에서 '국민정신'을 드높이는 데 일조했다.

4. 마무리하며

요컨대 박종홍의 철학은 박정희가 추구한 조국근대화의 위업을 이룩하는 데 아낌없이 활용되고 동원되었던 셈이다. '반공=민주주의'로 인식되고 민주주의의 반대가 '공산주의'로 등치되던 무서운 시절에 그는 철학자로서 자신의 존재 가치를 유감없이 발휘한 것이다.

해방공간에서 박치우가 『사상과 현실』(1946)을 펴냈을 때 박종홍은 "우리 민족이 나아갈 길을 제시했다"며 철학 동료 박치우를 극찬했다. 그러나 서양철학을 최초로 수용한 1세대 철학자 박치우와 박종홍, 그

---

22. 홍윤기(2001). 앞의 논문. 201쪽.

리고 이제 언급할 신남철은 경성제대 졸업 후 각기 다른 길을 걸었다.

　일제강점기 시절부터 우리나라 최초의 마르크스주의 철학자[23]로 선보였던 신남철은 해방 직후 서울대학교 사범대학 교수로 재직했다. 마르크스주의 경제사학자 백남운이 주도해 해방 이튿날 결성한 '조선학술원' 서기국 위원으로 조직과 기획을 함께 맡아 활동했다. 일제 말기 보인 민족 독립운동에 대한 전망을 상실한 채 비관적이고 소극적인 태도[24]와 달리 해방 직후 신남철은 매우 적극적으로 사회변혁운동에 뛰어들었다. '민주주의 민족전선' 중앙위원으로, 그리고 '조선문화단체총연맹' 학술원 대표로 미소공동위원회 등 현실 문제에 적극 참여하였다. 1948년 월북 후 김일성대학 철학교수로 재직하면서는 사회적 실천에 뛰어들었다. 그러나 50년대 말 종파투쟁 끝에 연안파가 숙청되면서 신남철도 숙청돼 1958년 초 역사의 무대에서 사라졌다.

　같은 시기에 같은 학문을 한 세 사람이었지만 가는 길은 달랐다. 이제 후대의 사람들은 박치우와 박종홍, 신남철을 어떻게 기억하고 평가할까? 우리는 이 시기 인물들을 다시 한번 평가해야 한다. 분단 75년은 과잉이데올로기로 질식된 시대였다. 강력한 '반공'이라는 특정 이데올로기가 압도한 시대였다. 하지만 이제 이데올로기 금기를 넘어서야 할 시점이다. 그렇지 않고선 한국 사회의 미래는 없기 때문이다.

---

23. 이병수(2015). 「신남철의 『전환기의 이론』」. 『통일인문학』 제62권. 437쪽.
24. 김재현(2009). 「신남철의 『역사철학』에 대한 해제」. 『통일인문학』 제47권. 256쪽.

3.

코뮤니스트 항일여전사
이화림
한인애국단 3인방 이봉창, 윤봉길, 이화림

1. 코뮤니스트 독립운동가 이화림

항일전선의 순결한 영혼을 이야기할 때 우리는 종종 조선독립운동가 김산(본명 장지락)을 떠올린다. 님웨일즈의 『아리랑』은 김산의 치열한 삶과 순결한 영혼을 읽기에 부족함이 없다. 그 김산과 동시대의 인물이자 동갑내기인 무명의 독립운동가가 이화림이다. 본명은 이춘실이고 이동해라는 상해 망명 당시 이름도 있다. 이화림은 이육사보다 한 살 어리고 윤봉길보다 세 살 많다. 이화림은 백범 김구의 한인애국단과 결별하고 광저우 생활을 시작할 때 바꾼 이름이다.[1]

윤봉길의 상해 홍구 공원(현 루쉰 공원) 폭탄 투척 사건은 만인이 기억한다. 역사 교과서에 늘 나오기 때문이다. 윤봉길의 투탄 사건 3개월 전에 발생한 거사가 이봉창 의사의 일본 천왕 히로히토 암살 미수 사건이다. 이 사건이 성공했더라면 엄청난 역사적 파장을 일으켰을 것이다. 하지만 그때는 일왕을 향해 던진 수류탄이 빗나가 궁내대신의 마

---

1. 이화림 구술(2015), 장촨제 엮음, 박경철, 이선경 옮김. 『이화림 회고록』. 차이나하우스. 196쪽.

영화 〈암살〉의 안옥윤
영화 〈암살〉의 한 장면.
(출처: 케이퍼필름)

차가 뒤집히고 기수와 경호원을 다치게 했을 뿐이다. 그러나 이 사건은 일본 열도를 한순간 충격에 빠트렸고 저들의 간담을 서늘하게 만들었다. 적의 심장부인 동경에서 그것도 일본 군국주의의 상징인 천황을 겨눈 사건이었기 때문이다. 이봉창 의사 역시 한국사 교과서에 기록돼 있다. 그러나 두 역사적 사건의 주역이 아닌 조역은 완전히 망각하고 있는 게 안타까운 오늘의 현실이다. 지금부터 이야기할 이화림은 두 역사적 사건의 결정적인 조역이었다. 그러나 교과서엔 단 한 줄도 기록돼 있지 않다. 기록은커녕 현재 한국인들의 머릿속에 이화림이라는 인물은 존재하지도 않는다,

　이화림은 1905년 평양 출신이다. 중산대학 출신으로 중국공산당원이자 조선의용군 정치위원을 역임한 진광화(본명 김창화)와 동향이다. 둘은 중산대학 시절부터 친분이 두터웠다. 진광화가 자신보다 6살 손위인 이화림에게 '누님, 아지매'라고 농을 걸 정도였다.[2] 진광화는 1942년 5월 일제의 소탕전에 맞선 태항산 반(反)소탕전에서 전사한 항일혁

2. 강영심(2004). 「이화림, 조선의용대 여성대원」. 『여성이론』 제11집. 283쪽.

명가이다. 그 전투에서 함께 전사한 인물이 석정 윤세주이다. 그 둘은 지금도 태항산에 나란히 함께 묻혀 있다. 석정 윤세주는 항일혁명시인 육사의 둘도 없는 절친이다. 육사의 시 「청포도」에서 '청포를 입고 찾아온다'고 노래한 바로 그 사람이다. 석정 윤세주는 이화림을 조선민족혁명당(약칭 민혁당)에 가입시킨 인물이기도 하다.

민혁당은 1930년대 무솔리니, 히틀러, 일본 군국주의 등 파시즘이 전 세계를 위협하던 시기에 결성된 항일단체이다. 민혁당은 김원봉의 의열단이 중심이 되어 1935년 7월에 만든 항일단체로 이후 조선의용대의 근간이 된다. 왜냐하면 민혁당(김원봉, 윤세주 등)이 중심이 돼 조선민족해방자동맹(김성숙, 박건웅 등)과 조선혁명자연맹(류자명, 유림 등)을 연합해 1937년 '조선민족전선연맹'이라는 좌파통일전선체를 결성하기 때문이다.

그리고 조선민족전선연맹의 무장부대이자 중국 관내 최초의 한인군사조직인 '조선의용대'가 1938년 10월 10일 창설된다. 임시정부의 한국광복군보다 무려 2년 앞서 창건된 것이다. 이는 민혁당과 통일전선체인 조선민족전선연맹의 결성, 그리고 조선의용대의 창설에는 정치이론가이자 선전·선동의 귀재인 석정 윤세주가 존재했기에 가능했다. 윤세주는 의열단-민족혁명당-조선의용대로 이어지는 항일전선체의 정신적 지도자였다.[3] 윤세주는 민혁당 화남지부(광동지부) 조직 선전 차 1935년 늦가을에 광저우에서 이에 대한 연설을 하였다. 이에 감명을 받은 이화림은 1935년 겨울, 당에 가입하고 민혁당의 명령으로 1936년 1월 남경으로 파견된다. 이화림과 윤세주의 운명적 만남은 이화림이 조선의용

---

3. 김승일(2001). 『조선의용군 석정 윤세주 열사-중국 태항산에 묻힌 대한의 혼』. 고구려. 286쪽.

대(군) 항일전사로 거듭나는 전기가 되었다. 나아가 그가 훗날 의과대학으로 진학해 의사가 되었던 것도 이와 관련이 매우 깊다.

그리고 이화림이 상해로 망명했을 때 백범 김구의 비서가 되어 신임이 두터웠는데 왜 둘은 다른 길을 걸었을까? 그보다 먼저 백범 김구 선생이 창단한 한인애국단의 핵심 3인방[4]이 이화림, 이봉창, 윤봉길인데 그 둘의 거사를 가장 옆에서 도운 이화림을 우리는 왜 잊고 살았을까? 더구나 박차정처럼 조선의용대(군) 항일여전사로서 무장선전과 전투에 참여할 정도로 치열하게 살았던 인물을 왜 역사 교사나 전문 연구자가 아니면 아무도 모르는 망각의 늪에 빠트렸을까? 그것은 이화림이 공산주의자이자 여성이었기 때문이다. 일제강점기, 목숨 바쳐 전 생애를 치열하게 살아갔던 뛰어난 인물 가운데 무명의 독립운동가 김산이 있었다. 하지만 같은 코뮤니스트이지만 여성이라는 이유만으로 김산보다 더욱 외면받고 역사에서 지워진 인물이 이화림이다.

남쪽에서는 더구나 해방 후 중국공산당원이자 한국전쟁 당시 조선인민군으로 참전한 전력이 있었으니 앞으로도 그를 더더욱 외면할 가능성이 크다. 북쪽 역시 이화림을 외면하기는 남쪽과 마찬가지이다. 조선의용군 출신이 한국전쟁 당시 인민군의 주력부대였다는 것은 주지의 사실이다. 항일독립전쟁과 중국 국공내전에서 쌓은 풍부한 전투 경험은 조선의용군을 최정예부대로 인정하는 데 이의가 없게 했다.

실제로 한국전쟁 당시 인민군 보병부대의 47%는 조선의용군 출신들이었다. 거꾸로 이야기하자면 조선의용군이 한국전쟁에 참전하지 않았다면 김일성은 6·25전쟁을 일으킬 수도 없었다. 그럼에도 북쪽은 50년

---

4. 김학준(1992). 『매헌 윤봉길 평전』. 민음사. 367쪽.

대 전후 권력투쟁 과정에서 연안파인 조선의용군 출신 인물을 숙청하고 철저히 배제했다.[5] 그리하여 북쪽의 역사책에서 조선의용군의 항일 무장투쟁은 삭제되었고 단 한 줄도 기술돼 있지 않다. 오히려 남쪽 사회보다 북쪽의 외면과 의도적인 배제가 더 심각한 형편이다. 이처럼 이화림은 연변 조선족 동포사회에선 널리 알려지고 존경받는 인물이었음에도 한국 사회에서는 그동안 철저히 외면당하고 잊힌 인물이었다.

그러나 중국인이 쓴 이화림 회고록이 2015년 우리나라에 번역 출간되면서 이후 그에 대해 조금씩 소개되기 시작했다. 2017년 3·1혁명 기념식에서 문재인 대통령은 그동안 잊힌 여성 독립운동가들을 우리의 기억 속으로 불러냈다. 문재인 대통령이 당시 호명한 인물이 박차정, 동풍신, 윤희순이다. 이후 서대문형무소 역사박물관에서도 항일 여성 독립운동가들에 대한 관심을 불러일으키고자 기획행사를 추진하였는데 그때 러시아혁명에 참여한 항일독립지사 김알렉산드라와 함께 이화림도 소개되었다. 이화림은 조선의용군으로 해방을 맞았고 중국 국공내전과 항미원조 전쟁(한국전쟁)에 참전한 인물이다. 그리고 중국에서 의사로서 그리고 공무원으로서 중국의 의료보건 사업에 헌신했던 인물이다. 이러한 이화림의 치열한 삶의 흔적을 되짚어 보면서 우리 역사의 소중한 한 부분을 되살려 복기하는 것은 뜻깊은 일이 될 것이다.

---

5. 조선의용군과 연안파 출신 공산주의자들이 김일성에 의해 숙청되는 과정은 김학철(1995)의 『최후의 분대장』 315~355쪽을 참고하라. 이 책에서 고 김학철 옹은 가까이서 지켜본 김일성을 허풍을 떨며 과장이 심한 인물로 묘사하고 있다. 그리고 김일성 수족처럼 움직인 자들을 인간백정으로 표현했다.

2. 한인애국단의 3총사 이화림, 이봉창, 윤봉길

이화림은 1905년 1월 6일 평양에서 4남매 막내로 태어났다. 빈곤한 가정형편이지만 어머니와 오빠의 도움으로 숭현소학교를 마쳤다. 어린 시절 유치원 선생님을 꿈꾸었던 터라 미국인 선교사가 운영하던 평양 유치원 교원학교에 진학했다. 졸업 후 이화림은 군산시 기독교 계통 유치원과 청진시에 있는 유치원에 얼마간 근무했다.[6] 이춘성, 이춘식 두 오빠는 모두 일찍이 항일독립운동에 뛰어들었다. 독립군 무관학교를 졸업하고 독립군으로 활약한 그들의 영향으로 이화림은 평양 유치원 교원학교 재학 시절 평양시의 고등학생들이 만든 '역사문학연구회'에 가입해 사회주의 사상을 접했다. 또한, 1919년 3·1혁명에도 참여해 독립지사들을 도우며 인생의 크나큰 전환점을 맞았다.

1900년대 평양은 '한국의 예루살렘'이라고 칭할 정도였고 평안도에는 기독교 세력이 왕성하게 퍼져갔다. 1903년에는 평양 남산현 교회가 전국에서 가장 규모가 큰 교회로 보고되었다. 평양 교계는 전국에서 최초로 2부 예배와 교회 영아반이 운영될 정도였다.[7] 게다가 안창호의 신민회 활동과 대성학교 그리고 남강 이승훈의 오산학교 등이 위치하여 민족운동의 요람으로 명성이 높은 지역이었다. 더구나 1차 세계대전이 끝난 1917년 이후 평양은 공업기반에 유리한 지리적 조건을 바탕으로 '반도 유일의 공업도시'[8]로 급성장했다. 1914년에 공장이 14개였던

---

6. 김도윤. 「공산주의자, 조선 독립운동에 한평생 바치다」. 『ISSUE MAKER』. 2017. 8. 5.

7. 유관지(2015). 「평양지역 감리교 역사와 한국교회」. 『한국기독교와 역사』 제42호. 213쪽.

8. 조선총독부(1932). 『生活狀態調查 其四 平壤府』. 293쪽.

것이 1917년엔 53개로, 그리고 3·1혁명이 전개된 1919년엔 무려 113개의 공장이 들어선 것이다.[9] 그런데 이는 대부분 일제의 수탈적 독점자본이 주도한 것이고 평양의 이러한 분위기는 독립군인 오빠들 못지않게 이화림의 민족의식 형성과 항일독립운동에 적잖이 영향을 미쳤다.

이화림은 1926년 5월 21일 함경북도 성진에서 대중 본위의 보도를 강령으로 하는 성진기자단을 창립한다.[10] 그리고 평안남도 안주, 함경북도 성진 등에서 활동을 전개하다 1927년 역사문학연구회 회원이자 이영 일파가 별도 조직한 조선공산당의 일원인 염영화의 보증으로 조선공산당에 입당한다. 그 후 당의 지시에 따라 안주와 성진에서 조직 활동에 종사한다. 그러나 조선공산당 지도부의 파벌싸움에 실망하고 국내 활동조차 제약을 받게 되자 홀어머니의 격려를 받으며 1930년 상해로 망명을 단행한다.[11]

상해 망명 후 이화림은 김두봉의 도움으로 1931년 백범 김구가 한인애국단이라는 비밀결사조직을 만들자 이에 가입한다. 그리고 이름도 이동해로 바꾼다.[12] 이화림은 사격과 무술 훈련을 받고 일제의 개가 되어 돌아온 밀정을 유인, 처단하는 데 앞장선다. 상해에 체류할 때 임시정부는 극심한 재정난을 겪고 있었다. 백범 김구조차 동포들 집을 방문하며 식사를 해결하던 시절이었다. 이화림은 조직의 부담을 덜어주기 위해 스스로 나물장사를 하고 자수 놓기와 삯빨래 등을 하면서 생계를 유지했다. 그리고 틈틈이 푼돈을 모아 상해 임정에 기부하는 등 독

9. 권삼웅(1995).『1920년대 평양지역 민족운동 연구』. 고려대학교 석사 논문. 6쪽.
10.『시대일보』1926. 5. 25.『동아일보』1926. 5. 26.
11. 강영심(2004). 앞의 글. 276~277쪽
12. 조선의용군 발자취 집필조(1987).『중국의 광활한 대지 우에서』. 연변인민출판사. 214쪽. 강영심의 글 279쪽에서 재인용.

립운동 경비를 마련했다.[13]

그러던 중 1932년 1월 일왕 암살을 겨냥한 이봉창 의사의 투탄 사건이 일어난다. 그 당시 수류탄은 중국군 고급장교로 복무하던 김홍일에게 교섭해 김구가 확보했다. 문제는 수류탄을 어떻게 일본으로 반입할 것인가의 문제였다. 『백범일지』에 소상히 나오듯이 이봉창은 어린 나이에 일본인 상점에서 일을 한 탓에 어려서부터 일본어를 잘했다. 25살이 되어 일본에서 노동일을 할 때는 일본인의 양자로 기노시타 쇼조(木下昌藏)라는 이름으로 살았다. 그래서 '일본 영감'이란 별칭을 얻었다. 이 때문에 처음엔 백범 김구가 의심했으나 이후 임정에 보고한 대로 상해 일본인이 운영하는 철공장에서 월급 80원을 받고 노동을 한 인물이었다.

이봉창은 일왕 살해라는 자신의 신념을 관철하기 위해 틈틈이 힘겨운 노동을 통해 돈을 모았다. 그리고 밥을 굶듯 하던 임시정부 청년들에게 술과 고기, 국수를 대접하며 친밀해졌다. 김구 또한 31살의 이봉창의 독립투쟁에 대한 기개에 크게 감복한다. 당시 김구는 임시정부 재무부장 겸 민단장의 지위에 있었는데 임시정부 살림은 빈한하기 이를 데 없었다. 그럼에도 백범 김구는 먼 길을 떠나는 이봉창 의사에게 300원이라는 거금을 건네준다. 이봉창은 다 해진 옷 속에서 거액을 꺼내주는 백범 김구 선생의 신임에 크게 감복하며 눈물을 흘렸다고 한다.[14]

거사 전 폭탄 수송 문제를 해결하기 위해 백범 김구, 이봉창, 이화림 3인은 밤늦도록 고민한다. 수류탄 6개 중 4개를 남기고 2개를 반입해야 하는데 가져갈 방도가 떠오르지 않던 것이다. 어느 순간 이봉창 의

---

13. 김혁. 「인물 연구: 윤봉길 신변의 여인-이화림」. 『동포투데이』 2015. 4. 26.
14. 김구(2002). 도진순 주해 『백범일지』. 돌베개. 322~326쪽.

사가 휴대 방안이 생각났다며 자신의 사타구니 밑을 가리켰다. 자신의 속옷에 넣어 가면 들킬 염려가 없다는 것이다. 그 순간 너무 당황했고 부끄러웠지만[15] 그를 떨치고 이봉창의 팬티(훈도시)에 비밀 주머니를 달아준 이도 이화림이었다.

그렇게 일왕을 폭살시킬 수류탄을 옷 속에 지닌 채 일제의 삼엄한 감시망을 뚫고 무사히 바다를 건넌다. 이봉창이 일제에 의해 처형당했을 때 이화림은 오열했다. 그렇지만 『백범일지』에는 그 대목이 전혀 나오지 않는다. 이유는 『백범일지』에서 의도적으로 이화림을 전혀 언급하지 않았기 때문이다. 아마도 지향하는 사상 및 독립운동 노선상 차이에서 빚어진 서운함 때문이라 생각한다.

두 사람 사이에 애인이란 소문[16]이 날 정도로 백범 김구가 가장 신임했던 비서가 이화림이었다. 일제 밀정들은 이화림을 백범 김구의 정부로 생각할 정도였다. 하지만 사상은 그들을 갈랐다. 1938년 충칭에서 이화림은 다시 백범 김구를 만났다. 아직도 공산주의 사상을 좇아가냐고 묻는 김구의 질문에 이화림은 자랑스럽게 '나는 공산주의자'라고 답변했다. 그러자 백범은 그녀의 곁을 단호하게 떠났다. '이젠 다시는 만나지 말자!'라며. 완전한 결별이었고 이후 충칭에 같이 있었지만 만난 적이 없었다.[17] 그래서 이봉창의 거사에 이화림의 역할이 출중했음에도 『백범일지』에서는 단 한 마디의 언급조차 없던 것이다.

이화림은 이봉창을 만났을 때 인상을 다음과 같이 술회한 적이 있다.

---

15. 황희면. 「독립투사 이화림 녀사와 로인회장님들」. 『길림신문』 2012. 11. 28.
16. 『여성연합』. 「조선의용대 부녀대장 이화림」. 2002. 5. 20.
17. 이화림 구술(2015). 『이화림 회고록』. 221쪽.

"적동색 얼굴빛, 짙은 눈썹 아래 정기 넘치는 두 눈, 툭 비어져 나온 높은 관골, 우뚝한 콧마루, 갸름하면서도 선이 굵은 생김새는 퍽이나 패기 있고 당차 보였다."

거사가 실패로 끝났을 때 백범은 일왕을 죽이지 못한 사실에 몹시 불쾌한 표정이었다. 그러나 독립운동 동지들은 일본의 신성불가침인 천황을 정신적으로 죽인 것이나 마찬가지라며 백범을 위로하고 자랑스러워했다. 실제로 이봉창의 의거는 히로히토를 폭살시키진 못했지만 조선인이 일본에 동화되지 않았음을 세계만방에 알린 쾌거였다. 더구나 의거 이후 미국, 하와이, 쿠바, 멕시코 등 세계 각지에서 임시정부를 응원하는 답지가 쇄도했다. 독립운동 자금도 각지에서 쏟아져 들어왔다.

특히 이봉창 의거는 일제가 조장하고 날조한 '만보산 사건'(1931. 7)을 종식하는 계기로 작용하였다. 만보산 사건은 1931년 7월 2일 중국 길림성 장춘현 만보산 지역에서 관개수로 문제로 발생한 것으로 수로 매몰 사건을 계기로 한인 농민과 중국인 지주, 주민 사이에 물리적 충돌을 야기했다. 문제는 일제가 이 사건을 처음부터 중국인을 매수하여 기획했고 충돌 이후 사실과 다르게 조작, 날조하고 확산한 것이다. 당시 조선일보 등 국내 언론들이 과장하여 허위보도를 하면서 인천, 서울, 평양, 원산 등지에서 중국인 배척운동이 거세게 일어났으며 국내 화교에 대한 폭력행사가 그대로 중국 관내 재만 이주 동포들에 대한 보복폭행으로 이어진 사건이다. 일제는 '만보산 사건' 이후 두 달 뒤 자신들의 계략대로 만주사변(1931. 9)을 일으켜 만주를 침공한다. 그리고 이듬해 청나라 마지막 황제 푸이를 내세워 괴뢰국가 만주국(1932)을 세운다.

이봉창 의사 투탄 사건 석 달 뒤 윤봉길의 홍구 공원 거사가 일어난다. 1932년 4월 29일. 역사적인 날이 펼쳐졌다. 일제는 상해사변을 조작해 상해를 침공한 뒤 승리를 축하하는 전승기념식을 천장절에 거행했다. 그리고 폭탄은 터진다. 『백범일지』에는 이와 같이 이봉창, 윤봉길 의사가 여러 장에 걸쳐 등장한다. 그러나 윤봉길과 함께 중심인물이었던 이화림은 등장하지 않는다.

이화림과 윤봉길은 부부로 위장한 채 거사 전날 또다시 홍구 공원을 답사했다. 이화림의 회고에 따르면 윤봉길은 이봉창과 달리 얼굴이 희멀쑥하고 둥그스름하게 생긴 편이었다. 실제로 윤봉길은 홍구 공원에서 봄부터 채소장사를 하며 거사의 기회를 엿보고 있었다. 채소장사를 할 때 윤봉길은 일본 옷을 걸치고 게다짝을 끌고 다녔다. 그리고 유창하게 일본어를 구사했기에 일본 사람들조차 조선인인 줄 몰랐다. 1932년 4월 29일 거사 당일 김구는 생각을 바꾼다. 윤봉길은 일본어에 능숙했지만, 이화림은 일본어를 잘 몰랐다. 부부로 위장하다가 오히려 검문에 걸려 둘 다 위험에 빠질 수 있었다.[18] 그리고 무엇보다 자신의 목숨을 결연히 내놓은 애국청년을 두 사람씩이나 잃고 싶지 않았다.

그리하여 윤봉길은 스프링코트 차림으로 이화림은 양장 정장 차림으로 홍구 공원에 함께 간다. 그리고 윤봉길 혼자 도시락 폭탄(자결용)과 물병 폭탄(공격폭살용)을 휴대한 채 기념식장에 무사히 들어간다. 그 모습을 100m 떨어진 곳에서 이화림은 지켜보고 있었다. 윤봉길이 무사히 식장으로 들어간 것을 확인한 후 이화림은 맞은편 골목길로 사라졌다. 윤봉길이 휴대하고 들고 간 것은 도시락과 보온물병, 그

---

18. 김혁. 「여걸 이화림」. 『동북아 신문』. 2015. 3. 16.

리고 일본 국기이다. 당시 상해 주재 일본 영사관이 일일신문(日日新聞)을 통해 전승기념식에 참석하는 일본거류민들에게 다음과 같은 내용을 공지했기 때문이다.

"4월 29일 홍구 공원에서 천장절 축하식을 거행한다. 그날 식장에 참석하는 자는 물병 하나와 점심으로 도시락, 일본 국기 하나씩을 가지고 입장하라."[19]

따라서 백범 김구는 일본인들이 어깨에 메는 물통과 도시락을 사서 폭탄을 만들 것을 주문했다. 김홍일의 주선으로 폭탄 제조 기술자 중국인 왕배이슈가 5cm 두께의 철판도 박살 낼 수 있는 위력의 폭탄을 만든다. 거사 전에 백범 김구와 윤봉길 의사도 참관한 실험에서 폭발력은 놀라울 정도로 엄청났다. 상해 병공창 지하 토굴 실험실 내부를 초토화했다.[20] 김구와 윤봉길은 폭약 실험에 크게 만족해했다.

거사 당일 윤봉길은 이화림과 동행한 후 무사히 식장 진입에 성공한다. 식장에 들어간 후 이틀 전에 미리 거사 지점을 보아둔 대로 기념식장 주석대 뒤편으로 갔다. 그리고 도시락과 보온물병을 나뭇가지에 걸어 놓았다. 천장절 전승기념식이 시작되자 나뭇가지에 걸어 놓은 보온물병을 떼어내 물을 마시는 척하면서 보온물병 뚜껑을 열었다. 그리고 순식간에 물병 속 도화 장치를 잡아 뽑고 주석대 한복판에 도열한 장군들 등 너머로 힘껏 내던졌다.[21]

19. 김구(2002). 앞의 책. 332쪽.
20. 김학준(1992). 앞의 책. 358쪽.
21. 김학철(1983). 『항전별곡』. 흑룡강 조선민족출판사. 6쪽.

윤봉길이 던진 물병 폭탄으로 홍구 공원 천장절 기념식장은 한순간 아수라장이 되었다. 상해 일본인 거류민단장과 상해 파견군 사령관 시라카와 대장을 폭살시켰다. 제3함대 사령관 노무라 중장의 한쪽 눈을 날려버렸고 제9사단장 우에다 중장과 시게미츠 주중공사의 다리 한 짝도 떨어져 나갔다. 시게미츠는 훗날 4만 5천 톤이 넘는 미군 전함 미주리(Missouri)호 선상에서 항복문서에 조인했던 자이다. 당시 그는 일본 제국 외무대신의 자격으로 왼손에 지팡이를 짚고 서 있었다. 바로 홍구 공원 윤봉길 거사 때 오른쪽 다리를 날려버린 탓이다.

3. 조선의용군 항일여전사 이화림, 생의 마지막까지 민족을 사랑하다

홍구 공원 거사 직전 24살 윤봉길과 27살 이화림은 백범 김구 앞에서 애국단 단원으로서 선서를 했다. 조국의 독립과 자유를 회복하기 위해 왜놈 장교들을 도륙하는 데 한목숨 희생하겠다는 비장한 결의였다. 결국 윤봉길 의사의 단독 거사로 결정한 뒤에도 이화림은 거사 진행 과정에서 보인 윤봉길의 애국심과 인간미에 매료되었다.

1932년 4월 윤봉길의 거사가 성공하며 식장 단상이 박살 나는 모습을 보자 이화림은 저절로 탄식했다. 이화림은 훗날 회고록에서 "마치 추풍낙엽이 지듯이 일본놈들이 우수수 떨어졌다"고 묘사했다.[22] 윤의사 거사 이후 이화림은 민족적 자긍심이 용솟음쳐 가슴 가득 충만했다.

---

22. 임기상. 「일본 수뇌부 쑥밭… 꽃이 휘날리듯 아름다워」. 『노컷뉴스』. 2014. 5. 28.

길거리 중국인들은 반일감정 탓인지 만날 때마다 통쾌하다는 듯 추켜세웠다. 실제로 거사 직후 장제스 중국 국민당 총통은 "중국인 2억 명과 중국 100만 군대가 하지 못한 일을 조선의 한 청년이 해냈다"며 극찬했다. 이후 중국 육군군관학교에 한인특별반을 개설하는 등 우리의 독립운동을 물심양면으로 지원해 주었다.

그러나 거사 한 달 뒤인 5월 25일 윤봉길 의사는 상해 군사법정에서 사형을 선고받고 11월 18일 오사카로 압송된다. 그리고 한 달 뒤인 12월 19일 가나자와 육군형무소 공병작업장에서 처형됐다. 눈을 가리고 십자가 형틀에 묶은 채 양미간을 겨냥한 총살형이었다.[23] 윤 의사의 주검은 쓰레기 하치장에 버려졌다. 백범 김구는 해방 후 윤 의사의 유해를 수습해 효창공원 3의사 묘에 안장했다. 죽음 앞에서도 당당했던 윤 의사의 처형 소식에 이화림은 윤 의사의 모습을 떠올리며 또 한 번 오열했다. 다음은 거사 며칠 전 윤 의사가 어린 두 아들에게 남긴 유언 중 일부이다.

"너희도 만일 피가 있고 뼈가 있다면 반드시 조선을 위해 용감한 투사가 되어라.

태극의 깃발을 높이 드날리고 나의 빈 무덤 앞에 찾아와 한 잔 술을 부어 놓으라.

그리고 너희들은 아비 없음을 슬퍼하지 말아라.(하략)"

---

23. 『이화림 회고록』 174쪽에는 윤봉길 의사가 교수형에 처해졌다고 구술돼 나오는데 이것은 기억의 착오로 생각한다. 윤봉길 의사는 십자가형틀에 묶인 채 양미간을 정확히 조준한 총살형으로 순국했다.

이화림 회고록
중국에선 1994년에, 한국에선 2015년에 번역 출간된 『이화림 회고록』. (출처: 차이나하우스)

윤 의사 거사 후 이화림은 김구의 독립운동 노선에 회의를 느낀다. 개인의 희생에 의존한 테러로는 독립을 가져올 수 없다고 생각했기 때문이다. 그는 조직적인 대중 투쟁과 군사조직에 기초한 무장투쟁만이 조국의 독립과 민족의 해방을 기약할 수 있다고 믿었다. 이는 당시 사회주의자들의 공통된 운동 노선이자 항일 정서였다. 1920년대 의열단이 1930년대에 들어와 조직적으로 독립군 무관을 양성하고 급기야 한인무장조직인 조선의용대를 창건하는 것은 운동에 대한 성찰의 결과였다. 더구나 백범 김구는 사회주의 내지 코뮤니스트에 대해 매우 적대적 감정을 드러냈기에 이화림은 김구와 결별하고 새로운 길을 찾아 나서게 된다.

이화림은 의열단의 추천으로 혁명의 도시 광저우(광주) 중산대학에 입학한다. 중산대학은 중국 혁명의 대부인 쑨원(손문)이 혁명 인재 양성을 위해 설립한 대학이다. 거기서 법학을 공부하다 의학으로 방향을 바꾼다. 의학은 생계를 유지할 수 있을 뿐 아니라 독립운동을 할 때 신분을 감출 수 있는 적절한 직업이었다. 중산대학에는 진광화, 이정호, 이동호, 노민 등 이미 80명이 넘는 조선인 학생이 재학 중이었고[24] 이 시절 이화림은 '용진학회'라는 항일투쟁조직에 가입하여 이론학습과

---

24. 이화림 구술(2015). 『이화림 회고록』 197쪽. 일부 이화림 관련 기록에는 30명이 넘는 것으로 기술되어 있다.

선전활동에 힘을 썼다.

이후 1935년 조선민족혁명당이 결성되자 광주의 피 끓는 조선 청년 학도들은 민혁당 화남지부(광동지부)에 다수 가입하였다. 당시 청년들은 흩어진 민족운동 세력을 하나로 결집하여 대일 전선을 통일시키려는 노력에 적극적으로 찬동하였다. 그리하여 임정 세력이 대두하기 전에 청년 대다수가 민혁당 광동지부(화남지부)에 가입함으로써 한때나마 광동지역 중심세력을 형성하였다.

그러나 임정세력이 차츰 강화되면서 광동지부는 1936년 여름부터 동요하기 시작했다. 그러자 민혁당 중앙당은 최동오를 그해 8월에 광동으로 파견하여 혼란스러운 조직을 정비하고자 했다. 그러나 광동지부는 '당 중앙본부가 시국에 적합한 정책을 취하지 않는다'라며 최동오의 광동 체류조차 방해했다. 이에 부득불 민혁당 중앙당은 1936년 늦가을에 민혁당 조직정비사업 차 윤세주를 다시 광주로 파견했다. 석정 윤세주는 중앙당에 반기를 드는 광동지부의 태도를 설득과 연설을 통해 변화시켰다. 조직 수습 후 윤세주는 광동지부 대표 3명을 대동하고 1936년 11월 20일에 남경으로 돌아갔다.[25]

평소 윤세주를 흠모했던 이화림은 그의 첫 번째 광동지부 연설에 깊은 감명을 받았다. 그리하여 1935년 겨울, 당에 가입하고 이듬해 1월 이화림은 민혁당 본부의 파견 지시로 바로 남경으로 간 것이다. 이화림이 김학철과 정율성을 만나는 시기가 바로 1936년 남경 시절이었다. 과거 조선공산당의 상층 분열과 파벌에 실망했던 것과 달리 민혁당의 통일전선활동에 이화림은 열렬히 지지를 보냈다. 이화림은 의학을 공부

---

25. 최봉춘(2001). 「석정 열사의 항일투쟁사」. 『석정 윤세주 열사의 생애와 독립정신』 세미나 자료. 밀양문화원. 121~122쪽.

한 게 인정돼 남경에서 의료보건사업을 맡아 활동하는 동시에 조선인 여성들을 조직하고 중국 여성들과의 연합전선 결성에 열정을 쏟았다.

이후 이화림은 민혁당이 주축이 돼 창건된 조선의용대 부녀대 부대장을 맡았다. 부녀대 대장은 김원봉의 부인 박차정 열사였다. 조선의용대는 1938년 중국 관내 무한에서 조직된 최초의 한인 무장군대였다. 그러나 1937년 중일전쟁 이후 일제가 중국 무한으로 침략해 들어오면서 조선의용대와 그 가족은 근거지 확보를 위해 후퇴할 수밖에 없었다. 이화림은 우선적으로 조선의용대 가족들을 충칭(중경)으로 대피시키는 데 함께했다. 그리고 1939년 3월 조선의용대의 명령으로 계림으로 이동하였다. 46명으로 구성된 부녀대 대원들은 무장투쟁보다 후방에서 가극 공연을 통해 투쟁의식을 고취시키는 항일선전활동에 열중하였다.

그런데 국민당의 지원을 받던 조선의용대는 항일투쟁에 소극적인 중국 국민당군의 지휘를 벗어나 하북성, 산시성 등 화북지역으로 이동을 결정한다. 1939년 10월 조선의용대 본부 역시 화북지역으로 북상을 결의하고 1940년 11월 분대장 이상 참여하는 조선의용대 확대간부회의에서 화북지역으로 이동을 결정한다. 이때 조선의용대에서 무장선전활동을 전개한 이화림은 일본군 진지 앞에서도 두려움이 없었다. 적진 깊숙이 들어가 구호 선전과 전단 살포 등 무장 선전에 항상 앞장섰다. 실제로 이화림은 남성적 면모가 강렬했다. 체구는 작았지만 용맹했고 작전이 시작되면 냉정했다.

조선의용군 출신 최후의 분대장이자 연변 작가였던 고 김학철 옹은 젊은 날 자신의 부끄러운 마음을 드러내며 고백한 적이 있다. 다음의 회고는 당시 조선의용대 대원들과 고 김학철 옹으로부터 이화림이 집

단적인 따돌림을 받았음을 알 수 있다.[26]

　　"이화림의 타고난 결함은 여자다운 데가 없는 것이었다. 아무
리 몸에 군복을 입었더라도 여자는 여자다운 맛이 있어야 하겠는
데 그것이 결여된 까닭에 그녀는 남성 동지들의 호감을 통 사지
못하는 것이었다. 나도 워낙 속이 깊지 못한, 속이 옅은 경박한 편
이었으므로 덩달아 이화림을 비웃고 따돌리고 하였으니 정말 부
끄럽고 면목이 없다."[27]

고 김학철 옹이 스무 살 객기로 이화림을 '미세스 리'로 불렀다가
눈빛이 이상하자 다시 '아주머니', '누님'으로 고쳐 불렀다. 그러자 이화
림은 야단치듯이 '화림동무로 불러줄 것을 강력하게 요청했다. 이화림
의 이런 모습은 항일독립전쟁에 목숨 바치기로 맹세한 상태, 더구나 군
사조직에서 자연스레 몸에 밴 자세였는지 모른다. 일부러 남자들에게
냉정하게 대했고 보통의 여자들처럼 행동하지 않았다. 조선의용대 병
사들이 이화림을 비웃고 개밥에 도토리 취급을 하자 조선의용대 화북
지대장 박효삼은 병사들을 모아놓고 엄격한 눈빛으로 비판했다.[28]
고 김학철 옹은 이화림을 '일생을 두고 혁명에 충직한 여성'으로 평
하면서 다음과 같이 언급한 적이 있다.

　　"여성의 몸으로 수없이 많은 간난신고를 겪었고 또 그 간난신

---

26. 김학철(1994).『누구와 함께 지난날의 꿈을 이야기하랴』. 실천문학사. 211~218쪽.
27. 김학철(1994). 앞의 책. 216쪽.
28. 김학철(1994). 앞의 책. 217쪽.

고를 하나하나 다 이겨내었다. 그녀는 짝말없는 여전사였다. 정직하고 강의(剛毅)한 여류혁명가였다. 하건만 그녀의 사사로운 생활은 계속 고적하고 처량하기만 하였다."

이화림은 1933년 광저우 시절 중산대학 유학생 김창국과 결혼하여 아들 김우성을 두었다. 그러나 가정생활과 혁명운동을 병행할 수 없는 현실에서 부부싸움이 잦았다. 결국 이화림은 중국에 망명해 온 목적이 '개인의 행복'이 아니라 '민족의 독립', 바로 '조국 해방'이었음을 떠올리며 1935년 겨울경 아이는 남편이 양육하고 자신은 조선민족혁명당 본부가 있는 남경으로 떠날 생각으로 이혼했다.[29] 그리고 1936년 1월 남경으로 왔을 때 의열단 출신이자 민족혁명당 중앙집행위원인 리집중(일명 이인홍, 본명 이종희)과 가정을 이뤘다.[30] 같이 혁명의 길을 걷고 있고 혁명 간부인 만큼 이화림을 지지해 줄 것으로 믿었다. 그러나 이화림의 결혼생활은 오래가질 못했다. 첫 번째 결혼처럼 그는 가부장적이었고 그 때문에 속박을 느꼈다. 결국 리집중이 이화림의 연안행을 반대하면서 결혼생활은 파탄이 났다.[31]

리집중은 의열단 출신으로 1922년 상해 황포탄 사건 당시 다나카 대장 암살에 오성륜, 김익상, 이종암과 더불어 거사에 참여했던 인물이다. 그는 1925년 북경에서 항일혁명가들의 동정을 살펴 수집한 첩보를 일제에 넘겼던 밀정을 처단한다. 바로 조선총독부 고급밀정으로 10년 동안 암약한 김달하. 김달하는 최초의 여성 박사 1호이자 친일 인

29. 이화림 구술(2015). 앞의 책. 197~210쪽.
30. 김혁(2015). 『동포투데이』. 2015. 4. 26.; 『수원일보』. 「김구의 한인애국단 핵심 윤봉길 이봉창과 이화림」. 2012. 7. 10.; 김학철(1994). 앞의 책. 211쪽.
31. 이화림 구술(2015). 앞의 책. 218쪽.

사인 김활란의 형부이다. 당시 일제의 주구 노릇에 앞장선 김달하에 대한 처단에는 다물단과 의열단의 이회영, 김창숙, 신채호, 류자명이 관련돼 있었다. 리집중은 류자명의 지시를 받고 총을 휴대한 채 이기환과 함께 김달하의 집을 방문해 처단하고자 했다. 그러나 총소리를 우려해 포승줄로 교살 후 아궁이에 시신을 집어넣었다.

리집중
리집중(이종희)은 의열단원으로 북경에서 김창숙, 류자명의 지시를 받고 밀정 김달하(김활란의 형부)를 처단한 인물이다. (출처: 독립기념관)

리집중은 김원봉과 함께 황포군관학교 4기 졸업생으로 해방 직전까지 김원봉과 활동을 같이했다. 1932년 중국군 장교로 복무했고 김원봉이 남경 근처에 조선혁명군사정치간부학교를 설립해 독립군 군관을 양성하자 교관으로 참여하였다. 이후 조선민족혁명당 중앙집행위원과 조선의용대 총무조장을 맡았다. 리집중은 코뮤니스트라기보다 김원봉과 마찬가지로 진보적 민족주의자였다. 리집중은 해방되었을 때 폐렴을 앓고 있었다. 1946년 4월 귀국길에 오를 때는 이미 위중한 상태였다. 결국 리집중은 부산항에 도착해서 검역과 하선 절차를 밟는 도중 고국 땅을 밟지 못한 채 선상에서 운명했다.

결혼생활을 정리한 이화림은 1941년 7월 팔로군 사령부가 있는 화북 지역으로 이동했다. 조선의용대는 전투상황에선 조직부 소속이든 선전부 소속이든 누구나 예외 없이 일반 병사들과 같이 전투에 임했다. 더구나 돌격 상황에선 반드시 지도원이 전투 대열 맨 앞에 서서 다음과 같이 지휘했다. '공산당원은 두 발자국 앞으로!' 그러면 조선의용대 대원들 중 공산당원 대원은 그 명령에 따라 전투 대열 맨 앞에 서서 용감하게 싸웠다.[32] 당시 이화림은 중국공산당에 가입하지 않은 상태였지만 남자 병사들 못지않게 열정적이고 용맹스러웠다.

조선의용대 본부는 태항산에 있었는데 해발 고도 2000m가 넘는 고산들이 줄지어 있었다. 따라서 이화림은 열악한 식량문제를 해결하기 위해 여성대원들을 이끌고 태항산 돌미나리를 캐어 미나리 김치를 담그곤 했다. 당시 이화림이 부녀대원들에게 들려준 '미나리 타령'은 '도라지 타령'에다 가사를 바꿔 부른 것으로 여성대원들의 흥을 북돋웠다.

"미나리, 미나리, 돌미나리/태항산 골짜기의 돌미나리/한두 뿌리만 뜯어도/대바구니가 찰찰 넘치누나/에헤야 데헤야 좋구나/ 어여라 뜯어라 지화자자 캐어라/이것도 우리의 혁명이란다"

식량이 부족할 땐 미나리 말린 것에 겨를 섞어 떡을 만들거나 도토리를 주워 묵을 쑤었다. 그래도 주식이 부족한 사정이라 민들레와 봄나물, 수양버들 잎사귀를 뜯어 항일전사들의 식량문제를 해결하기도 했다. 1942년 3월 이화림은 중산대학 시절 가깝게 지낸 사이이자 같은 평양 출신인 진광화의 주선으로 간부훈련반에 들어가 무장선전활동 훈련을 받았다. 당시 진광화는 조선의용대 정치위원이었다.

간부훈련반을 이수한 뒤 이화림은 부녀대 대장이 되어 활동했다. 그러다가 1943년 봄에 조선의용군 병원에서 부상자 치료활동에 종사한

---

32. 김학철(1989). 『태항산록』. 대륙연구소 출판부. 167~168쪽.

다. 1944년 4월엔 조선독립동맹 주석 김두봉 아래에서 자료수집 간사로 활동했다. 그리고 1945년 1월, 혁명사업의 하나로 의학수업을 받게된다. 당시 팔로군 포병사령관 출신이자 조선의용군 사령관인 무정 장군은 이화림에게 다음과 같이 당부한다.

"조직에서 너를 의대에 보낼 때는 심사숙고해서 결정한 것이다. 이것은 혁명 사업에 필요한 것이다. 비록 현재 항일 전쟁이 이미 승리했을지라도 우리들 앞에는 더 어렵고 복잡한 혁명 사업이 기다리고 있다. 무산계급혁명은 하루아침에 이뤄지지 않는다. 혁명 승리 후 막중한 건설 사업이 여전히 우리를 기다리고 있다. 우리 국가는 전문적으로 훈련 받은 의사를 필요로 하고 있다. 이 때문에 너는 의학공부를 절대 중도에서 포기하면 안 된다, 반드시 열심히 공부해서 나중에 다시 부대로 돌아와야 한다. 그때 만약 다른 사람이 너를 놓아주지 않는다면 내가 반드시 너를 데리러 오겠다."[33]

그는 1945년 의과대학에서 수학할 때 해방을 맞는다. 그러나 조선의용군의 명령에 따라 의학공부를 마저 마친다. 그리고 1946년 11월 21일 이화림은 중국공산당에 가입한다. 이화림은 해방공간에서 귀국하지 않고 연변의학원에서 근무하다 하얼빈에서 의사로서 인민에 봉사한다. 한국전쟁 시기에는 조선인민군 제6군단 위생소 소장으로 복무하는데 미군 폭격으로 부상을 입고 중국으로 다시 돌아간다. 이후 이화

---

33. 이화림 구술(2015). 『이화림 회고록』. 349쪽.

림은 선양의사학교 부교장, 중국 교통부 위생기술과 간부, 연변 조선족 자치주 위생국 부국장으로 의료보건사업에 남은 열정을 쏟아붓는다.

그러나 1966~1976년 문화혁명 기간에 이화림은 반혁명분자로 낙인 찍혀 그 기간 내내 고초를 겪었다. 당시 고 김학철 옹도 6억 5천만 인민의 태양이자 신(神)인 체어맨 마오에 대한 개인숭배를 비판했다가 꼬박 10년 징역을 사는[34] 등 엄혹한 시기였다. 마오쩌둥이 죽고 이화림은 명예를 회복했지만 건강이 악화되었다.

부득불 노년기를 대련에서 요양하며 조선 민족의 생활 수준 향상을 위해 거금을 기부하곤 했다. 특히 조선족 행사에 적극적으로 참여하는 등 생의 마지막까지 민족을 사랑하는 마음을 잃지 않았다. 특히 검약한 생활을 실천하면서 모은 돈으로 조선족 아동문학 작가들을 위한 기금을 조성했다. 1999년 2월 10일 임종 직전에도 자신의 전 재산 5만 원을 대련시 조선족 학교에 전액 기부하였다. 이화림 여사가 운명했을 때 그 소식을 접한 시인 이윤옥은 이렇게 썼다.

"이봉창, 윤봉길 도운 여장부 이화림... (중략) 태항산 거친 산림 속 마다치 않고/조선의용대 끌어안고 부르던 노래/아리랑 피끓는 함성 속에/절절이 묻어나던 조국해방의 염원/돌미나리 민들레 수양버들 잎사귀로/배 채우며 쟁취한 광복/고국은 그 이름 잊었어도/그 이름 천추에 길이길이 남으리"[35]

일제강점기 사회주의를 독립운동의 방편으로 받아들인 경우는 허다

---

34. 김학철(1996). 『20세기의 신화』. 창작과 비평사. 359~360쪽.
35. 이윤옥(2018). 『서간도에 들꽃 피다』. 얼레빗. 2권. 115쪽.

하다. 따라서 항일독립운동의 숭고함에 좌우가 있을 수 없다. 항일독립운동의 공적을 사실 그대로 평가해도 대한민국은 흔들리지 않는다. 아직도 반공이라는 냉전의 낡은 틀에 얽매여 선열들의 치열한 삶을 외면하는 것은 후손들을 위해서도 바람직하지 않다.

평생을 조국의 독립과 자유를 위해 투쟁했고 의사로서 인민에 봉사했으며 이승을 떠날 땐 자신의 전 재산을 동포학교에 기부한 이화림. 이젠 이념의 멍에를 벗어던지고 그분의 고결한 삶에 찬사를 보낼 시점이다. 더더욱 여성이라는 이유만으로 독립운동사에서 치열하게 살다간 선열의 삶을 망각한다는 것은 지극히 잘못된 처사가 아닐 수 없다. 비록 늦었지만 지금이라도 이화림을 자랑스러운 한국인으로 서훈을 추서하는 게 굴곡진 역사를 바로잡고 우리의 근현대사를 풍성하게 만드는 길이라 생각한다.

4.

의사 출신 항일독립운동가 대암(大岩) 이태준

_이태준과 의열단장 김원봉의 만남

1. 영화 『밀정』에 마자알이 등장했다,
   하지만 이태준은 어디에?

2016년 개봉돼 750만 명이 넘게 본 영화 『밀정』은 의열단 제2차 대
암살 파괴 계획을 시대 배경으로 한다. 일명 '황옥 경부 사건'으로 불리
는데 여기엔 폭탄제조기술자 헝가리인 마자알이 등장한다. 연계순(현계
옥, 한지민 분)과 부부로 위장한 채 폭탄을 국내로 반입하는 장면이 그
것이다. 경성역에 도착해 일본 제국 경찰과 총격전을 벌이지만 사실과
다른 허구일 뿐이다.

왜냐하면 역사적 사실에서는 마자알이 폭탄을 운반하는 데에만 참
여하고 국내에 잠입하진 않았기 때문이다. 그리고 운반 도중 사전에 비
밀 누설로 거사 직전 의열단의 작전은 실패로 끝났다. 마자알과 부부
로 등장하는 연계순(한지민 분) 역시 경성역 총격전에 등장한다. 역사에
서도 상해에서 마자알과 부부로 위장한 채 양옥집에 거주했다, 그러나
폭탄을 들고 경성에 잠입하진 않았다. 실제 잠입한 인물은 현계옥으로
대구 출신 열혈혁명지사였다. 그는 나중에 모스크바 공산대학을 졸업

하고 공산주의자가 된다.[1]

여기서 폭탄제조기술자 마자알을 의열단장 김원봉에게 소개해 준 인물이 오늘 이야기할 항일독립운동가 대암(大岩) 이태준이다. 이태준은 김원봉을 만날 당시 몽골 고륜(오늘날 울란바토르)에서 동의의국(同義醫局)이란 병원을 차린 의사였다. 이태준이 김원봉을 만난 것은 매우 우연한 일이었다. 이태준이 레닌이 독립운동으로 건넨 자금 일부를 상해로 전달한 뒤 북경을 거쳐 장가구-고륜으로 돌아가던 길이었다. 귀로 중 이태준은 북경에서 의열단장 김원봉과 조우하는데 1920년 당시 그 두 사람의 만남은 서로에게 항일독립을 향한 불타는 의지가 있었기에 자연스럽게 이뤄진 것으로 보인다.

김원봉은 1919년 11월 의열단을 창단하고 1920년 제1차 대암살 파괴 계획을 실행하지만 실패한다. 거사 직전 내부 밀고로 국내에 잠입한 의열단원 대부분이 피검되었다. 그러나 그보다 자신들이 확보한 폭탄이 결정적인 순간에 불발되기도 하면서 너무 큰 희생을 치렀다. 실제로 2015년 개봉돼 1200만 관객이 넘게 본 영화 『암살』의 후반부에서도 약산 김원봉(조승우 분)이 촛불을 켜놓고 영령들을 위로하면서 너무 많은 동지들이 죽었다[2]고 회한에 찬 대사를 읊는 장면이 나온다.

결국 약산 김원봉은 의열단 동지들의 희생을 줄이고 목표를 달성하기 위해 우수한 폭탄제조기술자를 수소문한 끝에 3명을 소개받는다. 이탈리아인, 오스트리아인, 독일인이 바로 그들인데 그중에 독일인이 만든 제품이 비교적 우수했다. 그러한 시대 상황 속에서 뛰어난 폭탄

1. 박태원(2000). 『약산과 의열단』. 깊은 샘. 101쪽.
2. 김산, 님웨일즈(1984). 『아리랑』. 동녘. 103쪽. 1919년 11월 의열단 창단 이후 1927년까지 아까운 목숨 의열단원 300명이 왜놈들에 의해 처형되었다고 김산은 회고했다.

제조기술자를 잘 알고 있던 이태준이 김원봉을 만난 것이다. 이태준은 북경 시내 어느 요정에서 김원봉을 만났고 의열단에 가입했다. 그리고 자신이 잘 알고 있는 헝가리 출신 애국청년 마자알을 김원봉에게 소개하기로 약속하고 몽골로 돌아갔다. 마자알은 이태준의 자동차를 운전했던 운전기사였다.[3]

당시 이태준이 차린 병원은 독립운동가들의 비밀 연락 장소였다. 몽골 고륜은 러시아 이르쿠츠크에서 중국 북경이나 상해로 가는 길목이었다. 그리하여 이태준의 병원은 하루에도 4~50명씩이나 되는 항일독립지사들에게 숙식을 제공하며 편의를 돌보아주었다.[4] 마자알은 포로 출신으로 식민지 조선에 연민을 지니고 있었다. 자신의 조국 헝가리와 같은 약소국의 설움을 이해했고 누구보다 조국에 대한 사랑을 간직한 열혈 청년이었다. 그리고 바로 이태준을 도와 고륜에서 장가구를 거쳐 국경을 넘는 독립지사들을 자동차로 태워주는 일을 했다. 조국 헝가리로 돌아갈 여비가 없어서 자동차 운전기사로 일하며 이태준과 같이 고륜에 살고 있던 것이다.

2. 몽골 국민이 신인(神人)으로 칭송했던
   어의(御醫) 이태준

이태준은 경남 함안에서 아버지 이찬과 어머니 박평암 사이에서

---

3. 반병률(2003). 「러시아에서의 민족운동의 자취를 찾아서」. 『한국사 시민강좌』 33. 175쪽.
4. 반병률(2000). 「의사 이태준(1883~1921)의 독립운동과 몽골」. 『한국근현대사 연구』 13집. 173쪽.

1883년 장남으로 태어났다. 이태준이 23세 되던 해인 1906년, 부인이 사망하자 어린 두 딸을 남동생에게 맡기고 서울로 올라왔다. 상경한 이태준은 제중원(세브란스 병원) 앞에 있던 '김 형제상회'에서 일했다. 김 형제상회는 세브란스 의학교 1회 졸업생인 김필순이 경영하던 곳으로 안창호 등 항일독립지사들의 비밀 아지트였다.

실제로 안창호는 서울에 올 때마다 제중원에서 일하던 김필순의 집에서 숙식을 해결하곤 했다.[5] 김필순과 안창호는 1878년생 동갑내기이자 의형제를 맺은 사이였다. 김필순이 다섯 달 먼저 출생하였기에 안창호를 동생으로 대했다. 김필순은 1907년에 안창호, 양기탁, 이회영이 조직한 항일비밀결사조직인 신민회에서 활동하였다.

김필순의 매제가 우사 김규식이고 김마리아는 김필순의 조카이다. 또한 1930년대 중국에서 영화배우로 이름을 날린 반파시스트 항일전사 김염은 김필순의 아들이다. 김위는 김염의 여동생으로 『최후의 분대장』을 쓴 연변 작가 김학철(본명 홍성걸)이 사랑을 고백했지만, 퇴짜를 놓았다는 이야기가 전해지는 조선의용군 항일여전사[6]이다. 그녀는 가창력이 뛰어나 조선의용대 제2지대 여성대원으로 대일본 선무공작활동을 벌였다. 항일여전사 김위는 1940년대 태항산 시절 조선독립동맹 선전부장인 김창만과 부부 사이가 된다.[7]

김필순은 우리나라 의사면허 1호인 인물로 항일독립운동가이다. 이

5. 「안창호가 아내 이혜련에게 보낸 1908년 12. 30일자 서신」. 독립기념관 독립운동사 정보시스템.
6. 김학철(1983). 『항전별곡』. 흑룡강 조선민족출판사. 5~37쪽. 김학철은 실연 후 아픈 가슴을 절친인 김학무에게 토로하며 깊은 위로를 받는다. 조선의용군 정치위원이었던 김학무는 윤봉길의 절친이기도 했다. 둘은 격한 논쟁이 끝난 뒤 김학무가 인터내셔널가를 부르면 윤봉길은 애국가를 부르곤 했다.
7. 『연변일보』. 「민족의 전설, 항일 장령 무정 장군의 인생 비화」. 2017. 8. 21.

조선의용대 김필순의 딸 김위
1938년 10월 10일 중국 한구에 창설된 조선의용대 창립기념사진. 사진 맨 앞줄 오른쪽 여성이 김
필순의 딸 김위다. 김위는 조선의용대 제2지대 항일여전사였다. 김위 왼쪽 옆에 있는 여성은 조선의
콜론타이 허정숙이다. (출처: 독립기념관)

태준보다 5살 위로 그에게 정신적으로 많은 영향을 준 인물이다. 게다
가 이태준에겐 세브란스 의학교 선배이자 스승이었다. 그것은 김필순이
졸업 전에 강의를 맡는 등 세브란스 병원에서 후학들을 가르쳤기 때문
이다. 김필순은 재학 당시 고종의 주치의였던 캐나다 출신 의료선교사
올리버 애비슨(O. Avison)을 도와 해부학과 약물학 등 여러 교과서를
번역한 인물이기도 하다.[8]

　제중원에서 가장 먼저 출간된 서적은 애비슨과 김필순이 번역한 『약
물학 상권(무기질)』(1905)이었다. 김필순이 제중원 운영을 책임진 애비슨
과 인연을 맺은 것은 1900년경이다.[9] 선교사 애비슨은 1904년 제중원

---

8. 안지현(2017). 「항일독립운동에 나선 의학도와 의사들」. 『국방저널』 519호. 62쪽.
9. 박준형, 박형우(2011). 「제중원에서 약물학 상권의 번역과 그 의미」. 『의사학』 20
　　(2). 330~331쪽.

을 설립하는 데 결정적으로 기여한 인물이다. 또한 연희전문학교 교장이 되어 초교파적인 연합학교의 형태를 띨 수 있도록 노력한 인물이기도 하다. 오늘날 연세대학교가 그러한 초교파적인 정신을 이어갔던 것에는 애비슨의 역할이 매우 컸다.[10]

제중원은 근대의학교육이 우리나라에서 최초로 실현된 서양의학교육의 효시가 되는 병원이다.[11] 이후 김필순은 제중원 앞에 '김 형제상회'를 차렸다. 이태준은 이곳에서 일을 했는데 이 시기 비밀히 드나들던 항일독립지사들에게 적지 않은 영향을 받았다. 이태준은 1907년 세브란스 의학교에 입학해 1911년 2기로 졸업한 6명 중 한 명이었다.

김필순은 1911년 일제가 테라우치 총독 암살 미수사건을 조작한 105인 사건 당시 체포를 피해 황급히 남만주로 망명한다. 세브란스 병원 의주 분원에 출장을 간다며 경의선 열차에 올라탄 것이다. 김필순은 곧장 국경을 넘어 이회영이 세운 서간도 통화현 신흥무관학교로 탈출한다. 망명 후 김필순은 6000명의 사람들과 800채의 가구가 있는 작은 독립군 기지에서 조선인들에게 우호적인 중국인들과 독립군을 치료하며 쉼 없이 항일운동에 매진했다.

김필순은 병원 진료로 벌어들인 수익금을 독립운동자금으로 대부분 기부했다. 그리하여 9남매 자녀들은 항상 가난 속에 살아갔다. 1912년 통화현에 머물 당시 김필순이 샌프란시스코에 거주하고 있던 안창호에게 보낸 편지에는 안창호를 '사랑하는 동생'으로 표현한다. 그리고 약품과 안경의 가격을 알아봐 달라는[12] 등 외따로 떨어진 통화현 독립군

10. 이선호(2011). 「올리버 알 애비슨(Oliver. R. Avison)의 연희전문학교 사역」. 『신학논단』 제64권. 113쪽.
11. 기창덕(1994). 「의학교육의 현대화 과정」. 『의사학』 3(1). 78쪽.

기지의 고충이 고스란히 드러나 있다.

김필순은 1916년 서간도가 위험해지자 북만주 흑룡강성 치치하얼로 이주해 그곳에서 병원을 개업했다. 그리고 중국 군대 군의관으로 근무하면서 부상을 입은 독립군들을 치료해 주었다. 또한 이상촌 건설을 꿈꾸던 김필순은 땅을 매입해 조선인 농가 100여 호를 이주시켰다. 그리고 그들에게 농장을 가꾸게 하는 한편 독립군 무관학교를 설립해 독립군 양성에 심혈을 기울였다. 그러다 1919년 여름 내과 의사로 신분을 감춘 일제 특무가 건넨 독극물이 든 우유를 마시고 귀가 도중 말에서 떨어져 비명횡사하였다.[13]

김필순이 일제의 체포를 피해 경성역을 통해 황급히 몸을 피했던 때가 1911년 12월 31일이다. 이태준은 경성역까지 동행해 배웅했다. 그리고 세브란스 의학교로 돌아왔을 때 이태준은 병원 내 소문에 두려움을 느꼈다. 김필순과 이태준이 중국으로 망명했다는 소문이 파다하게 퍼져 있던 것이다. 실제로 이태준은 1909년 세브란스 의학교 학생 시절 안창호로부터 비밀지하결사조직에 가입을 권유받았다. 신민회 자매단체인 청년학우회에 가입한 것이다.

병원 내에 널리 퍼진 소문에 깜짝 놀란 이태준도 김필순을 따라 황급히 평양행 열차를 타고 중국으로 망명을 하게 된다. 중국 난징으로 망명한 직후에는 일자리를 찾지 못한 채 언어마저 통하지 않아 한동안 힘든 시간을 보냈다. 그러나 얼마 후 중국 기독교인의 도움으로 '기독회의원'에 취직하여 안정된 생활을 이어갔다. 그리고 중국 신해혁명에 참

---

12. 「김필순이 안창호에게 보낸 1912년 3월 11일자 서신」, 독립기념관 독립운동사 정보시스템.
13. 러시아 독립운동사 전공자인 반병률 교수는 그가 콜레라에 감염되어 죽은 것으로 기술하고 있다. (반병률(2000), 앞의 논문, 168쪽.)

김필순
김필순은 망명 시절 독립군 군의관
으로 병원 수익의 대부분을 독립운
동에 기부했다. 그 결과 가족들은 항
상 곤궁한 생활을 면치 못했다. 이
태준에게 선배이자 항일독립운동의
정신적 모델이 되었던 인물이다. (출
처: 세브란스 역사관)

가한 중국 인사들과 교류하거나 신해혁
명에 참가한 조선인 유학생들과 조우하
며 항일의식을 키웠다.

그러던 차에 처사촌인 우사 김규식의
권유로 중국 생활을 접고 1914년 몽골
고륜으로 이동해 병원을 개업했다. '항
일독립운동에 뜻을 같이하는 동지들의
병원'[14]이라는 의미로 병원 이름을 동의
의국(同義醫局)이라 지었다. 김규식은 김
필순의 매제로, 해외 독립군 무관학교
건설을 위해 이태준을 설득한 것이었다.
그러나 제1차 세계대전의 발발과 일제
의 러시아, 몽골 지역 진출 등 국제정세의 변화로 독립군 무관학교 건
설이라는 큰 뜻을 이루진 못했다. 무엇보다 독립군 무관학교 건설을 위
해 약속된 운동자금이 들어오질 못했다.

그러나 이태준이 몽골에서 의사로서 지낸 6년간(1914~1921)은 몽골
국민들에게 지울 수 없는 크나큰 선물을 안겨 주었다. 당시 몽골 국민
들 사이에 번진 전염병을 치료하고 국민의 70~80%가 감염된 성병을
치료하는 데 그가 가진 근대의학기술은 탁월한 빛을 발했다. 매독균이
성대를 침범해 목소리를 잃어버린 몽골인들에게 이태준의 의술은 목소
리를 다시 찾게 해 주었다.

당시는 근대의학의 산물이 동양으로 전파되면서 에를리히(P. Erlich)

---

14. 강양구, 「몽골 초원에 묻힌 청년 의사… 무슨 일이 있었나?」, 『프레시안』 2010. 6.
   12.

가 발명한 매독치료제 살바르산이 이미 상용화한 시절이었다. 이태준은 몽골 국민들로부터 '극락세계에서 강림한 여래불(如來佛)'로 추앙받았고 '신인(神人)'으로 존경받았다.[15] 이태준은 몽골 마지막 국왕 보그드 칸 8세의 주치의가 되어 왕실과 왕족의 신임을 한 몸에 받았다. 몽골 국왕은 1919년 7월 이태준에게 '귀중한 금강석'이란 의미를 담고 있는 '에르데닌 오치르'라는 국기훈장을 수여하기도 했다.[16] 외국인에게 주는 최고 등급의 훈장이었다.

이태준은 몽골 고륜에서 의료 활동을 펼칠 때 의열단과 한인사회당 비밀당원으로서 항일독립운동도 함께 펼쳤다. 그는 의료 활동을 통해 몽골 국민들 사이에 두터운 신뢰를 쌓음과 동시에 러시아, 중국 관내 독립지사들과 연계해 항일독립운동을 지속해 나갔다. 그리하여 1990년 한국과 몽골이 외교관계를 수립하자 몽골 정부는 이태준 기념공원 조성을 위해 수도 울란바토르 지역에서 가장 아름다운 공간이자 값비싼 지역의 땅 2,000평을 기증했다. 울란바토르 시내를 한눈에 내려다볼 수 있는 전망 좋은 자이승 전승탑 근처인 이태준 기념공원은 오늘날 한국인 관광객이 빼놓지 않고 찾는 관광명소로 자리 잡았다.

3. 죽음을 재촉한 의열단, 한인사회당 활동

이태준이 중국 남경에서 몽골 고륜으로 이동한 것은 전적으로 김규

---

15. 박윤재(2009). 『몽골을 치료한 의사, 이태준』. 한국역사연구회
16. 오문수. 「몽골 울란바토르 한복판에 이태준 기념공원, 어떤 사연?」. 『오마이뉴스』 2018. 7. 26.

식의 권유에 따른 행동이었다. 항일독립운동에 대한 열정과 의지로 가 득했던 이태준은 몽골에 독립군 무관학교를 비밀리에 설립하자는 김 규식의 제안에 흔쾌히 응했다. 1914년 가을 몽골로 이동할 당시 이태 준은 김규식과 함께 서왈보, 유동열을 대동하고 이동했다. 유동열은 평 안북도 박천 출신으로 일본 육사를 졸업하고 대한제국 참령으로 신민 회 활동에 참여했던 인물이다. 유동열은 몽골에 독립군 군관학교가 설 립되면 교관으로 활동하기로 내정되었다. 해방 후 미군정 당시 초대 통 위부장(국방부장관에 해당)에 임명돼 한국군 창설에 기여했지만, 한국전 쟁 당시 납북되었다.

몽골행은 전적으로 신민회 간부들이 망명 후 개최한 청도회의(1910) 와 신민회 조직 재정비를 위한 목릉 회의(1913)에서 논의된 독립무관 양성을 위한 군관학교 설립 때문이었다. 김규식은 이를 실행에 옮기기 위해 이태준을 설득, 권유했다. 더구나 1914년은 러일전쟁 발발 10주년 되는 해였고 독립운동가들 사이에 러시아가 일본에 복수전을 치를 것 이라는 기대가 높았던 해였다. 만일에 러일전쟁, 미일전쟁이 일어나면 우리 민족 역시 일제 타도를 위해 독립운동 역량을 총결집해야 할 시 점이었다. 이러한 분위기는 러시아, 만주, 중국, 미국 등 해외 독립운동 가들이 공유한 생각이었다.

1913년 신민회의 이상설, 이동휘가 중심이 되어 추진한 연해주의 '대 한 광복군 정부'가 그러하다. 또한 1913년 이동휘와 김립이 주도한 북 간도 왕청현 라자구 동림군관학교 운영도 마찬가지이다. 독립무관을 조직적으로 양성하여 결정적 시기를 기다린 것이다. 박용만을 중심으 로 하는 하와이 국민군단은 300명의 병력이 무장한 채 훈련 중이었다. 미국 네브래스카의 소년병 학교와 멕시코의 숭무학교도 그런 국제정세

에 대응해 해외 독립운동가들이 상호 유기적 연관 속에서 추진한 활동들이었다.[17]

1913년 말 신민회 조직 재정비 차원의 목릉회의에서 이동휘, 이갑, 유동열이 모여 독립 군관학교 설립을 논의한 당시 유동열은 몽골에 세울 것을 강권하였다. 물론 유동열의 주장은 관철되지 못했지만, 김규식이 이태준과 함께 1914년 몽골로 떠날 때 서왈보[18]와 그도 같이 가게 되었다. 유동열의 주장대로 몽골 지역에 한인 독립무관학교를 세워 조직적이고 체계적으로 독립군을 양성할 생각이었다. 이러한 생각은 김규식뿐만 아니라 미국에서 활동하던 안창호와도 교감한 내용이었다. 몽골 군관학교 설립이 무산된 이후 북경에 머물던 김규식이 미국에 있던 안창호에게 보낸 편지에는 군관학교 설립 좌절에 따른 서글픈 마음을 절절히 표현하고 있다.

1914년 가을 몽골로 이동한 이태준은 몽골에서 의료 활동을 하면서 한인사회당 비밀연락원으로 주요한 임무를 수행하고 있었다. 한인사회당은 아시아 최초이자 한국 최초로 건설된 사회주의 정당이다. 이동휘, 김립, 김알렉산드라, 박애, 박진순, 이한영 등이 중심이 되어 창당했지만, 당원 수도 많지 않고 코뮤니즘에 대한 이론적 깊이도 약했다.

그러나 국제공산당인 코민테른에 가입한 한인사회당은 소비에트 볼셰비키 정권과의 관계 개선을 통해 상해 임정을 인정받았고 식민지 해방운동 자금 또한 획득했다. 약속받은 독립운동 자금 200만 루블 중 1차 40만 루블에 해당하는 금괴를 운반하는 데 이태준이 관여한 것이

---

17. 장석흥(2002). 「1910~1920년대 몽골지역에서 전개된 한국 독립운동」. 『한국근현대사 연구』 제23집. 57~59쪽 참고.
18. 장석흥(2002). 위의 논문. 60쪽. 서왈보는 보정군관학교 출신으로 북경 항공학교를 졸업한 비행사였고 비행 훈련 중 비행기 사고로 순국한 애국청년이다.

다. 금괴를 운반한 박진순과 한형권은 총을 쥔 채 금괴 상자 위에서 교대로 잠을 자면서 운반했다. 40만 루블 상당의 금괴 가운데 12만 루블은 김립이 몽골을 통해 상해로 운반하기로 했다. 이태준은 김립의 12만 루블 가운데 1차분인 8만 루블을 한인사회당원 조응순과 함께 몽골 고륜을 거쳐 장가구, 북경, 상해로 무사히 운반하였다. 1920년 가을이었다. 그리고 다시 2차분 금괴 4만 루블을 가지러 고륜으로 돌아가던 중 북경에 들르면서 의열단장 김원봉을 만났던 것이다. 김원봉과의 만남에서 이태준은 의열단의 강령에 흔쾌히 동의하여 입단하였다. 그리고 앞서 얘기한 바와 같이 폭탄제조기술자 마자알을 북경으로 데려오겠다고 약속한 후 헤어졌다. 그러나 1921년 초 몽골 고륜 지역을 지배하고 있던 중국군대는 러시아 반혁명파인 '미친 남작' 운게른 스테른베르크가 이끄는 백위대에 의해 점령당한다. 백위대에 점령된 고륜 지역에서는 유대인에 대한 학살과 중국 상점, 그리고 은행에 대한 약탈이 자행되었다.

1921년 초, 이태준은 마자알과 함께 금괴 4만 루블을 갖고 상해를 향해 북경으로 출발하였다. 그러나 백위파 부대에 참모로 활동하고 있던 일본군 장교 요시다(吉田)에 의해 이태준은 백위파의 추적을 받고 북경으로 오던 도중 체포돼 다시 고륜으로 압송되었다. 이태준은 일제 첩보에 의해 독립운동을 꿈꾸던 불령선인(不逞鮮人)으로 이미 낙인찍힌 상태였다. 그래서 러시아혁명 세력과 연계돼 한인사회당 당원으로서 혁명자금을 운반하던 일이 드러났다. 그리고 이태준이 운영하던 동의의국 병원이 항일애국지사들의 중간 기착지였음도 밝혀졌다.

거기다 이태준은 전통적인 의술에 의존하고 있던 중국 의사들에게 시기와 미움을 받고 있던 처지였다. 서양 근대의학을 몽골 사람들에게 소개함으로써 근대의학의 세례를 받을 수 있게 한 인물이 이태준이었다. 이태준의 등장은 몽골 사람들에겐 축복이었지만 중국 전통 의사들에겐 저주였다. 그리고 무엇보다 이태준은 4만 루블이라는 금괴를 보유하고 있었다. 러시아 반혁명세력인 백위파 군대에는 용병들이 많았고 그들은 돈을 많이 가진 자들을 표적으로 삼았다. 이태준의 죽음에는 그러한 몇 가지 요인들이 상호 작용하였던 것으로 보인다.[19] 이태준은 러시아 반혁명파 군대에 의해 1921년 2월 총살되었다. 처형 당시 38살 젊은 나이였다. 1921년 가을에 러시아 이르쿠츠크에서 개최 예정이던 원동피압박민족대표자대회에 참석차 중간에 몽골에 들렀던 여운형 선생은 이태준의 무덤 앞에서 이렇게 헌사를 남겼다.

> "몽골에 있는 이태준의 무덤은 이 땅의 민중을 위해 젊은 일생을 바친 한 조선 청년의 거룩한 헌신과 희생의 기념비다."

이태준의 삶과 죽음을 통해서 볼 때 그는 의사로서 몽골 국민에게 병을 치료해 준 부처와 같은 존재였다. 나아가 자신이 운영하던 병원을 독립운동의 거점으로 삼아 수많은 독립지사의 중간 기착지가 되게 한 사람이다. 게다가 의열단원으로 폭탄제조기술자 마자알을 의열단장 김원봉에게 소개해 주었고 한인사회당 비밀당원[20]으로 목숨을 걸고 독립운동 자금을 운반했던 인물이다.

---

19. 박윤재(2009). 앞의 글. 2009년 이태준의 고향인 경남 함안문화원에서 개최한 〈대암 이태준 기념 국제학술회의〉에서 몽골 과학아카데미 키시그트(Khishigt)가 밝힌 내용이다.
20. 한인사회당 당수였던 이동휘가 코민테른에 보고한 문서에는 이태준이 몽골 고륜에 정착한 한인사회당 연락원이라고 기록되어 있다.

실제로 러시아 반혁명파 군대가 고륜을 점령하기 직전 이태준은 탈출할 수 있었다. 고륜을 지배하고 있던 중국군 사령관 가오시린이 함께 고륜을 빠져나가자고 제안했지만, 이태준은 자신에게 주어진 임무를 수행하기 위해 이를 거부했다. 이태준에게는 독립운동자금 2차분인 4만 루블 상당의 금괴를 운반하는 일과 폭탄제조기술자 마자알을 북경으로 데리고 가야 하는 일이 남아 있었다. 자신에게 주어진 이 임무를 완수하기 위해 이태준은 스스로 위험을 선택했고 비극적인 죽음을 맞았다.

4. 교과서에 기록해야 할 고결한 영혼,
   항일독립지사 이태준

한국사 교과서엔 이태준에 대해 단 한 줄도 기술돼 있질 않다. 교과서에 수록되는 의사(醫師) 출신 독립운동가는 전무할 정도이다. 몽골 여행을 다녀온 사람이라면 알겠지만, 일반 사람들에게는 의사 출신 독립운동가 이태준이란 낯선 인물이었다. 해방공간에서 월북한 작가 이태준은 알아도 의사 출신 항일독립지사 이태준은 생소하기 그지없다.

하지만 세브란스 의학학교 재학 시절 만난 김필순을 뒤이어 중국으로 망명 후 우사 김규식의 제안으로 몽골 고륜(울란바토르)로 이동하고 그곳에서 활동했다는 역사적 사실은 명백하기 그지없다. 중국 북경에서 몽골로 넘어가는 길목인 장가구와 고륜을 넘나드는 항일독립지사들의 안식처로 자신의 병원을 내주었다. 앞서 말했듯이 동의의국(同義醫局)이라는 표현이 '뜻을 같이하는 동지들의 병원'이라는 의미였다. 동의의국에 몇 개월 기식했던 항일독립지사 이강훈의 회고에 따르면 매일 40~50명의 항일독립지사들이 이태준의 병원을 찾았고 숙식을 해결했다고 한다. 동의의국은 항일독립운동가들에겐 중국에서 몽골을 거쳐 러시아로 넘어가는 거점이자 중간 기착지였던 셈이다.

대암 이태준
몽골의 슈바이처 이태준. 1911년 세브란스 의학교 졸업 당시 모습으로 추정된다. 이태준은 의열단원이자 한인사회당 비밀연락원이었다. 모스크바 독립운동자금 40만 루블 상당의 금괴 가운데 일부를 북경을 거쳐 상해까지 운반했던 항일독립운동가였다. 이태준의 자동차 운전기사가 폭탄제조 기술자인 헝가리인 마자알이다. 의열단장 김원봉에게 마자알을 소개해 준 인물이 이태준이다. (출처: 이태준 선생 기념사업회)

그러나 그 모든 활동에 더하여 이태준은 죽음도 불사하는 열정과 의지로 항일독립운동의 최전선에 뛰어들었다. 모스크바로부터 건네받은 독립운동자금을 북경을 거쳐 상해로 비밀리에 운반했던 한인사회당 비밀연락원이었다. 또한 의열단장 김원봉을 만난 이후 이태준은 의열단에 가입하고 의열단 활동에 적극적으로 협력했다.

이 모든 활동에는 어느 하나 위험하지 않은 일이 없었다. 의사로서 이태준의 숭고한 봉사와 헌신 그리고 항일독립지사로서 열정적인 활동과 죽음은 오늘의 우리들에게 귀감이 되기에 충분하다. 제국주의 침략과 식민지로 전락한 암울한 현실에서 이태준은 좌절하거나 현실에 안주하지 않았다. 오히려 항일의지를 불태웠고 의사로서 독립운동에 어떻게 기여할 수 있을지 항시 고민하였다.

2007년에 몽골 울란바토르에 조성된 이태준 선생 기념공원 입구에는 한국어 안내 표지판이 있다. 거기에는 이태준에 대해 이렇게 기록돼 있다.

대암 이태준 선생 기념공원

(출처: 김동호)

　　"이태준 선생은 1883년 경남 함안에서 태어나 1911년 세브란
스 의학교를 졸업하였다. 선생은 1914년 울란바토르로 이동하여
상해 임시정부 독립자금을 운반하고 의열단 활동을 하는 등 독립
운동에 투신하였다. 선생은 또한 인술을 베풀어 당시 몽골에 만
연해 있던 질병을 퇴치하여 1919년 몽골 정부로부터 '에르덴 오치
르' 훈장을 받았다. 선생은 1921년 러시아 백군에 의해 피살당했으
며 대한민국 정부는 1990년 선생의 공적을 기려 건국훈장 애족장
을 추서하였다. 한국과 몽골 정부는 독립운동가이며 위대한 의사
인 이태준 선생의 고귀한 삶을 기리기 위해 2007년 7월 이 공원
을 조성하였다."[21]

---

21. 임완숙(2018). 「몽골 초원과 바이칼의 파도소리」. 『수필시대』 13호(가을). 문예운
　　동사. 144쪽.

그의 삶과 죽음의 발자취가 시대를 초월하여 큰 울림으로 다가오는 것은 그의 헌신과 삶의 치열함 앞에 저절로 숙연해지기 때문이다. 또한 해방된 지 수십 년이 지나도록 우리의 집단적 망각 속에 교과서에 한 줄 기록조차 되어 있지 않은 우리의 부끄러운 현실을 마주하기 때문이다. 어쩌다 몽골 여행을 가서야 '이태준' 이름 석 자를 알게 되고 깨우침을 얻는다는 것은 후손 된 도리가 아닐 것이기에 더욱 그러하다. 사회 정의가 가물거리는 것은 역사 정의를 세우는 것이 좌절되었기 때문이다. 하루빨리 한국사 교과서에 성의(聖醫) 이태준 선생의 삶과 죽음의 치열한 자취를 기록하여 자라나는 아이들이 이태준 선생을 기억하며 살아가도록 해야 할 것이다.

5.

'가고파'의 문인,
노산 이은상의
분열적 자화상
독재자를 이순신과 세종대왕에 비유한
지식인

1. 노산 이은상에 대한 균형 잡힌 시각이 필요하다

노산 이은상은 시대를 뛰어넘는 탁월한 시조시인이자 기행문학의 대가이다. 그리고 일제강점기 시절 조선어 사전 편찬 사업에 참여했고 조선어학회 사건 33인 중 한 사람으로 활동한 독립운동가이기도 하다. 그의 작품은 가곡으로도 애창되며 많은 사람으로부터 꾸준히 사랑을 받아왔다. '봄처녀', '성불사의 밤', '가고파', '옛 동산에 올라', '동무생각', '그 집 앞', '금강에 살으리랏다', '장안사', '그리움' 등 주옥같은 작품들이 그것이다.

실제로 노산 이은상의 작품은 한국 사회 어느 시인보다 가장 많이 가곡으로 만들어지는 등의 방식으로 음악화되었다.[1] 노산 이은상이 18살 젊은 나이에 마산 창신학교 교사로 재직했을 때 당시 함께 교사생활을 했던 박태준(전 연세대 음대학장)은 그를 이렇게 회상했다. '노산은 마산 앞바다와 아름다운 경치를 바라보며 멜로디를 생각할 정도

---

1. 김희철(1995). 「노산 이은상론」. 『태릉어문연구』 제5~6호. 서울여대 국문학회. 541쪽.

로 음악을 좋아했고 노래도 곧잘 불렀다.' 그리고 박태준은 자신이 곡을 만들면 노산 이은상이 가사를 붙이는 방식으로 노래가 완성되었다고 회상했다. '동무생각'도 그때 만든 7곡 가운데 하나이다.[2]

이은상은 어린 시절 유복하게 자랐다. 일찍이 일본 유학을 다녀왔고 28살에 이화여전 교수가 되었다. 그러나 전문학교 교수직을 1년 만에 그만두고 1932년 동아일보, 조선일보에서 기자생활을 했다. 일제강점기 시절부터 기행문학의 최고기록자로서 두각을 나타냈고 46권에 이르는 단행본 저서를 남겼다. 그리고 금석문으로 전 국토에 걸쳐 200개가 넘는 비문을 남겼다. 일흔아홉 해 동안 2천 수가 넘는 시작품을 남겨 자타가 공인하는 시조문학계의 거봉으로 평가받는다. 더구나 충무공 이순신에 대한 삶의 흔적을 직접 현장을 답사하는 방식을 취하는 등 치밀하게 고증했던 충무공 연구자로도 당대 상당한 주목을 받았다.

그러함에도 노산 이은상에 대한 현재 평가는 매우 상반된 형국이다. 한쪽은 이은상을 이병기와 함께 제1세대 시조시인으로 시조문학의 현대화를 통해 현대 시조문학을 정립한 인물로 평가한다. 1920~1930년대는 시조가 한국의 대표적인 문학정전으로 구축된 시기였다. 그 시기에 활동한 인물이 최남선, 이광수, 주요한, 이병기, 이은상, 조운 등이다. 바로 시조 창작 1세대 시조시인들이다.

시조는 시절(時節)에 관한 노래인데 시조라는 말이 처음 사용된 것은 18세기 무렵 영조 때이다. 시조는 1920년경 최남선에 의해서 대중에게 보편화되었다.[3] 그리고 1세대 시조시인 이병기는 『동아일보』와 『문

2. 박태준(1982). 「마산 창신학교 때의 인연」. 『민족시인, 노산의 문학과 인간』. 노산문학회 편찬위원회. 409~410쪽.
3. 김재현(1983). 「시조문학의 재평가」. 『응용언어학』 제1호. 한국응용언어학회. 88쪽.

장』지를 통해 1930년대 후반 정문학, 오신혜, 이호우, 김상옥, 조남령 등 신진시조시인을 적극적으로 발굴 육성하고 교과서에 등재될 수 있도록 이끌었던 인물이다. 당시 『동아일보』 <신춘현상문예>는 한국 문단을 대표할 작가들이 등단할 수 있는 주요한 통로로 기능하였다. 윤석중(1925), 황순원(1933), 김동리, 정비석, 서정주(1936) 등의 경우가 그러하다.[4] 특히 이병기와 이은상은 같은 조선어학회 회원이자 예술을 해방의 무기로 삼았던 1920년대 카프(KAPF)의 계급적 관점에 대항해 민족 고유의 문예사조인 시조문학을 현대화하는 데 중요한 역할을 한 인물로 꼽는다.

노산은 그의 첫 개인 시조집인 『노산시조집』(1932)을 통해 주요한과 함께 양장시조를 개척한 인물로 기록돼 있기도 하다. 중장이 없이 초장과 종장만으로 이루어진 2행 시조를 시도한 점이 그러하다. 『노산시조집』에 실린 양장시조 「소경되어지이다」를 살펴보자.

"뵈오려 안 뵈는 임 눈 감으니 보이시네.
감아야 보이신다면 소경되어지이다"

이는 2행에 걸친 매우 짧은 시조이지만 노산의 나라를 사랑하는 마음이 역설적으로 잘 표현된 작품이다. 또한 아래의 동시 '진달래'는 29살 때 쓴 작품인데 우리 민족을 상징하는 꽃, 진달래를 통해 자신의 시심을 묘사한 아름다운 작품이다.

---

4. 강영미(2012). 「『동아일보』와 시조 정전」. 『한국시학연구』 제33호. 141~143쪽.

"수줍어 수줍어서

다 못 타는 연분홍이

부끄러워 부끄러워

바위틈에 숨어 피다

그나마

남이 볼세라

고대 지고 말더라"

　젊은 시절 노산의 '진달래'는 매우 아름다운 동시로 그의 문학적 재능을 가늠하게 해준다. 한때 초등학교 교과서에도 실린 작품[5]으로 많은 사람에게 알려졌다.

　반면에 노산 이은상에 대한 부정적 평가 역시 만만치 않다. 2013년 2월 6일 마산역 광장 앞에 '이은상 가고파 시비'가 세워졌다. 그러자 3·15 마산의거를 하루 앞둔 3월 14일에 이 시비의 철거를 촉구하는 시민단체 회원들이 페인트와 달걀, 그리고 밀가루 세례를 퍼부어 곳곳이 얼룩져 흉물이 되었다. 시민단체 회원들은 노산 이은상이 결코 존경받을 만한 인물이 아니라고 항변한다.

　그들은 특히 해방 이후 노산 이은상이 보인 행적에서 그의 굴절된 삶을 통렬히 비판한다. 양지만을 좇아간 기회주의적 삶의 전형으로 평가하기도 한다. 이승만의 철권통치를 미화했고 4월 혁명을 짓밟고 들어선 박정희 독재를 처음부터 끝까지 찬양했다. 특히 박정희의 충무공 성역화 작업 배경엔 노산 이은상이 깊숙이 관련돼 있다. 박정희를 세종

---

5. 신웅순(2016). 「민족시인 노산 이은상」. 『서예문인화』 2016년 2월호. 57~58쪽.

이은상

박정희를 '세종대왕과 이순신을 합친 인물'로 미화한 노산 이은상. (출처: 한국현대문학관)

대왕보다 더 위대한 인물로 묘사하면서 '세종대왕과 이순신 장군을 합친 위인'으로 미화하기까지 했다.[6] 심지어 인생의 황혼기에 들어서면서도 전두환 군부 정권에 일조하는 등 어용지식인으로서 삶을 마감했다. 인생의 마지막까지 독재 권력자를 미화하고 찬양했을 뿐이며 독재를 비판하기는커녕 미화했던 자신의 굴절된 삶을 최소한 스스로 성찰하거나 공개적으로 지난날의 부끄러움을 고백한 적도 없다. 그렇기에 당대 지성인의 삶이라고 하기엔 너무나 옹색하다 못해 부끄러울 지경이라는 상반된 평가가 존재한다.

역사적 인물에 대한 평가는 매우 조심스럽다. 더구나 전 국민이 인지하고 있는 인물은 더더욱 그러하다. 그러함에도 노산에 대한 객관적 평가를 시도하는 것은 의미가 있는 작업이다. 역사 정의가 무너진 한국 사회에서는 거짓이 은폐되거나 진실로 둔갑하는 경우가 적지 않기 때문이다. 특정 인물에 대한 과도한 칭송은 자라나는 다음 세대를 위해서도 바람직하지 않다. 따라서 필자는 일제강점기 시절부터 해방 이후 노산 이은상의 삶의 궤적을 추적해 봄으로써 분열적 자화상을 드러낸 당대 인물을 1차 사료나 고증을 통해 엄밀히 분석해 보고자 한다.

---

6. 정재욱(2016). 「박정희는 세종과 이순신을 합친 정도의 위인」. 『감사해요. 박정희』. 통권 49호. 박정희 대통령 기념재단. 13쪽.

2. 노산 이은상의 삶과 기행문학

　노산 이은상은 1903년 10월 22일 경남 마산시 상남동 102번지에서 이승규의 차남으로 출생했다. 본관은 전주이고 선대에는 서울에서 살았다. 그러나 천주교 신자였던 아버지 대에 천주교 박해를 피해 낙향하게 되었다. 아버지 이승규는 일제강점기 시절 마산지역 민족교육의 요람이었던 창신학교를 세우는 등 민족의식이 뚜렷했던 인물이다. 창신학교는 1906년 설립되는데 안확, 이윤재, 김윤경 등 항일독립지사들이 가르쳤던 마산지역 민족운동의 요람이었다. 의령 출신 한글학자 이극로도 창신학교를 수학한 적이 있다. 창신학교를 수학한 후 이극로는 독립운동을 하러 바로 만주로 직행했다.

　1919년 3·1만세 시위 역시 창신학교 교사와 졸업생, 재학생들이 중심이 되어 전개하였다. 마산 3·1 만세 시위는 3월 21일 전개되는데 시위주동자인 한태익, 이정기, 이일래 등 학생 대표들이 노산 이은상의 공부방에 모여 독립선언서를 등사하고 태극기를 만들면서 시위 계획을 모의했다.[7] 따라서 어린 시절 노산 이은상은 마산에서 창신학교 초등과와 고등과를 수학하면서 강렬한 민족의식을 간직했다. 1919년 노산은 고등과를 졸업하고 창신학교 초등과 교사 생활을 했다. 그러다가 1923년 연희전문학교 문과 재학 당시 일본으로 유학을 떠났다. 와세다 대학 청강생(1925~1927) 생활을 거쳐 1927~1928년엔 도쿄로 옮겨 동양문고에서 국문학을 연구했다. 그리고 1928년 귀국 후 자신의 스승 이윤재의 권유로 애국계몽단체인 계명구락부에 가입해 조선어 사전 편찬

---

7. 박용규(2014). 『조선어학회 33인』. 역사공간. 204쪽.

활동에 참여했다.

노산 이은상의 생애에 정신적으로 깊은 영향을 미친 인물은 크게 3명이다. 노산 스스로 고백했듯이 창신학교 시절 자신을 가르쳤던 환산(桓山) 이윤재 선생과 자산(自山) 안확 선생이 절대적이다. 그리고 직접 가르침을 받진 않았지만, 정신적으로 흠모했던 인물인 한서(翰西) 남궁억 선생이다.

먼저 환산 이윤재 선생은 국어학자이자 사학자로 노산 이은상의 생애에 결정적으로 영향을 미친 인물이다. 노산 스스로 표현했듯이 스승 이윤재는 거칠고 보잘것없는 외모를 지녔지만 내면은 높고 깨끗하며 어질고 거룩한 분이었다.[8] 노산 이은상이 평생 국학을 연구할 수 있도록 추동했고 강렬한 독립정신을 간직하도록 만든 이가 이윤재였다. 평생을 두고 잊을 수 없는 제1의 스승으로 마음에 새겼던 이다. 이윤재는 1911~1913년 기간 창신학교에서 조선어와 조선 역사를 노산에게 직접 가르쳤던 인물이다. 이윤재는 조선어 시간에 일본말을 하지 못하도록 엄히 야단을 쳤다. 그리고 조선 역사 시간에 정몽주의 단심가와 이순신의 난중일기 그리고 민영환의 글을 학생들이 외우면서 생활하도록 가르쳤다. 나아가 수학여행을 지리산 원정대로 편성해 조선 학도들에게 나약함을 넘어서 씩씩하고 웅혼한 기상을 심어주고자 노력하였다.[9]

그리고 그는 마침내 노산이 조선어학회에 가입하여 한글연구와 한글운동에 매진하게 한 스승이자 40년 지기였고 민족운동의 동지였다. 노산 역시 조선어학회 사건(1942) 당시 홍원경찰서에서 혹독한 취조와

---

8. 이은상(1971). 「잊을 수 없는 스승」. 『나의 인생관: 오늘도 탑(塔)을 쌓고』. 37쪽.
9. 박용규(2013). 『우리말, 우리역사 보급의 거목 이윤재』. 독립기념관 독립운동사 연구소. 12~13쪽.

고문을 당했다. 홍원경찰서와 함흥형무소 생활에서 노산은 이윤재의 변치 않는 지조와 절개에 탄복했다. 노산은 토로하기를 스승인 이윤재를 통해 가난을 이겨내는 법과 혹독한 고문 속에서도 지조를 잃지 않는 법을 배웠다고 했다. 그만큼 일제강점기 시절 노산의 삶에 결정적일 만큼 정신적으로 깊은 영향을 미친 이가 스승 이윤재다.

다음으로 스승 안확 역시 창신학교 교사로서 본래 서울 사람이었지만 한일병탄 직후 울분과 통한 끝에 마산으로 내려와 후진양성에 매진했던 항일민족지사였다. 노산은 스승 안확에게서 망국민이 아니라 당당히 대한제국의 국민임을 배웠다. '되찾아야 할 나라가 있는 국민임을 잊어서는 안 된다'는 강렬한 깨우침을 받은 것이다. 다시 말해 스승 안확은 어린 노산의 가슴에 식민지로부터 독립할 수 있다는 자신감과 함께 독립을 향한 불꽃같은 열정을 지핀 인물이었으며 국학 연구의 선구자로서 뒷날 노산에게 정신적으로 영향을 미친 제2의 인물이었다.

마지막으로 한서 남궁억은 노산을 직접 가르친 인물은 아니지만, 그가 가슴속 깊이 존경했던 인물이다. 남궁억 선생은 구한말 최초의 영어 학교 졸업생으로서 고종황제의 통역을 맡았다. 관동학회를 창립해 애국계몽운동을 펼쳤고 1900년대 민족운동의 요람이었던 상동감리교회 내 상동청년학원에서 애국청년들을 가르쳤다. 그곳에서 함께 교육구국운동을 펼쳤던 항일교육자 이만규에게도 정신적으로 깊이 영향을 미쳤던 인물이다. 1918년 강원도 홍천으로 낙향했을 땐 삼천리강산에 무궁화를 널리 퍼뜨린 민족운동가였다. 1933년 일제에 피검된 뒤 극악한 고문을 받고 1935년 병보석으로 출옥 후 순국하였다.

노산 이은상은 1928년 일본 유학을 마치고 귀국 후 스승 이윤재의 부름을 받아[10] 계명구락부에 가입했다. 이윤재가 간부로 활동하던 계

명구락부에서 노산은『조선어 사전』편찬위원으로 일했고 1929년 10월
~1931년 3월까진 월간 잡지『新生』편집장으로 활동했다. 1929년 10월
에 개최된『조선어 사전』편찬회 발기 총회에서 이은상은 스승 이윤재
와 함께 발기인으로 참여하여[11] 당시 발기 취지문을 작성하였다.[12] 그리
고 1931년 4월~1932년 3월의 1년 동안 이화여전 문과교수로 재임했다.

　노산 이은상은 1932년 4월 동아일보 기자 생활을 시작한다. 1932년
12월 20일에는 동아일보가 주최한 문인좌담회에 17명 문인 가운데 한
명으로 참여하였다.[13] '1932년도 조선 문단은 어떠한 사조가 지배하고
새로운 경향은 없었는가'라는 주제로 노산 이은상은 이병기, 정지용, 이
광수, 김기림, 김동인, 김억 등 당대 쟁쟁한 문인들과 좌담을 벌였다. 노
산의 나이 29살 때였다.

　1933년 11월 17일엔 연희전문학교 주최 문예대강연회가 YMCA회관
에서 열렸다. 당시 노산은 양주동, 정인섭 등 4명의 연사 가운데 한 사
람으로 강연을 하였다.[14] 노산이 맡은 강연 주제는 '조선 문학과 무명
씨'였다. 30세 젊은 나이에 노산은 이미 한국 근대문학계에 주목받는
인물로 부상한 것이다. 1934년 손진태, 이병도, 조윤제 주도로 진단학
회 발기 총회가 열렸을 때 이은상은 스승 이윤재와 함께 발기인으로
참여했다. 스승 이윤재는 이희승, 이병도, 조윤제, 손진태와 함께 진단
학회 상무위원으로 선출되었다.[15]

10. 마산시의회 세미나 자료.『노산 이은상 탐구』. 2000. 5. 23. 28쪽
11.『동아일보』. 1929. 11. 2.
12. 박용규(2011).『조선어학회 항일투쟁사』. 한글학회. 271쪽.
13.『동아일보』. 1933. 12. 1.
14.『동아일보』. 1933. 11. 17.
15.『동아일보』. 1934. 5. 9.

조선어학회에 가입하고 진단학회에도 참여하는 등의 행위는 노산의 회고에서도 밝혔듯이 스승 이윤재의 권유와 영향이 절대적이었다. 실제로 노산 이은상이 서울로 올라왔을 때 조선학에 대한 연구를 함께 수행하는 등 스승 이윤재와는 사제지간이자 동지였다. 그만큼 환산 이윤재는 노산 이은상의 사상과 학문의 중심에 깊은 자취를 남긴다. 스승 이윤재를 통해 가난을 이겨내는 법을 배웠고 감옥에서 지조를 변치 않는 법을 배웠다. 나아가 조국의 독립을 추구하는 것을 가장 큰 소원으로 삼는 것을 배웠다.[16]

조선어학회 사건 때 스승 이윤재는 극악한 고문과 악형으로 예심재판이 열리기도 전에 옥사했다. 1942년 10월 1일부터 1943년 4월 1일까지 일제는 서울, 부산, 김천, 광양 등 전국에 걸쳐 조선어학회 사건 관련자 33명을 체포해 함경도 홍원경찰서로 압송했다. 취조를 맡은 이들은 홍원경찰서와 함경도 경찰부 소속 일본인 경찰과 조선인 경찰들이었다. 특히 조선인 경찰 형사부장 안정묵(야스다)과 김건치(시바타), 주병훈(오오하라), 박동철, 윤희원, 이무 등은 고문 양상이 혹독하기로 유명해 인간백정[17]으로 통했다. 추운 겨울날 발가벗긴 채 온몸에 찬물을 끼얹거나 혼절할 때까지 무수히 난타했다.

김건치는 이윤재의 배재학교 제자였지만 스승 이윤재를 모욕하고 희롱 섞인 욕지거리를 거침없이 내뱉었다. '이 선생님! 이놈의 자식아!'라며 자신의 스승 이윤재를 개 패듯이 난타했다. 볼기와 사지는 피투성이가 되었고 손톱, 발톱이 죄다 빠져 몰골이 흉측하였다. 결국 이윤재 선생은 무차별적인 구타와 물고문을 여러 달에 걸쳐 당하는 와중에 굶

---

16. 이은상(1973).『민족의 향기』. 교학사. 192~193쪽.
17. 김윤경(1946).「조선어학회 수난기」.『한글』제11권 제1호. 55쪽.

주림과 혹한의 추위 속에 1943년 12월 8일 순국하였다. 조선어학회 사건으로 징역 2년을 언도 받고 복역 중 해방이 되어 8월 17일 함흥형무소에서 출옥한 정인승의 증언은 당시 참상이 생지옥이었음을 알게 해준다.

"잔인한 고문에 쾌감을 느끼는, 그리고 그 능숙한 솜씨에 스스로 긍지를 느끼는 그 악랄한 무리들은 선량한 약자들을 마치 잡아다 놓은 쥐를 놀리는 잔인한 고양이와 같이 갖가지 방법으로 이리 차고 저리 차며 엎치고 뒤치고 차고 공 구르며 비행기 태우고 냉수욕을 퍼먹이며 뺨따귀에 주먹질, 뒤통수에 뭇매질 등 이루 말할 수 없는 갖가지 못된 것을 마음껏 하는 것이 그들의 상습이었다. 우리로서는 평생에 상상도 못 했던 인간 지옥이 실제로 있음을 처음 알았다. 하늘에 부르짖고 두드려도 하소연할 데가 없는 곳이 거기 있음을 처음 알았다. 이리하여 만 1년이 되니까 일행의 몸과 증거물들이 모두 함께 함흥형무소로 옮겨져 갔다."[18]

조선의 역사와 조선어 연구에 신명을 바친 스승 이윤재의 삶과 죽음은 그 자체로 민족문화수호운동이자 항일독립운동이었다. 조선어 표준어 사정위원으로 활동하면서 이윤재를 가까이에서 지켜본 이태준은 "산지옥인 고문실에서 목숨을 바치면서까지 자유를 위해 일생을 바쳐 싸운 투사"가 이윤재 선생이라고 그의 항일의지를 높게 평가하였다.[19] 실제로 이윤재는 일제가 운영하는 전차를 타지 않았다. 전차비용 5전

---

18. 정인승(1969). 「가람 이병기 박사의 인간과 문학」. 『신동아』 1969년 1월호. 186쪽.
19. 『현대일보』. 1946. 4. 7.

을 왜놈들에게 줄 수 없다는 이유에서였다. 나아가 연희전문학교 조선어 강사 시절 조선총독부를 쳐다보기 싫어서 일부러 종로에서 서대문 쪽으로 걸어가지 않았다. 에둘러 갈지언정 종로에서 남대문-봉래동-아현고개를 넘어 연희전문학교로 걸어 다닐 정도였다.[20] 노산 이은상은 함께 고문의 악형을 당하고 수감생활을 하면서 스승 이윤재의 지조와 인품, 그리고 처연한 죽음을 가까이에서 지켜보았다.

결국 일제는 치안유지법 위반으로 사건의 성격을 규정한 채 식민통치 말기적 탄압을 자행했다. 사전편찬원과 재정보조자 33인을 치안유지법 내란죄로 탄압한 것이다.[21] 조선어교육 폐지와 국어(일본어) 상용운동이 전개되던 시기에 『조선어 큰 사전』 편찬을 시도했으니 일제는 조선어학회를 날카롭게 주목하며 단단히 벼르고 있었던 것이다. 그 와중에 우리말 보급과 우리 역사 연구에 앞장선 스승 이윤재의 죽음이 있었다. 취조와 혹독한 고문 과정에서도 스승 이윤재는 "제자인 노산은 이 사건과 아무 관련이 없고 자신이 한 일"이라고 강변했다. 스승은 감옥에서 순국하지만 제자인 노산은 기소유예 처분을 받고 풀려났다. 민족의 독립을 향해 절절한 마음을 간직한 것도 스승 이윤재의 영향과 감옥 체험이라는 공통의 정서 때문이었다.

실제로 1933년에 조선어학회에서 「한글맞춤법 통일안」을 공포하자 이은상은 전국적으로 내로라하는 문인들과 함께 '한글 지지에 대한 선언'을 발표한다. 그 내용인즉 조선어학회가 발표한 「한글맞춤법 통일안」을 문인들이 앞장서 준용하고 「한글맞춤법 통일안」을 반대하는 세력을 모두 배격한다는 내용이다.[22] 김기진, 현진건, 주요섭, 최정희, 이상화 등

---

20. 이영애(1976). 「나라사랑의 고백, 그 그늘 속에서」. 『나라사랑』 13집. 99쪽.
21. 이동언(2006). 「조선어학회 사건 판결문」. 독립기념관 소장 자료. 9쪽.

80명이 넘는 전국의 문인들이 동참하였는데 여기에 이은상도 당당히 이름을 올렸다. 이러한 사회활동과 문단활동을 배경으로 이은상은 이광수, 박종화, 김동인과 함께 관철동 백합원에서 개최된 김소월 추도회에 주도적으로 참여하기도 한다.[23]

1936년 제15회 어린이날 행사가 휘문고보 운동장에서 개최되었다. 당시 이 행사 직후 소년운동 관계자들은 어린이날을 창시한 소파 방정환을 기리는 기념비를 건립하기로 하고 모금운동을 펼쳤다. 이은상 역시 이 행사에 참여하였고 김동환, 현진건, 이태준, 정인섭, 윤석중, 손진태 등과 함께 기념비 건립 발기인으로 참여한다.[24] 노산의 사회활동 반경이 소년운동으로까지 확산한 것을 확인할 수 있는 대목이다.

1935년 6월 조선일보사로 자리를 옮긴 뒤 이은상은 여러 문화행사에 참여하였다. 1937년 5월에 개최된 이상과 김유정 두 작가의 추도회가 경성 부민관에서 거행되었는데 그도 이 자리에 이광수, 주요한과 함께 참석하였다.[25] 또한 1937년 5월 조선일보사가 주최한 여류문학 강연회에 노천명, 모윤숙, 정인섭과 함께 강사로 참여하기도 했다.[26] 이은상은 1938년 6월까지 조선일보 출판국 주간으로 일했다.

1930년대 후반에 이르게 되면 노산은 이미 한국 사회에 널리 알려진 인물이자 유명 문인들 속에 함께 이름이 거론될 정도였다. 최남선, 이광수, 윤백남, 김기진, 방인근, 김동인과 함께 회자되곤 했다. 일제강점기 말기로 치달을수록 국내에서의 항일운동은 대부분 독서회 모임

22. 『동아일보』. 1934. 7. 10.
23. 『동아일보』. 1935. 1. 26.
24. 『동아일보』. 1936. 5. 3.
25. 『조선일보』. 1937. 5. 11.
26. 『조선일보』. 1937. 5. 30.

수준이 되었다. 당시 청년 학생들이 독서회 모임을 하면서 읽었던 책들 가운데 노산의 작품이 거론되곤 했는데 예를 들자면, 1939년 춘천고 보 독서회 「상록회」 사건 당시 치안유지법 위반 혐의로 연행된 이영우 는 춘천고보 3학년에 재학 중이었다. 이영우는 일제 경찰의 사상 관련 서적 신문조서에서 주운성의 『열혈청년론』과 이은상의 『무상』(1936)을 읽었다고 진술한다.[27]

이은상의 『무상』은 1~2년 사이에 3판을 거듭할 만큼 당시 많이 읽혔 다. 노산의 동생이 일본으로 유학 간 친구와 독립을 논하던 것이 일경 에 발각되어 옥고를 치른다. 『무상』은 옥고를 치르면서 몸이 쇠약해진 동생이 죽자 이를 슬퍼하며 하루 일기로 쓴 수필문학이다. 노산은 생전 에 17권의 수필문학 작품집을 낼 정도로 수필문학에서 가장 많은 작 품을 쏟아냈다. 노산이 쓴 최초의 수필문학 작품은 『노산시조집』(1932) 보다 1년 먼저 출간된 『기행묘행산유기(紀行妙香山 遊記)』(1931)이다.[28]

춘천고보 「상록회」 위원장 조규석 또한 심훈의 『상록수』와 윤백남의 『흑두건』, 『봉화』, 최남선의 『조선역사』 그리고 이은상의 『노산시조집』과 김기진의 『청년 김옥균』 등이 독서회 소유 사상서적이라고 진술하기도 했다.[29] 그만큼 노산은 당대 문인들 가운데 비중 있는 위치에 있었다. 1945년 1월엔 이광수와 함께 일제의 정책을 홍보하는 학병지원 유세 협조를 거부한 탓에 예비 검속되기도 했다.

실제로 1937년 중일전쟁 이후 언론을 비롯한 사회 전 분야에 대해 일제의 감시와 탄압이 극심해졌다. 1939년 12월 총독부 경무국장 미쓰

---

27. 「이영우 신문조서」. 『한민족 독립운동사 자료집』 59.
28. 오양호(2018). 「한국 근대수필과 이은상」. 『어문학』 142호. 한국어문학회. 366~368쪽.
29. 「조규석 신문조서 제3회」. 『한민족 독립운동사 자료집』 60.

바시(三橋)는 동아일보 사장 백관수와 조선일보 사장 방응모에게 시국에 부응하라며 자진 폐간을 강요했다. 두 신문사는 총독부가 신문용지 통제권을 발동하고 동아일보 간부들을 경리 부정으로 구속하자 전시 물자 절약 차원에서 1940년 8월 자진 폐간하였다.[30] 그 시절 총독부 기관지『매일신보』와 동아, 조선은 논조에서 하등 차이가 없었다. 이와 함께 1930년대 후반 일제는 국어(일본어) 상용과 국사(일본사) 학습을 강요하며 민족 말살 정책을 강제했다. 황국신민서사 암송(1937), 신사참배(1938), 조선어 교육 폐지(1938), 창씨개명(1939)과 친일잡지『태양』창간(1940), 조선어로 된『문장』,『인문평론』폐간(1941)과 친일 일본어 문예지『국민문학』창간(1941) 등이 그러한 황국신민화정책, 즉 민족(문화) 말살 정책의 연속선상에서 나온 것들이다.

당시 노산은 일제의 요구대로 일본군 명칭을 '아군(我軍)', '황군(皇軍)'으로 기술하는 것에 반대했다.[31] 그리하여 결국 1938년 6월 조선일보에 사직서를 제출하고 곧장 친구가 금광을 운영하던 광양 백운산 자락인 진상면 신황마을과 지랑마을 그리고 광양읍 칠성리에서 은거생활을 하였다.[32] 산중 은거생활이 4년 남짓 되었을 때 조선어학회 사건이 터졌다. 이은상은 1942년 12월 23일에 체포돼 함경남도 홍원경찰서로 압송, 취조 후 함흥형무소에 수감되었다. 두 달 앞서 체포된 스승 이윤재의 가택을 수색하는 과정에서 압수된 편지 내용 속에 노산의 은거지가 드러난 것이다.[33] 노산은 조선어학회 사건으로 피검된 지 9개월이 다

30. http://db.history.go.kr
31. 박용규(2011). 앞의 책. 271쪽. 참고.
32. 『연합뉴스』. 2002. 7. 17.
33. 마산시의회 세미나 자료. 『노산 이은상 탐구』. 2000년. 27쪽. 31쪽

가을 즈음인 1943년 9월 18일 기소유예 처분을 받고 감옥에서 풀려났다. 석방된 직후 노산은 파리해진 몸을 이끌고 다시 전남 광양으로 돌아갔다.

시조작가로서 노산은 1920년대부터 본격적으로 작품 활동을 시작했다. 노산이 처음 시를 발표한 것은 1921년 18살 때이다. 斗牛星이라는 필명으로 『我聲(아성)』 제4호에 「血潮(혈조)」라는 시를 발표했다.[34] 노산이 문단에서 이름을 알리기 시작한 것은 1924년 『조선문단(朝鮮文壇)』 창간 무렵부터였다. 『조선문단』이 창간되는 1924년부터 시, 수필, 평론 등 다양한 작품을 발표했다. 초창기 노산은 자신의 주된 작품 영역인 시조보다 30편에 이르는 서구의 자유시에 치중해 있었다. 이는 1920년대 신문학이 대두되면서 전통문학인 시조 양식이 비판과 배격의 대상이 된 때문이었다. 또한 당시 시인들 대부분이 일제 식민지 울분을 쉽게 표출할 수 있는 자유시에 경도돼 있었던 분위기도 작용했다. 이러한 분위기는 1927년 더욱 심해져 시조부흥운동이 수난에 처하기도 했다.[35] 1920년대 들어 1세대 시조 작가들에 의해 시조 작품이 신문과 잡지에 조금씩 발표되는데 특히 1925년에 10배 이상 급격히 증가한다. 1924년까지 41수에 지나지 않던 시조 작품이 1925년에 440수가 넘게 발표된다.[36] 이는 『조선문단』과 『동광』 잡지에 주요한과 이광수의 작품이 수록되고 『동아일보』, 『조선일보』에 이병기, 이은상의 시조 작품이 발표되는 것과 관련이 깊다. 그러다가 1941년에는 1/5로 급감하는 현상을 보인다.

---

34. 임선묵(1983). 『근대시조집의 양상』. 단국대출판부. 33쪽.
35. 김선옥(2013). 『가람과 노산 시조의 비교연구』. 청주대 박사학위. 23쪽.
36. 강영미(2014). 「배제의 논리로 구축된 시조부흥론」. 『한국시학연구』 제39호. 63쪽.

이러한 시대 분위기 속에서 노산은 1920년대 중후반부터 시조 등 국학 분야로 관심을 기울이기 시작했다. 노산의 문학작품은 시조문학이라고 해도 과언이 아니다. 특히 노산의 시조 작품 가운데 44수는 한국가곡으로 애창되었다.[37] 홍난파 등 작곡가들이 선호하는 서정성을 담고 있기 때문이었다. 그런데, 노산의 시조 작품은 당대에도 찬반양론이 일었다. 안서 김억이나 월탄 박종화는 노산의 시조가 시어의 축약성 결여나 시어의 생경성으로 호감을 주는 작품이 아니라고 혹평했다. 그러나 양주동, 임선묵, 주요한, 윤백남은 '정제되고 통일된 구상'이라며 노산의 시조 작품을 높게 평가했다. 특히 이광수와 윤백남은 시조작가로서 '타의 추종을 불허하는 독보적 존재'로서 이은상을 극찬했다.[38] 1926년 최남선은 '조선 국민문학으로서 시조'를 『조선문단』에 발표하였다. 이를 바탕으로 시조가 과연 '조선문학' 내지 '국민문학'으로서 적합한 성격인가에 대한 논쟁이 활성화되었다.[39] 그러다 최남선에 의해 1926년 시조부흥운동이 시작되면서 시조 1세대 문인들은 민족문학으로서 시조의 형식에 주목한다. 세계문학의 보편성 속에서 민족문학으로서 시조의 특수성을 시조의 형식에서 찾았기 때문이다.

육당 최남선에 이어 가람 이병기가 시조의 부흥과 혁신을 통해 민족문학으로서 시조의 발전에 기여했다. 그에 이어 노산 이은상 역시 근현대 시조의 발전에 기여했다. 민족문학 진영의 반대편에 섰던 카프 (KAPF) 계열 김남천, 이원조나 사회주의 계열 홍명희 등은 시조문학의 부흥에 대해 부정적인 태도였다. 그러한 경향은 해방 이후에도 지속되

---

37. 신영섭(2008). 『한국 현대시 노래화 현황 연구』. 연세대 석사학위. 25쪽.
38. 오승희(1990). 「노산 이은상 시조의 공간구조」. 『시조학 논총』 제6호. 116쪽.
39. 배은희(2014). 「근대시조의 표현양태 변모과정 연구」. 『한국시가연구』 제36집. 251쪽.

었다. 벽초 홍명희는 시조를 현대문학에는 적합하지 않은 형식으로 평가 절하했다. 김남천은 귀족들의 문학 유희로 치부했고 해방공간의 뛰어난 문학평론가였던 이원조는 귀족적 형식이라고 비판했던.[40]

따라서 카프(KAPF)의 계급적 관점에 맞섰던 이은상과 이병기는 민족문학으로서 시조를 현대화시킨 현대시조의 양대 산맥이었다. 특히 민족문학으로서 시조의 특수성을 내용보다 형식에서 찾았다. 그리하여 민족문학으로서 근대시조를 창작하기 위해서는 고시조의 형식을 분석해야 했다.[41] 서구 자유시와 구별되는 민족문학으로서 근대시조의 형식을 정립하는 것이 시급한 과제로 인식되었던 탓이다. 이은상은 고시조 전체를 고찰하여 일반 민중들이 창작할 수 있는 근대시조의 형식을 마련해야 한다고 생각했다. 다시 말해 시조의 형식이 시조의 특징을 가장 잘 드러내는 것이라 믿었다. 이은상은 3장 12구라는 시조의 형식으로 삼장(三章) 체제를 견지할 것을 강조했다.[42]

노산의 첫 번째 시조집 『노산시조집』(1932)에 실린 작품들을 살펴보자. 먼저 「고향생각」으로 세간에 알려진 것이 20살에 쓴 작품이고 3장 12구 시조 형식을 띠고 있다.

"어제 온 고깃배가 고향으로 간다기에/소식을 전하고자 갯가로 나갔더니/그 배는 멀리 떠나고 물만 출렁거려요."

마산에서 멀지 않은 가덕도에서 1923년 8월 15일에 쓴 작품이다. 평

40. 박용찬(2008). 「해방기의 시조담론과 시조문학교재의 양상」. 『시조학 논총』 제29호. 258쪽.
41. 배은희(2010). 「1920년대 시조론 형성과정 고찰」. 『시조학 논총』 제32집. 78쪽.
42. 배은희(2010). 위의 글. 77~83쪽. 참고

이하면서도 고향에 대한 그리움이 배어 있는 서정적인 작품이다. 22살에 쓴 「봄처녀」(1925) 또한 음악 교과서에 실려 대중에게 친숙한 작품으로 문체가 유려하다. 마찬가지로 3장 12구 시조 형식을 유지하고 있다.

"봄처녀 오시누나 새 풀 옷을 입으셨네/하얀 구름 너울 쓰고 구슬 신을 신으셨네/꽃다발 가슴에 안고 누굴 찾아오시는고."

역시 『노산시조집』(1932)에 실린 「옛 동산에 올라」는 1928년 노산이 25살이 되던 6월, 자신이 살던 마산시 합포구 노비산에 올라가 읊은 시다. 서정성을 지닌 음악곡으로 많이 애창된 가곡이며 인생의 덧없음을 노래한 작품이다.

"내 놀던 옛 동산에 오늘 와 다시 서니/산천 의구란 말 옛 시인의 허사로고/예 섰던 그 큰 소나무 버혀지고 없구료."

가장 널리 애창되는 가곡 가운데 하나로 「장안사」가 있다. 노산이 금강산 장안사를 둘러보고 1930년 27살이 되었을 때 흥망성쇠의 무상함을 노래한 작품이다.

"장하던 금전벽우 찬재 되고 남은 터에/이루고 또 이루어 오늘을 보이도다/흥망이 산중에도 있다하니 더욱 비감하여라."

이외에도 「금강에 살으리랏다」, 「선죽교」, 「성불사의 밤」 등 주옥같은 작품들이 『노산시조집』(1932)에 실려 있다. 모두 노산의 나이 27~28살에 쓴 시조로 노산의 문학성이 돋보이는 작품들이자 3장 12구 형식을 띠고 있다. 노산의 대표작은 아무래도 「가고파」(1932)겠다. 마산을 상징하는 노래처럼 한때 회자되기도 했고 국민 대중 다수가 애창하는 작품이다.

"내 고향 남쪽 바다 그 파란 물 눈에 보이네/꿈엔들 잊으리요 그 잔잔한 고향 바다/지금도 그 물새들 날으리 가고파라 가고파."

「가고파」는 노산이 29세 되던 1932년에 발표한 작품이다. 노산의 친구인 양주동 박사가 평양 숭실학교 근무할 당시 그의 제자인 작곡가 김동진에게 소개하여 같은 해 가곡으로 탄생하였다. 「가고파」는 이후 노산 이은상을 일약 마산을 상징하는 인물로 만들었다.

이은상은 1931년 3월 삼국시대 편 『조선사화집』을 출간했다. 이화여전 교수 시절엔 『묘향산 유기』를 펴냈다. 이후 동아일보와 조선일보 기자 시절인 1930년대엔 『노산시조집』, 『노방초』, 『무상』, 『탐라기행』을 출간했다. 그리고 칩거 기간 중 『지리산』(1938)과 『노산문선』(1942)을 펴냈다. 기행문학과 수필이 주를 이루었다. 해방 직후엔 자신이 사장으로 재직한 호남신문사에서 『이충무공 일대기』(1946)를 펴냈다. 1949년엔 고려시대 편 『조선사화집』을 출간하고 충무공 이순신에 대한 연구를 이후에도 계속하였다. 1960년 5월엔 『국역 주해 이충무공전서 상하』 권을 이충무공기념사업회의 지원으로 출간하였다. 그리고 1968년에 『국역 주해 난중일기』를 펴냈고 이어 이듬해 『성웅 이순신』을 펴냈다.

그 외에도 신사임당과 율곡, 안중근 의사에 대한 자서전 등 전기문학 작품을 남겼다. 노산 이은상은 할아버지 때부터 기독교와 관련이 깊다. 기독교 신앙을 간직한 가정에서 성장하였고 노산 스스로도 기독교인이었다. 그런데도 300편이 넘는 시조 작품들에서 불교의 세계를 다루고 있다. 노산을 불교시인으로 보는 이유이기도 하다.[43] 실제로 「장안사」, 「성불사」, 「관음사」 등 많은 시세계가 불심을 다루었고 직접 불교 성지순례를 다녀와 『불타성지순례기(佛陀聖地巡禮紀)』(1974)를 남기기도 했다.

28살 노산이 황해도 사리원에 있는 성불사를 찾아 읊은 시조 작품 「성불사」에는 자연과 어우러진 불교의 세계관이 잘 녹아 있다.

"成佛寺 깊은 밤에/그윽한 풍경 소리/主僧은 잠이 들고/客이 홀로 듣는구나/저 손아/마저 잠들어/혼자 울게 하여라"

깊은 밤 사찰 풍경 소리는 낯선 객에게 그윽한 자연의 세계로 인도한다. 깊은 밤, 잠이 든 주승과 풍경 소리를 홀로 듣고 있는 객은 따로 분리된 세계가 아니라 자연 속에 하나가 되어 조화를 이룬다. 그윽한 풍경 소리라는 자연환경 속에 주객이 하나가 됨으로써 불교가 이야기하는 선(禪)의 경지를 느끼게 하는 아름다운 시 작품이다.

노산의 작품세계는 해박한 역사 지식과 서정성 짙은 유려한 문체가 특징이다. 또한 국토 순례를 통해 많은 기행문을 남겼다. 특히 산행을 좋아하여 70세 노구에도 한국산악회장을 역임할 정도였다.[44] 그만큼 산과 강을 즐겨 찾았고 『산 찾아 물 따라』(1966)에서 언급했듯이 노산의

43. 김희철(1995). 앞의 글. 540쪽.
44. 김희철(1995). 앞의 글. 536쪽.

문학작품 절반 이상이 강산 순례를 통해 이뤄졌다. 노산의 생애 절반 이상의 시간이 강산 순례에 바쳐졌다고 고백할 정도로 노산은 자신과 조국의 강산을 하나로 일치시켰다.[45]

조국 강산에 대한 깊은 애정과 산하를 아우르는 시심이 하나가 되어 민족의식과 나라사랑하는 마음과 겹쳐 문학작품으로 표현된 것이다. 노산에게 조국의 산하는 나라사랑을 느끼게 하는 대상이자 마침내 애국심을 불러일으키는 민족 그 자체이다. 다시 말해 노산에게 조국의 산하는 자신과 일체가 되는 나라사랑의 상징물이다. 조국의 산하를 순례하면서 탄생한 수많은 문학작품이 그 점을 반영하고 있다.

노산에게 조국의 산하는 내가 살아가야 할 구체적인 공간이자 우리의 역사와 전통과 피와 땀이 밴 민족 그 자체이다. 그리하여 노산은 빼앗긴 공간, 빼앗긴 조국의 강산에서 부평초처럼 살아갔던 일제강점기 시절을 환기시킨다. 조국의 강산에 뿌리를 내리고 스스로 산하의 가지가 되고 잎새가 되어 꽃을 피우며 열매 맺기를 강조한다. 우리들 하나하나 스스로 조국의 산하에 뿌리박고 살아갈 수밖에 없는 하나의 생명체임을 망각해서는 안 된다는 것이다.[46] 내 땅에서 내 민족의 뜻대로 꽃을 피우고 열매를 맺으며 자자손손 영원히 살아가야 함을 역설한다.

『피어린 육백리』(1962), 『산 찾아 물 따라』(1966), 『가을을 안고』(1966), 『조국 강산』(1973), 『구미기행』(1974), 『노산 산행기』(1975), 『노산 시조선』(1975) 등이 모두 나라사랑과 강산 순례를 통한 기행문학의 결실이다. 생의 끝자락에 출간한 『민족운동 총서』(1979)와 시집 『기원』(1982)도 눈에 띈다.

---

45. 이은상(1966). 『산 찾아 물 따라』. 박영사. 5쪽.
46. 이은상(1967). 「짧은 일생을 영원한 조국에」. 『새길』 제145호. 15쪽.

또한, 노산은 살아생전 200개가 넘는 금석문을 남겼다. 친하게 지낸 운암 김성숙의 비문과 해운대 동백섬에 세워진 고운 최치원의 비문, 그리고 춘천에 세워진 의병장 의암 유인석 동상 비문 등 노산의 손길이 미치지 않은 곳이 없을 정도이다. 파주에 있는 윤관 장군 신도비문, 강화도 신미양요 순국무명용사 비문, 신사임당 비문, 망우당 곽재우 장군 유허비 비문, 임경업 장군 기념비문, 대구 달성공원에 세워진 석주 이상룡 선생 비문, 백산 안희제 추모비문, 밀양 출신 독립지사와 항일열사 숭모비문, 보재 이상설 선생 숭모비문, 전남 보성군에 있는 송재 서재필 기념비문, 영덕 3·1운동 기념탑 비문, 남산 반공청년운동 기념비문, 성곡 김성곤 신도비문 등 전국에 걸쳐 수많은 비문을 남겼다.

그 가운데는 역사적 사건과 인물을 기리는 비문이 가장 많았다.[47] 이에 대해 유진오 박사가 노산을 '현대 금석문학의 대가'라고 평했을 정도였다. 심지어 4월 혁명을 부정하는 발언과 태도를 지녔던 노산이 수유리 사월학생혁명기념탑 비문을 짓기도 하였다. 공화당 재정위원장과 국회의원을 지낸 쌍용그룹 회장 김성곤을 '화랑의 정기를 타고난 의롭고 대범한 인물'로 극구 찬양하는 비문 아닌 비문[48]을 쓰는가 하면 영덕을 상징하는 친일기업인 문명기를 '지방문화운동의 중심'이자 '덕을 쌓은 집'으로 표현하며 '자손들이 복을 받는' 인물로 묘 비문을 써주기도 했다. 항일민족운동가가 일제강점기 비행기를 헌납한 친일기업인의 묘 비문까지 써 주다니, 그 이중성을 참으로 이해하기 어려운 대목이다. 선과 악에 대한 뚜렷한 면모를 보이며 역사의 칼날 위에 서기보다

47. 전점석(2019). 「인물 추적 이은상 : 노산 이은상이 지은 각종 비문」. 『경남도민일보』. 2019. 1. 30.
48. 이은상(1975). 「故 성곡 김성곤 선생 신도비명 및 서문」. 『성곡 논총』 6호. 4쪽.

주어진 현실에 적절히 처신하는 노산의 처세술이 명징하게 드러난 사례가 아닐까 싶다.

실제로 노산의 문학작품 어디를 둘러봐도 약소국 식민지 지식인의 진지한 고뇌나 칼날 위에 서는 역사의식을 찾긴 어렵다. 소박한 민족주의에 대한 낭만성과 서정성을 느낄지언정 역사에 대한 치열함은 없다. 노산 역시 젊은 날 카프 문학에 대항해 민족문학에 바탕을 둔 시작활동을 한 만큼, 해방 후 소박한 민족주의자로, 반공주의자로 이승만 정권을 자연스럽게 추종하게 되었다. 민주주의와 인권에 대한 의식이 결여된 상태에서 반공에 기초한 민족주의는 쉽게 독재정권의 필요와 결합하였다. 이승만 정권에서 노산이 전남대학교 재단이사장과 이충무공 기념사업회장 등 권력친화적인 활동을 전개한 것은 결코 우연한 일이 아니다.

3. 독재자를 찬양한 지식인의 분열적 자화상

조선어학회의 실질적 지도자인 이극로가 주도한『조선어 사전』편찬 사업에 이은상은 간접적으로 참여했다.[49] 당시 이은상은 스승 이윤재와 마찬가지로 조선어학회 회원이었다. 이극로가 1935년 조직한 조선어학회 자매기관인 조선기념도서 출판관과 역시 이극로가 이끈 양서원 사업에 이은상은 발기인 및 평의원으로 동참했다. 이는 조선어학회 사건

---

49. 권승욱(1949).「朝鮮語學會 受難의 回顧」.『民聲』제5호. 통권 34호. 58~60쪽. 이극로가 주도한 조선어 사전 편찬 사업에서 사전편찬원 7인은 이극로, 이중화, 한징, 정인승, 정태 진, 이석린, 권승욱 7인이다. 따라서 노산 이은상이 직접 조선어 사전 편찬원이 되어 참여한 것은 아니다.

이 터졌을 때 이은상이 은둔지인 전남 광양에서 함경도 홍원경찰서까지 압송돼 고문을 당하는 빌미가 된다. 이른바 조선어 출판사업을 통해 민족의식을 고취시키는 데 함께했다는 이유였다.

일제강점기 시절 노산의 삶은 스승 이윤재의 교육과 감화로 강렬한 민족의식을 간직한 채로 일관했다. 스승과 제자 사이 허물이 없이 40년을 넘게 지내 온 막역한 사이였다. 스승 이윤재는 이은상에게 항일민족운동 전선에서 둘도 없는 동지이자 노산의 삶에서 떼려야 뗄 수 없는 귀감이 된 모델이었다. 따라서 일각에서 제기하는 일제강점기 시절 노산의 친일 혐의는 근거 없는 것으로 보아도 무방하다.

오히려 문제는 해방 후 조선어학회(한글학회) 회원으로서 한글전용이 아니라 국한문 혼용으로 돌아선 태도에 있다. 노산은 한때 수필집 『노변필담』(1953)에서 "우리 문학이 나아갈 진정한 길은 한자를 완전히 버림으로써 발전할 수 있다"[50]고 강변했다. 그러나 이후 국한문 혼용으로 돌아섰다. 주시경의 제자 최현배 선생은 오직 한글만 쓰기를 피를 토하듯 일생을 보냈는데 이희승처럼 노산도 어느 순간 국한문 혼용으로 돌아선 것이다. 조선어학회 사건 당시 고초를 겪은 한글학회 회원의 행보로 보면 참으로 이해하기 어려운 대목이다.

노산의 친일 의혹은 크게 두 가지로 집약된다. 하나는 일제강점기 말기 친일 색채를 강하게 드러낸 신문인 조선일보의 편집국 고문 및 출판국 주간이 되어 복무한 사실과 1935년 조선일보 방응모가 창간한 친일월간잡지 『조광』 편집주간으로 복무한 사실이 있다는 주장이다. 다른 하나는 노산 이은상이 조선어학회 사건으로 고초를 겪고 기소유예

---

50. 이은상(1953). 『노변필담』. 민족문화사. 108쪽.

로 석방된 1943년 10월부터 1944년 어느 기간 동안 『만선일보』 기자로 친일 행위를 했다는 주장이다. 『만선일보』는 일제가 만든 괴뢰국가 만주국 기관지이다. 그러나 이 내용은 둘 다 전문연구자의 연구 결과물로 제기된 주장이 아니다. 뚜렷한 근거를 제시하지 못한 채 일부 언론에서 기사화한 내용이며, 무엇보다 일제강점기 말기 노산 이은상의 삶의 궤적을 추적해 보건대 근거가 박약하고 일방적인 주장일 뿐이다.

먼저 일제강점기 말기 친일 색채를 노골적으로 드러낸 조선일보의 편집국 고문 및 출판국 주간으로 복무한 사실부터 따져 보자. 조선일보는 동아일보보다 앞서 창간되었다. 신문 창간 당시인 1920년부터 1920년대와 1930년대 초까지 동아일보보다 더욱 강렬하게 항일논조를 견지한 것은 맞다. 그것은 출발부터 「대정친목회」라고 하는 친일 분자들이 만든 신문이었기에 동아일보와의 구독 경쟁에서는 더욱 민족적 색깔을 드러내야 했기 때문이다. 그럼에도 신문시장의 주도권은 동아일보가 내내 쥐었고 조선일보는 항상 신문사 경영난에 허덕거렸다. 그 점은 그간의 연구 결과로 이미 드러난 사실이다.

특히 1920년대 동아일보보다 항일논조의 성격이 뚜렷했던 또 하나의 이유는 당시 신문사 사장이나 기자들이 민중의 신망을 한 몸에 받던 월남 이상재, 민세 안재홍 등 민족주의자와 진보 성향의 청년 사회주의 기자들로 채워졌기 때문이다. 이상재와 안재홍이 조선일보 사장과 논설위원으로서 경영과 편집, 그리고 사설을 주도하고 있었고 젊은 사회주의자인 박헌영, 임원근, 김단야, 홍남표 등이 짧게나마 당시 기자로 재직했었다. 이는 조선일보가 '조선 민중의 신문'이라는 혁신의 바람을 새롭게 불러일으킨 결과였다.[51] 그런 연유로 민족운동 좌우협동전선체인 신간회가 1927년 창립될 당시 조선일보는 '신간회 기관지'로 불릴 정도로 항일논조의 성격을 짙게 드러냈다. 그러나 1933년 방응모(방상훈의 증조부)가 조선일보를 인수한 이후 총독부 기관지 매일신보와 논조의 차이가 없는 노골적인 친일 신문으로 전락했다.

1930년대 동아일보와 조선일보는 민족정론지로서 항일의식을 드높이기보다 일제의 식민정책에 적극적으로 협조하였다. 그 결과 조선 민중을 총독부 정책에 순치시키는 방향으로 신문 논조가 유지되었다. 즉 항일독립의지를 고양하기보다 항일의지를 희석해 식민지 통치정책을 현실적으로 인정하는 방향으로 민족개량주의·타협주의 노선을 걸었다. 이는 조선 민중에게 항일독립의지를 거세시킴으로써 식민지 민족분열 정책에 일조한 셈이다.[52]

이를 보더라도 1930년대 조선일보와 동아일보를 항일의식을 고취한 민족정론지로 볼 수 없다는 게 역사의 진실이다. 1932년 1월 도쿄에서 감행된 이봉창 의사의 히로히토 폭탄 투척 사건에 대한 양대 신문의 보도 내용을 보면 그 점을 쉽게 이해할 수 있다. 1932년 1월 9일자 동아일보는 '일왕의 무사함이 천만다행인 일'이라는 소식을 전하면서 이봉창 의사를 '범인' 취급했다. 더욱 기막힌 일은 조선일보의 태도이다. 조선일보는 동아일보의 전날 기사 내용을 토씨 하나 바꾸지 않고 기사화했다. 1932년 1월 10일 기사 제목을 "대불경(不敬) 사건 돌발, 폭탄투척, 폐하께옵서는 무사어환행(無事御還幸), 범인은 경성생(京城生) 이봉창(李奉昌)"이라고 뽑았다. 이미 이 시기 조선, 동아 두 신문은 민족 언론이라기보다 일제의 식민지 침략 정책에 적극적으로 동조했던 선전매체로 그 성격이 규정되었다.

---

51. 정진석(1990). 『한국언론사』. 나남. 404쪽.
52. 강동진(1980). 『일제의 한국침략정책사』. 한길사. 386쪽.

그럼에도 조선일보 편집국 고문이든 출판국 주간이든 친일잡지『조광』주간이든 그 어디에도 노산의 재직 기간 친일 행위는 드러나 있지 않다. 이 의혹은 1998년 대한민국 정부 수립 50주년을 기념하여 대한매일신문(옛 서울신문)이 친일의 군상 연재물을 보도하면서 노산 이은상이 친일파였다고 주장했고[53] 경남도민일보 역시 그의 친일 의혹을 보도한 적이 있다는 것에서 비롯된다.[54] 그러나 어디까지나 의혹일 뿐 일제강점기 노산 이은상의 친일 행위에 대한 흔적은 객관적 사료로 드러난 게 없다. 이는 민족문제연구소를 비롯해 전문연구자가 그간 연구한 결과이다. 의혹은 누구나 제기할 수 있지만 사실은 아니다. 이러한 사실은 거꾸로 노산 이은상이 일제강점기 시절 친일 행위와 무관하다는 주장에 더욱 무게가 실린다.

오히려 노산은 1938년 조선일보를 그만둘 때 즈음, 일본군을 '아군(我軍)', '황군(皇軍)'으로 표현하는 것을 반대했던 인물이다. 다시 말해 일제의 요구를 거부한 것이다. 더구나 사표를 던진 이후 친구가 있던 전남 광양 백운산 산속으로 칩거하지 않았던가. 친일했다면 계속 조선일보에 남아서 일제의 요구대로 그 반대의 길을 걸어갔어야 맞다. 그러나 그는 일제의 요구를 거부했고 친일 행위에 단호히 선을 그었다.

또 하나는 조선어학회 사건 이후 1943년 9월에 기소유예로 풀려났을 때 만주로 건너가『만선일보』기자로 재직했다는 의혹이다. 그러나 이것도 객관적 사료가 없는 일방적인 주장일 뿐이다.『만선일보』에 재직했거나 투고했던 친일 문인들은 많았다. 최남선, 송지영, 안수길, 염상

53. 마산시의회 세미나 자료.『노산 이은상 탐구』. 2000년. 61쪽.
54. 경남도민일보 이은상, 조두남 논쟁 편찬위원회.『이은상, 조두남 논쟁-지역사회의 역사투쟁 26년의 기록』. 2006년. 313쪽.

섭, 유치환, 그리고 선구자를 작사한 윤해영 등 여럿이 눈에 띈다. 그러나 노산 이은상은 찾을 수 없다. 현실적으로 석방 이후와 1945년 1월 사이에 만주로 건너가 『만선일보』 기자를 했을 것이라는 추정 자체가 현실성이 떨어진다. 왜냐하면 노산은 광양 백운산에서 다시 칩거생활을 했을 가능성이 높기 때문이다. 그것은 노산이 1945년 1월 일제로부터 사상범 예비검속에 걸려 다시 광양경찰서 유치장에 구금돼 있다 해방 후 풀려난 것을 보아도 알 수 있다. 노산 스스로 과거를 회고한 내용이지만 매우 사실적이고 객관적인 근거를 담고 있는 기사가 이를 뒷받침해준다.

석방될 때 노산은 일찍 풀려난 것을 '불명예스러웠다'라고 회고했고 그 뒤 "파리해진 몸을 이끌고 곧장 광양으로 내려왔다"라고 회고하고 있다. 그리고 1945년 1월에 전라남도 경찰부장과 고등과장이 노산을 광양경찰서로 불러내 전시유세를 강요했다. 문단의 거목인 이광수와 함께 학병지원을 홍보하는 전시유세[55]에 나가달라는 회유와 재수감에 대한 협박을 받은 것이다. 여기서 노산은 일제의 강요를 거부하고 뜨거운 눈물을 흘리며 광양 집으로 되돌아온다. 그리고 자신이 예상한 대로 2월 2일 예비 구금돼 광양경찰서 유치장에 재수감되고 봄과 여름을 지나면서 해방을 감옥에서 맞는다.[56] 따라서 노산이 친일했다는 의

55. 조재수(2018). 「노산 선생님 말씀」, 『한글 새소식』. 547호. 한글학회. 18~19쪽. 일제강점기 말기 노산이 은거하던 광양에서 광주에 볼일이 있어 광주 어느 여관에 머물 때 조선의 청년들에게 학병지원 유세 차 같은 여관에 머물던 춘원 이광수의 소식을 듣고 여관 심부름꾼에게 쪽지 편지를 전했다. 내용인즉 '천 리 밖의 좋은 대조요'라는 글인데 같은 여관에 있으면서 서로 너무 다른 길을 걷고 있음을 은근히 비판한 편지글이었다. 해방 직후 서울에서 다시 만났을 때 춘원은 노산에게 자신의 잘못을 사과했다고 한다.
56. 이은상(1957). 「나의 해방 전후: 포박이 벗겨지던 날」, 『조선일보』. 1957. 8. 19. 4면.

혹은 일제강점기 말기 민족주의 계열 문인들 다수가 친일로 경도된 현실에서 노산도 그랬을 것이라는 억측이 작용했을 가능성이 짙다. 상당부분 주관적인 단정이자 비현실적인 주장이다.

스승 이윤재의 참혹한 죽음을 목격한 노산이 일제에 적극적으로 친일 행위를 했다고 하는 것은 논리적으로 설명할 수 없는 자기모순에 빠진다. 오히려 노산은 스승 이윤재의 민족주의 성향을 그대로 간직한 채 이를 더욱 상징적으로 강화하는 방향으로 나아갔다. 조국의 산하를 배경으로 조국 강산을 민족 그 자체로 뜨겁게 예찬했던 노산의 문학작품들이 그것을 여실히 보여주고 있다. 그러니 그의 친일 의혹보다 우리가 주목해야 할 부분은 해방 이후 노산의 삶이 보여준 분열적 행태이다.

그렇다면 노산 이은상은 어찌해서 해방 후 독재정권을 미화하는 데 일말의 망설임도 없이 앞장섰을까? 이승만을 '이순신'에 비유하고 박정희를 '세종과 이순신을 합친 위인'으로 묘사하며 전두환을 '한국의 특수한 상황 속의 강력한 지도자'로 미화했을까? 먼저 해방 이후 그가 보인 독재정권 찬양 행태를 살펴보자.

노산 이은상은 3·15 정·부통령 선거 전에 박종화, 김말봉 등과 함께 문인유세단을 조직해 전국을 순회했다. 다시 말해 독재자 이승만, 이기붕 당선을 위해 분주하게 유세를 했던 인물이다. 대구 유세 당시 시국을 '임진왜란'에 비유하면서 "이순신 장군 같은 분이라야 민족을 구하리라! 그리고 그 같은 분은 오직 이대통령이시다!"[57]라고 외치며 인천, 대전, 마산 등 전국을 돌았고 1960년 3월 9일 마산 무학국민학교에서

---

57. 경남도민일보 이은상, 조두남 논쟁 편찬위원회. 앞의 책. 310쪽; 김팔봉(1960). 「부정선거와 예술인의 지성」. 『사상계』. 1960년 5월호.

이윤재

한뫼 이윤재는 마산 창
신학교 시절 노산 이은
상에게 민족의식을 심
어준 스승으로 노산에
게 정신적으로 가장 깊
이 영향을 미친 인물이
다. (출처: 국가보훈처)

열린 유세에서도 박종화와 함께 연사로 임했다.

대전 유세에서 이은상이 '이승만 박사의 위대함과 아울러 이기붕 의
장의 성실하고 자애로운 인간성을 설명하여' 청중들에게 깊은 감명을
주었다는 신문 기사도 있다.[58] 3·15 마산의거에 대해서는 더욱 황당한
발언을 했다. 마산 학생의거를 '무모한 흥분', '지성을 잃어버린 데모'로
비하하면서 '불합리, 불합법이 빚어낸 불상사'로 규정했다. 그러면서 그
러한 행위들이 적을 이롭게 하는 결과를 낳는다며 '자중하기를 바란
다'라고 일갈했다. 나아가 '고향 마산에서 발생한 일이기에 더욱 걱정이
크고 분개한다'라고도 하였다.[59] 마산의거를 보는 노산의 시각이 이승
만 정권의 시각과 100% 일치한다.

마산 1차 의거 이후 부통령 당선자 이기붕은 마산의거를 어떻게 처
리할 것인지를 묻는 기자회견에서 '총은 쏘라고 준 것 아닙니까?'라며
이승만 정권의 강경대응을 시사했다. 더구나 치안국장(오늘날 경철청장
에 해당) 이강학은 마산 제1차 의거 이틀 뒤 "마산 소요 사건은 공산

---

58. 『서울신문』. 1960. 3. 5.
59. 『조선일보』. 1960. 4. 15. 4면.

당의 수법에 의하여 이루어진 증거가 있어서 배후에 공산당 개입 여부를 조사 중"이라고 발표했다. 심지어 마산경찰서는 1차 마산의거를 "공산당 지하조직의 폭동"으로 조작했다. 당시 마산경찰서 형사주임 노장광은 어린 학생들의 시신이 안치된 도립병원 영안실에 들어갔다. 그리고 죽은 학생의 교복 호주머니 속에 '인민공화국 만세'라고 쓴 삐라를 몰래 집어넣는 만행을 자행하기까지 했다.[60] 4월 학생혁명 과정에서 이승만 하야를 촉발한 전국 대학교수단 시위는 이 점을 명백하게 비판하였다. 당시 학생들의 시위를 공산당의 조종으로 보는 것은 고의로 왜곡하는 것이며 학생들의 정의감에 대한 모독이라고 천명했다.[61] 3·15 마산 1차 의거 당시 마산 시청 부근, 북마산 파출소, 남성동 파출소, 시민극장 부근 등 적어도 마산 시내 네 곳에서 경찰 발포로 7명의 사망자와 42명의 총상자[62] 등 마산 시내 전체 80명이 넘는 사상자가 발생했다. 그런데도 마산이 고향인 이가 이 같은 상황에 독재정권의 앵무새 같은 발언만을 쏟아내었다니 기가 찰 노릇이 아닐 수 없다.

최루탄이 왼쪽 눈에 박힌 채 발견된 김주열 군의 시신이 마산 앞바다에 떠오른 4월 11일부터 4월 13일까지 비가 억수같이 내리는데도 마산 시내 마산고, 마산상고, 마산 제일여고 학생들은 연일 항의시위를 벌였다. 그러나 4월 14일 시위가 잦아들자 대대적인 검거선풍이 몰아쳤다. 4월 14일 20명의 학생을 구속한 마산경찰서는 흥분이 가라앉은 거리에 학생, 소년들에 대한 검거선풍을 일으켜 마산 시내 거리엔 공포만 가득했다.[63]

---

60. 강준만(2004). 『한국현대사 산책-1950년대편 3권』. 인물과 사상사. 312~313쪽. 참고

61. 이종범, 최원규(1995). 『자료 한국근현대사 입문』. 혜안. 415쪽.

62. 편집부. 『4·19 혁명론 Ⅱ』. 일월서각. 1983년. 203~205쪽 참고.

따라서 마산의거를 바라보는 노산의 시각은 이승만 독재정권의 야만성과 불의에 대해 애써 눈을 감는 처사이자 당대 지식인으로서 매우 비겁하고 옹졸한 처신이 아닐 수 없다. 차라리 자신의 과거 문인유세단 행적을 반성하며 이승만 정권의 부정선거 획책에 치를 떨었어야 옳았다. 그리고 어린 학생들의 희생 앞에 최소한의 예의를 갖췄다면 그나마 마지막 남은 지성을 잃지는 않았을 것이다. 그러나 노산은 정의를 갈망하는 학생들을 비난하며 독재정권을 옹호함으로써 정반대로 행동했다. 이는 노산 스스로 반지성적인 모습을 여과 없이 보여준 행태로 당대 지식인이 지닌 어용성의 극치이자 기회주의적인 태도와도 관련이 깊다.

왜냐하면 3·15 정·부통령 선거는 삼척동자도 알 만큼 관권과 금권이 대대적으로 동원된 부정선거의 종합세트였기 때문이다. 내무장관 최인규는 전국의 경찰서장과 군수들에게 미리 사표를 받아 두었다. 부정선거에 협력하지 않거나 선거 결과가 좋지 않은 지역의 책임자는 파면시키겠다고 협박했다. 4할 사전투표와 3인조, 5인조, 9인조 공개 투표, 그리고 반공청년단 등 정치깡패들을 투표소 주변으로 배치해 공갈협박을 일삼았다.

이기붕은 직접 당시 재벌 대기업을 총동원해 불법 정치자금 70억 환을 이미 조성해 놓은 상태였다. 개표 당시 일부 지역에서는 유권자 수보다 이승만 득표수가 120%를 초과하여 유효득표수를 재조정하는 등 선거농단이 벌어졌다. 마산 시내 투표상황 역시 마찬가지였다. 참담하기 이를 데 없는 상황이 되자 민주당 마산시당은 3월 15일 오전 10시

---

63. 『조선일보』. 1960. 4. 15. 3면.

30분에 선거 무효를 선언하고 부정선거 항의시위에 돌입했다. 오후에 수천 명 군중이 거리시위를 벌였고 저녁 8~9시엔 만 명이 넘는 거대한 시위군중을 형성해 분노가 하늘을 찌를 기세였다. 시위대는 자유당 당사와 파출소, 그리고 자유당 국회의원의 집, 정부 기관지『서울신문』마산지국과 경찰서장의 자택을 공격했다. 마산 경찰 당국은 시위주동자 26명을 체포해 공산당, 바로 남로당 지하당원으로 몰아가며 혹독한 고문을 자행했다.

상황이 이러한데도 1960년 4월 15일자 조선일보 인터뷰 기사에서 노산은 독재정권의 나팔수 역할을 자처했다. "학생들이 지성을 잃었고 이적행위를 하고 있다"는 황당한 발언을 하며 "자중할 것을 촉구"한 것이다. 일제강점기 시절 민족운동에 신명을 바쳤던 항일독립지사로서 지조와 기개는 온데간데없이 초라하기 짝이 없는 처신이었다.

그렇다면 왜 이러한 굴절이 발생했을까? 이승만 독재 12년을 지켜본 노산이 정권 말기적 현상이 드러나는데도 왜 이승만을 '성웅 이순신'에 비유하며 전국 유세를 다녔을까? 그리고 자신의 고향에서 어린 학생들의 희생이 발생했는데도 왜 궤변을 일삼으며 이승만 독재정권에 기생하려 하였을까?

1960년 당시 노산은 57세였고 당대 문인들 가운데 내로라하는 거목이었다. 이승만 정권은 반공의 거대한 핏자국 위에 세워진 극우 반공 정권이었다. 이승만의 통치는 철권통치였고 반대 세력은 모두 빨갱이로 내몰려 목숨을 부지하기 어려웠다. 국대안 사건(1946~1947)의 여파로 국문학자 조윤제조차 공산주의자로 의심받던 상황이었다. 수만 명이 원통하게 죽어간 제주 4·3 학살이나 1950년 7~9월에 집중된 20~30만 명에 이르는 보도연맹원 집단 학살은 이승만 정권이 어떻게 탄생하고 유지되었는가를 압축적으로 보여준 사건이었다. 전후 1950년대 시대상황이 어떠했는가는 김원일의 소설 『마당 깊은 집』을 읽지 않더라도 어느 정도 짐작할 수 있다. 한마디로 극우반공파시즘이 한반도 남쪽을 완전히 지배했던 시기였다. 생존을 위해선 입을 다물어야 했고 출세 아닌 출세를 위해선 권력에 직간접적으로 줄을 대어야만 했다.

더구나 이승만 정권 자체에도 친일반민족행위자들은 넘쳐났다. 반공=애국으로 통했고 과거를 묻지 않았다. 남북에 각각 분단 정권이 들어서고 그에 기생한 자들만이 살아남았고 출세했다. 결국 전쟁이 터졌고 이는 더욱 분단을 고착시키는 계기로 작용했다. 이승만 집권 12년 동안 국무위원의 경우 34.4%, 대법관의 경우 68.4%, 검찰과 경찰 간부의 80%에 이를 만큼 권력의 핵심부가 친일인사들로 가득했다.[64] 그들은 자신들의 생존과 출세를 영속화하기 위해서도 이승만 개인을 더욱 우상화했으며 과잉충성에 열을 올렸다.

해방 후 진보세력은 한국전쟁을 거치면서 초토화되었다. 그나마 남아 있던 진보세력은 진보당 사건(1958)으로 역사의 무대에서 제거되었다. 진보당 당수 조봉암 선생은 4월 혁명 9개월 전에 전격 처형되었다. 한국전쟁 전후 민족주의자들조차 빨갱이로 몰려 떼죽음을 당하던 시대의 연속선상이었다. 따라서 생존을 위해선 숨을 죽이고 침묵해야 했다. 아니면 권력의 정점을 쳐다보며 우상화하는 일에 한 발 담그면서 자신의 자아를 드러낼 수밖에 없던 시절이었다. 노산은 스스로 역사의 칼날 위에 설 자신이 없었다. 그럴 의지도 없었다. 일제강점기 시절에도 적극적인 항일독립운동 전선에 뛰어들었다기보다 민족주의자인 스승

---

64. 김삼웅(1995). 『한국현대사 뒷얘기』. 가람기획. 212쪽.

이윤재를 귀감으로 더불어 살았을 뿐이다. 기소유예로 풀려난 조선어학회 사건은 그에겐 유탄에 빗맞았던 사건이었다.

노산의 민족주의는 스승 이윤재를 통해 단단해진 측면이 있지만 그렇다고 자발적으로 항일민족운동의 최전선에 주체적으로 섰던 것은 아니었다. 오히려 그에 대해 주저했던 것이 사실이다. 일제강점기 말기 마지막까지 치열하게 지하공작활동을 전개한 사회주의 계열 독립운동가들처럼 생각하고 행동으로 실천하지 않았다. 오직 탄압과 강요를 피해 산속 깊은 곳으로 칩거했을 뿐이다. 따라서 노산 이은상의 민족주의와 민족운동은 역사현장에 뿌리를 내리지 못했고 그의 사상은 실천적으로 표출되지 못한 현실 도피적 성격이었다.

실천 속에서 민족주의는 이데올로기로서 견결함과 민족운동의 투쟁성을 획득하는 것이다. 그러나 노산의 민족주의는 실천과 괴리되면서 관념적인 세계로 치달았다. 관념화된 신념체계로서 민족주의는 뿌리를 내리지 못한 채 떠도는 부평초와 같다. 말로는 민족의 말과 글과 얼을 강조하면서도 자신의 민족주의가 독재자의 이데올로기를 합리화시킨다는 데 분별력을 상실한 것이다. 그러므로 그 행위의 원인은 실천의 부재와 성찰의 빈곤에서 찾아야 한다.

제1공화국 정권의 핵심 인사들이 상당 부분 친일 혐의를 받고 있음에도 노산이 강조한 민족주의는 그 앞에서 작동하지 않은 채 멈춰버렸다. 국무위원과 자유당 기획위원들, 판검사와 경찰, 기업인들과 문인들 다수는 일제강점기 시절 민족을 배반했던 반민족행위자들이다. 그들은 일제의 식민정책에 적극적으로 협조했듯이 다시 이승만 독재 권력 유지를 위해 물불을 가리지 않고 앞장섰다. 친일인사들에게 일제강점기나 이승만 독재 시절이나 민중은 안중에 없었다.

시조작가로서 노산의 시조 작품에서 이념적 색깔과 반북의식, 그리고 반공주의가 명징하게 드러나기 시작한 시기도 1958년경부터이다. 이전의 자연 풍경과 인생의 무상함이 아니라 반공을 이념으로 하는 역사의식을 뚜렷하게 표현하고 있음이 발견된다. 노산의 두 번째 시조집인 『노산시조선집』(1958)에서 반북과 반공이 이념적으로 표출되기 시작한 것을 볼 수 있기 때문이다.[65] 그는 반공을 내세운 독재자를 우상화하는 데 주저하지 않았으며 오히려 앞장서기까지 했다. 노산 자신이 비문을 써 준 반공청년운동기념비가 1969년 남산 기슭에 세워졌다. 그런데 당시 제막식을 거행할 때 그가 정일권, 이선근 등 당대 핵심 친일세력들과 나란히 옆에 서서 기념사진을 찍은 것은 결코 우연한 일이아니었다. 노산의 민족주의가 친일 반공 독재 권력과 야합한 상징적 장면이었다.

일제강점기 민족운동가 중 많은 수가 1920년대를 지나면서 민족개량주의로 훼절하였다. 1937년 중일전쟁을 거치면서 절대다수의 문인들조차 일제의 동화정책에 나팔수가 되어갔다. 유진오, 최남선, 이광수, 김동인, 서정주, 최재서 등 내로라하는 문인들은 총독부 학무국 지시로 만든 어용 친일단체 조선문인협회(1939), 조선문인보국회(1943)에의 참여도 모자라 일제 침략을 선동하는 내용을 일본어로 휘갈기는 데 망설임이 없었다. 한마디로 '황도(皇道)문학'에 광분한 채 민족 지성이라곤 눈을 씻고도 찾을 수 없었다. 물론 암흑기로 치닫던 시기에도 일말의 민족적 양심을 지키고자 칩거하거나 은둔했던 민족주의 문인들도있었다. 이은상, 정인보, 김광섭, 이헌구 등이 그런 부류에 속했다. 그러

---

65. 여지선(2009). 「1950년대 시조의 역사인식의 다층성」. 『시조학 논총』 제31집. 225쪽.

나 그들 가운데 상당수가 해방 후 반공의 핏자국 위에 탄생한 이승만 정권의 친일 인사들에 포획된 채 민족의 양심을 저버렸다. 오히려 친일 인사들 못지않게 더욱 독재 권력에 밀착하거나 독재자를 미화하는 데 망설임이 없었다.

시인 김광섭은 경무대 공보비서관을, 이헌구는 공보처 차관을 지냈다. 모윤숙은 유엔을 무대로 국제외교에 나서고 있었다.[66] 시키지도 않은 이승만 전기를 썼던 서정주는 32살 젊은 나이에 문교부 예술과장에 올랐다. 「성북동 비둘기」의 시인 김광섭은 이승만을 '세기의 태양'으로 찬미했고 「나그네」의 시인 박목월은 '평생을 한결같이 몸 바쳐오신 고마우신 대통령'으로 찬양했으며 이은상은 '성웅 이순신과 같은 위인'으로 비유했다.

해방 후 한국문화예술계 역시 친일 인사들이 문단권력과 예술권력을 좌우했다. 김동리, 서정주, 모윤숙, 윤석중, 현제명, 김성태, 김은호, 김기창, 김경승, 김인승, 장발 등이 바로 그들이다. 그들은 문단권력과 예술권력의 정점에 섰거나 고위 정치권력에 가까이 밀착돼 있었다. 서정주와 김동리는 한국 문단에서 각각 문단권력을 휘둘렀다. 현제명과 장발은 각각 서울대 음대와 미대를 세우고 후진을 양성함으로써 예술계 기반을 탄탄히 다졌다. 조각가 김경승, 서양화가 김인승 역시 마찬가지였다. 이당 김은호 화백과 그 제자 운보 김기창 역시 친일반민족행위를 저지른 예술가들임은 주지의 사실이다.

그들은 해방 후 아무런 자기 고백이나 반성을 하지 않았다. 오히려 한국 문단과 예술계의 거목으로 우뚝 서서 후진을 양성하며 강력한 영

---

66. 강준만(2004). 앞의 책. 228쪽.

향력을 발휘했다. 그들의 정신적 후손들이 빚어낸 사태가 서울대 미대 '김민수 교수 재임용 탈락 사건', 그리고 '조두남기념관'과 '노산문학관'에 대한 역사 논쟁이었다. 해방 후 역사 정의가 좌절된 결과 사회정의가 설 곳을 잃은 것이다. 그런 점에서 '조두남기념관'이 '마산기념관'으로, '노산문학관'이 '마산문학관'으로 명칭이 바뀌고 '해직된 지 6년 반 만의 서울대 디자인학부 김민수 교수 복직' 등은 치열한 역사전쟁의 성과물이다.

노산은 박정희 쿠데타를 미리 인지하고 있었다.[67] 그뿐 아니라 노산 자신에게 나온 문교부 지원금을 5·16 군사쿠데타 비용으로 쓰는 데 동의해 주었다. 심지어 쿠데타 핵심세력들은 노산에게 5·16 군사 혁명 공약을 작성해 달라고 부탁을 하려고 했었다. 거사가 사전에 노출될까봐 그에게 부탁하는 게 실행에 옮겨지지 않았을 뿐이다. 이후 노산은 박정희의 공화당 창당 선언문을 작성해 주었다. 게다가 박정희가 공화당 해체지시를 내리자 공화당 당의장 김정렬은 노산에게 해체성명서를 부탁하기도 했다.[68] 노산이 70세가 되었을 땐 박정희를 '세종대왕과 이순신을 합친 위인'으로 영웅시했다. 노산과 가깝게 지냈던 장경순(전 국회부의장)의 회고록인 『나는 아직도 멈출 수 없다』에 다음과 같은 대목이 나온다.

"우리나라 인물 중에 위인을 꼽는다면 꼭 세 분이 있소. 한 분은 세종대왕, 한 분은 이순신 장군, 그리고 또 한 분은 박정희요 (중략) 세종이 어째서 성군이고 위인인가. 한글을 창제하고 어진

67. 『월간조선』. 2002년 4월호
68. 『조선일보』. 1999. 4. 28.

정치를 베풀었기 때문이다. 이순신은 어째서 성웅이고 위인인가. 왜적을 물리쳐 나라와 백성을 구했기 때문이다. 그렇지만 세종과 이순신을 합친 것보다도 더 월등한 업적을 쌓은 위인이 바로 박정희다.(중략)"[69]

한글을 창제한 성군이지만 세종은 당시 전국의 인구가 250만 명인데도 굶어 죽는 백성이 속출하는 등 의식주 문제를 해결하지 못했다고 노산은 비판했다. 이순신도 왜적과 스물세 번 싸워 스물세 번 이긴 영웅이지만 박정희는 김일성과 싸우지 않고도 군사력과 경제력에서 판세를 180도 바꿔버렸다는[70] 내용이며 그런 면에서 박정희를 '세종과 이순신을 합친 위인'으로 평가해야 한다는 논지였다. 뿐만 아니라 노산은 문태갑과의 특별대담에서 유신정권을 찬양했다. 10월 유신체제의 이데올로기인 '한국적 민주주의'를 지지하고 적극 선전[71]하는 것을 주저하지 않았다.

그러나 지금 관점으로 노산의 박정희 평가는 정직하지 않다. '한강의 기적'을 이야기할 때 이름도 없이 산화한 무수한 전태일을 기억해야 한다. 수많은 무명 노동자들의 피와 땀과 눈물이 '한강의 기적'을 일궈낸 것이기에 그러하다. 역사를 보는 눈은 정직해야 한다. 노산은 그런 점에서 영웅주의 사관에 매몰돼 민중이 역사를 만들어 가는 관점으로 보는 것에 인색했으며 역사의식 또한 빈곤하고 부박했다. 조정래의 대하소설 『한강』을 읽어보면 무수히 많은 무명 노동자들의 피와 땀과 눈물

69. 장경순(2016). 『회고록, 나는 아직도 멈출 수 없다』. 계간문예. 2016년. 308쪽.
70. 장경순(2016). 위의 책. 309쪽.
71. 「이은상-문태갑 특별대담」. 『유신정우』 6-1호. 1978. 3월

이 모여 '한강의 기적'을 만들어 냈음을 깨닫게 된다. 군사력 역시 미국의 핵우산과 군사적 지원이 가능했기에 역전된 것이라 할 수 있다.

그러함에도 그는 역사를 보는 거시적 시각을 담지 못한 채 독재정권을 미화하고 옹호하는 데 앞장섰다. 이는 비판적 지성이 결여된 반지성적인 태도이자 철학적 사유가 일천한 결과이다. 자신의 잘못을 반성하고 성찰하기보다 잘못된 현실에 적극적으로 안주했고 그 현실을 이용했다. 결국 노산은 시대를 앞서간 지성인이라기보다 지나칠 정도로 거창하게 그리고 과대평가된 측면이 컸다. 그것이 역사의 진실에 부합한 정당한 평가일 것이라 확신한다.

특히 박정희 정권의 정통성 강화에 노산은 충무공을 연결고리로 하여 이미지를 창조해 적극적으로 협조했다. 왜냐하면 박정희는 집권 초부터 정권의 정당성 확보를 위해 국난극복의 상징적 인물인 이순신을 크게 부각했다. 박정희 정권은 아산 현충사 성역화 작업을 하거나 이순신에 대한 다양한 서적을 출판하고 충무공 노래를 널리 보급하였다. 그러한 이순신 성웅화 중심에는 노산의 역할이 있다.[72]

노산은 일제강점기 시절인 1932년부터 이순신에 대해 관심을 갖고 연구하기 시작한다. 전 민족의 성금을 모아 아산 현충사를 재건하던 것이 계기였다. 처음 창신학교 초등과 교사로서 교단에 섰을 때도 이순신을 수업시간에 언급할 정도로 관심이 컸다.[73] 그러나 일제강점기 시절 그 같은 관심과 연구 동기를 부여받은 직접적 계기는 스승 이윤재다. 이윤재는 창신학교 시절 조선어와 조선 역사를 가르쳤는데 역사적

---

72. 이민웅(2010). 「충무공 이순신에 대한 몇 가지 인식 문제 고찰」. 『역사와 경계』 제77집. 부산경남사학회. 95쪽.

73. 마산시의회 세미나 자료. 『노산 이은상 탐구』. 2000년. 72쪽.

위인들에 대해 자주 언급하였다. 충절의 위인 정몽주, 성삼문과 일본을 이긴 이순신 그리고 민족의 자주성을 꽃피운 권율, 조헌, 안용복, 세종, 허준, 이익, 김정호, 민영환, 주시경을 빼놓지 않고 언급했다.

더구나 스승 이윤재는 1931년 직접 『성웅 이순신』을 책으로 펴내기도 했다. 환산 이윤재는 이렇게 썼다.

> "나라가 망하건 말건 알배 있나. 내 한목숨이나 잘 보전하였으면 고만이며 동족이야 욕보건 말건 무슨 관계냐. 내 일신이나 편히 살았으면 제일이라 하지마는 필경에는 살아도 아무 유익이 없고 죽어도 아무 광채가 없어 북망산에 한줌 흙으로 화하고 마는 가련한 인생이 아니냐! 충무공같이 오로지 국가를 위하여 민족을 위하여 그 일신을 희생하여 불같이 뜨겁고 쇠같이 굳은 결심으로 한 번 죽음으로써 맹세하는 자, 세상에 과연 몇이나 있는가!"

이윤재는 1930년 동아일보에 『조선을 지은이들, 성웅 이순신』을 43회 연재했다. 그 연재기획물을 책으로 엮어 출간한 것이다. 이 책은 초판이 순식간에 팔려 매진되었다. 두 번째 판은 팔리기도 전에 일제 관헌에 의해 판금 당했다. '조선 사람에게 읽힐 것이 못 된다'는 이유를 갖다 붙인 것이다.[74] 『성웅 이순신』이 책으로 나온 1931년 당시 노산과 이윤재는 매우 밀접한 관계에 있었고 노산에게 이윤재의 저서 『성웅 이순신』은 지적 호기심을 충족시키기에 충분한 자양분이 되었다. 1932년부터 노산이 본격적으로 이순신을 연구하기 시작한 계기를 스승 이윤

---

74. 박용규(2013). 앞의 책. 116쪽.

재가 제공한 셈이다. 노산은 우리나라 역대 제왕 가운데 신하의 묘소에 직접 비문을 지어 쓴 임금은 정조가 최초라고 밝히면서[75] 충무공 이순신에 대한 정조의 비문을 발굴해 역설하기도 했다. 그리하여 노산이 해방 직후 호남신문사 사장으로 재직할 당시 그간의 연구를 바탕으로 『이충무공 일대기』(1946)를 책으로 처음 낸 것이다. 그로부터 연구와 저작 활동이 이어지면서 이순신을 '민족과 역사의 성웅'으로 숭모하는 경지에 이르게 한 것이다.

그는 박정희 정권 시절 '민족문화협회장'이라는 직책을 맡아 문화행정 자문역을 수행했다. 그런가 하면 1972년 유신헌법이 공포되자 '청우회' 중앙본부 회장의 자격으로 유신 지지성명을 발표했다. 게다가 유신체제 최대 악법인 긴급조치 9호가 선포되고 며칠 지나 '총력안보서울시협의회'가 창립되었을 때 회장을 맡기도 했다.[76] 1979년 10월 26일 박정희가 죽었을 때 박정희 영전에 시를 지어 바쳤고 그 시는 동작동 국립묘지 박정희 묘역 비문에 지금도 각인돼 있다.[77] 이은상은 '고 박대통령 영전에'라는 추모곡 또한 지어 바쳤다. 그리고 박정희 묘비 헌시 비문에 '민족의 영도자', '역사의 중흥주'라고 극찬했다.

노산이 77세가 되는 1980년, 전두환 군부정권이 광주를 피로 물들이고 들어섰다. 그때도 노산은 이승만-박정희에 이어서 전두환을 찬양하는 등 역사의 흐름을 거스르는 망동을 서슴지 않았다. 전두환 정권과 결탁한 정권 홍보잡지에 이은상은 다음과 같이 생각을 드러내었다. '새 대통령에게 바란다'라는 제목으로 "대한민국 제11대 전두환 대통령

---

75. 이은상(1973). 「태양이 비치는 길로: 충무공 발자국 따라」. 『해군』 제230호. 151쪽.
76. 윤성효. 「더는 기념하지 않는 게 이은상 위하는 길」. 『오마이뉴스』. 2016. 5. 29.
77. 마산시의회 세미나 자료. 『노산 이은상 탐구』. 2000년. 74쪽.

의 당선을 경하하며 아울러 국민의 한 사람으로서 새 대통령에게 바라는 국민의 간절한 뜻을 이 자리를 빌려 드리고자 한다"라며 자필 서명까지 남겨 놓는[78] 망동을 했다. 그러면서 "한국의 특수한 상황으로 보아 무엇보다도 강력한 지도자를 원하는 것이 거의 일반적 여론"[79]이라며 당대 원로급 지식인으로서 어떤 거리낌도 없이 곡학아세를 일삼았다. 군부독재자 전두환을 찬양하는 데는 서정주, 김춘수와 하등 다를 게 없었다. 오히려 자기 분열적인 태도로 자신의 마지막 남은 정체성마저 스스로 부정하는 태도를 연출하였다. 실제로 이듬해 전두환 정권에서 국정자문위원을 맡는 등 인생의 마지막까지 일말의 망설임도 없이 독재정권에 협조하는 반지성적 태도로 일관하였다.

4. 마산이 낳은 또 다른 문인 '권환'을 기억해야

해방 74년이 지나는 지금 이은상에 대한 평가는 지나치게 과대 포장된 상태이다. 특히 노산의 고향인 마산에는 이은상 관련 시비만 8개나 세워져 있다. 이은상의 호를 딴 '노산동', '노산길'을 비롯하여 '가고파 거리', '은상이 샘' 등 노산을 기리는 다양한 명칭들로 넘쳐난다. 이런 현상이 보이는 데에는 그만한 이유가 있다. 해방 이후 이승만-박정희-전두환으로 이어지는 독재 권력과 노산이 너무나 밀접한 관계를 맺었기 때문이다. 하지만 마산, 창원에서 출생했거나 이 지역에서 활동한

78. 진영원. 「3·15 의거는 불합리·불법이 빚은 불상사」. 『경남도민일보』. 2003. 7. 30.
79. 이은상(1980). 「새 대통령에게 바란다-새 시대 새 역사의 지도자상」. 『정경문화』 187호. 1980년 9월호. 70~81쪽 참고.

문인들은 노산 이외에도 많다. 이윤재, 이극로, 김달진, 박재삼, 권환, 이원수, 천상병 등이 그러하다.

특히 이극로와 권환(본명 권경완)은 대중의 기억에서 완전히 소거된 인물이다. 최근에는 영화 『말모이』를 통해 이극로가 대중의 언어 속에 회자되고 있다고 해도 권환은 문인이나 전문연구자가 아니면 매우 생경한 인물이다. 일제강점기 시절 카프(KAPF) 문학의 핵심이었고 해방 후 조선문학가 동맹 서기장을 역임했지만 임화, 안막, 김남천, 이원조, 이기영 등 카프 계열 문인들처럼 월북하지 않고 남쪽 마산에 잔류했다. 한국전쟁 당시 마산시 진전면 오서리는 인공치하에 들어갔다. 그때도 권환은 자진 월북할 수도 있었지만 월북하지 않고 마산시 완월동으로 피난을 갔을 뿐이다. 그는 일제강점기 시절부터 해방 이후 작품 속에 뚜렷한 계급의식을 표출한 사회주의 계열 시인이자 문학평론가로 살았다. 그렇지만 북한 사회를 동경하지도 동조하지도 않았다. 그럼에도 그동안 대한민국 사회에선 잊히고 있었다. 그러다 1988년 월북작가 해금 조치가 단행되면서 문인이나 전문연구자들 사이에 조금씩 회자된 문인이다.

이렇게 마산을 대표하는 문인은 권환도 있고 천상병도 있다. 그런 의미에서 노산문학관이 아니라 '마산문학관'으로 선을 보인 점은 매우 특기할 만하다. 마산시 지역민주운동을 주도한 문인들과 언론인들, 그리고 시민단체의 역할이 컸다고 생각한다. 실제로 마산은 1960년 이승만 독재정권을 붕괴시킨 4월 혁명의 도화선이 된 3·15 마산의거의 본거지이다. 나아가 1979년 박정희 독재정권을 붕괴시킨 부마민주항쟁의 본산이다. 따라서 마산을 대표하는 인물로 이은상을 과도하게 내세우는 것은 굴절된 역사의식을 드러낸 것이자 편향된 태도이다.

**마산이 낳은 카프 출신의 작가 권환
(본명 권경완)**
일제강점기 임화와 함께 사회주의
리얼리즘 문학을 이끌었던 카프 문
학의 대표적인 인물이다. (출처: 경
남도민일보)

우리는 마산의 인물로, 대중의 기억 속에 희미하게 남아 가물거리는 4월 혁명의 대명사 김주열을 더욱 또렷이 기념해야 마땅하다. 독재정권에 영합한 노산 이은상의 행적과 민주주의를 위해 목숨 바친 김주열의 죽음은 너무나 대조적이기 때문이다. 나아가 노산 이은상과 문학 이념적으로 대척점에 섰던 시인 권환을 부활시킴으로써 균형 있게 기념하는 것이 21세기 문화정책으로 합당할 것이다. 역사 정의가 좌절된 한국 사회에서 사회정의를 바로 세우고 일그러진 문화 권력을 바로잡기 위해선 어쩔 수 없이 역사전쟁을 치르지 않을 수 없다. 비록 지역사회에서의 역사전쟁이지만 '노산문학관' 대 '마산문학관' 명칭 갈등과 논쟁에서 얻은 소중한 교훈을 기억해야 할 것이다.

6.

윤동주와
인연을 맺은 사람들
남로당 강처중, 박치우와 인연을 맺은 윤동주

윤동주와 인연을 맺은 사람들을 꼽자면 명동소학교와 은진중학교, 숭실중학교를 함께 다닌 문익환 목사를 들 수 있다. 문익환 목사는 윤동주를 회상하는 것만으로도 "언제나 넋이 맑아지는 느낌을 받는다"라고 했다.

은진중학교 시절 윤동주는 명희조 선생에게 역사와 한문을 배웠다. 명희조 선생은 도쿄제국대학 사학과를 졸업한 수재로 항일민족의식이 투철한 분이었다. 도쿄 유학 시절 일제가 운영하는 전철을 타지 않았고 방학 때 고향으로 갈 때도 기차 대신 자전거를 타고 갈 정도였다. 일제가 운영하는 시설에 돈을 한 푼도 주고 싶지 않은 생각이었고 그걸 실천했다.

또한 윤동주의 고종사촌인 송몽규는 명희조 선생의 주선으로 은진중학교 3학년을 마치고 1935년 낙양육군군관학교 한인반 2기생으로 입학했고 18살에 직접 항일무장투쟁에 뛰어들었다. 2016년 1월에 개봉한 영화 『동주』를 통해 대중에게 처음으로 알려진 인물인 송몽규는 다섯 살이 될 때까지 윤동주와 북간도 명동촌의 같은 집에 살았다. 윤동주 못지않은 문학청년으로 은진중학교 시절 조선일보 신춘문예에 꽁트

'술가락'이 당선될 정도로 재능이 출중했다.

윤동주가 내면을 성찰하는 조용한 성품이라면 사촌인 송몽규는 활동적이고 리더십이 뛰어났다. 명석할 뿐만 아니라 현실 문제에 항상 도전적이고 진취적이었다. 그런 송몽규에게 윤동주는 나름대로 열등감을 지니면서도 적지 않은 자극을 받아 좋은 친구 관계를 유지할 수 있었다.

송몽규는 일본 유학 시절에는 요시찰 인물이었다. 중국에서 육군군관학교를 다니고 중국 관내에서 독립운동을 하다 일제에 피검된 경력 때문이었다. 송몽규와 윤동주는 1943년 7월 '재교토 조선인학생 민족주의그룹사건'으로 투옥돼 1945년 옥사했다. 일명 치안유지법 5조 위반인데 이는 항일투사를 표적으로 삼았던 악법으로 많은 이들이 스러진 원인이 된다.

해방을 6개월 앞두고 윤동주가 2월 16일에, 송몽규는 3월 7일에 피골이 상접한 상태로 숨을 거뒀다. 윤동주는 외마디 비명을 지르고 죽어갔고 송몽규는 눈을 부릅뜬 채 죽어갔다. 순국 당시 윤동주와 송몽규의 나이는 28살이었다.

윤동주와 인연을 맺은 사람들 가운데 연희전문학교 시절의 최현배, 이양하, 손진태를 꼽지 않을 수 없다. 윤동주는 최현배 선생이 강의하는 조선어 시간엔 강의실 맨 앞자리에 앉아 경청할 정도로 우리말을 사랑했다. 손진태 선생에겐 깊이 있는 역사의식을, 그리고 문학청년으로서 이양하 선생에게 적지 않은 영향을 받았다.

4학년 졸업 당시 윤동주는 '서시'를 맨 앞으로 배치해 19편으로 구성된 시집, 『하늘과 바람과 별과 시』를 졸업 기념으로 발간하고자 했다. 그러나 이양하 선생은 시기가 좋지 않다면서 만류했다. 그러자 윤동주는 필사본 3부를 만들어 그중 1부를 이양하 선생에게 드렸다. 나머지 한 부는 자신이 지녔고 다른 한 부는 연희전문학교 후배인 정병욱에게 주었다.

윤동주가 졸업 기념으로 발간하려던 『하늘과 바람과 별과 시』는 윤동주의 사후인 1948년 1월 연희전문학교 동기생 강처중과 후배 정병욱에 의해 처음으로 세상에 빛을 보았다. 필사본을 유일하게 간직한 정병욱이 강처중과 의기투합해 만든 결실이었다. 정병욱은 윤동주보다 5살 어리지만, 연희전문학교 2년 후배였다. 윤동주와 정병욱은 연희전문 기

연희전문학교 시절 윤동주와 정병욱
정병욱(서울대 교수)은 한국 국문학계 거장으로 청년 시절 윤동주와 종로구 누상동에서 하숙생활을 같이할 정도로 우애가 깊었다. (출처: 한겨레 신문)

숙사 생활을 거쳐 이후 종로구 누상동 하숙생활을 함께할 정도로 우애가 깊었다.

정병욱은 1944년 1월 학병으로 강제 징집돼 끌려가기 직전, 윤동주가 건넨 필사본 시집『하늘과 바람과 별과 시』의 보존을 위해 이를 숨겼다. 전라남도 광양에서 양조장을 하던 어머니께 잘 보관해 달라고 신신당부했고 그의 어머니는 필사본 시집을 명주보자기로 여러 겹을 싸서 작은 항아리에 담았다. 항아리 속에는 마른 짚풀을 넣어 시집이 상하지 않도록 정성을 다했다. 그리고 일제 당국에 발각되지 않도록 마룻바닥을 뜯고 그 밑에 항아리를 묻어두었다. 일제가 패망하고 정병욱이 징병에서 돌아왔을 때 어머니는 한없이 기뻐했다. 그러면서 애지중지 묻어두었던 필사본『하늘과 바람과 별과 시』를 자랑스럽게 건네주었다. 윤동주가 직접 손으로 쓴『하늘과 바람과 별과 시』는 그렇게 살아남았다.

그 후 여러 준비를 거쳐 1948년 1월, 최현배 선생의 큰아들이 운영하던 출판사인 정음사에서 초간본『하늘과 바람과 별과 시』가 발간되었다. 윤동주의 시집이 처음으로 세상에 알려지고 빛을 본 것이다. 거기에는 윤동주의 절친, 강처중의 역할이 결정적이었다. 그런 강처중이 그동안 대중의 기억 속에 사라진 이유는 분단이 낳은 비극 때문이었다.

함경남도 원산 출신 강처중은 1916년 부유한 한의사 집안에서 맏아들로 태어났다. 따라서 연희전문 친구인 윤동주와 송몽규보다 1살이 많다. 17살 되던 해 강처중은 동아일보에서 시작한 브나로드 운동에 적극 참여했다. 1932년 8월 2일 방학을 맞아 고향에서 가까운 함경도 고평역에서 100명이 넘는 농민들에게 한글을 깨치게 하고 산수, 성경,

지리, 역사, 창가, 체조, 동화를 가르치는 활동도 했다.

브나로드 운동의 책임대원이었던 강처중은 이듬해에도 책임대원이 되어 함경도 덕원군에서 한글을 가르쳤다. 강처중은 연희전문 문과 재학 시절 전체 1~2등을 차지할 정도로 명석했다. 특히 영어에 능통해 '영어도사'라는 별명이 붙을 정도였다. 활달한 성격에 리더십도 뛰어나 따르는 사람이 많았다.

강처중, 윤동주, 송몽규는 모두 문학에 남다른 애착과 재능을 보였다. 연희전문 4학년 시기, 강처중은 문과 학생회인 '문우회' 회장을 맡았고 송몽규는 문예부장을 맡았을 만큼 문학에 관한 관심이 남달랐다. 그들은 함께 '문우회' 잡지 『문우』를 발간하기도 했다. 그러나 일제 말기 전시체제 아래 통제가 강화되면서 『문우』는 폐간되고 '문우회'조차 해산당하는 불운을 맞았다.

강처중은 윤동주, 송몽규와 함께 연희전문학교 입학 동기생으로 기숙사 핀슨홀 3층 룸메이트였다. 윤동주의 시작(詩作) 비평을 담당했을 뿐만 아니라 기숙사 '3총사'로 불릴 정도로 절친이었다. 더구나 『하늘과 바람과 별과 시』를 발간하는 데 주도적으로 역할을 했다.

그러나 강처중은 해방공간 남로당 언론계 비선책임자이자 이원조(이육사의 동생), 박치우와 함께 좌파 언론의 거물급 인사였다. 1950년대 '정국은 간첩 사건'의 배후 주범으로 사형선고를 받고 처형된, 한국 사회에서는 금기의 인물이었다.

1947년 당시 강처중은 경향신문 창립 멤버이자 경향신문 조사부 주임기자였다. 그는 1947년 2월 16일 윤동주, 송몽규 2주기 추도식 행사에서 강처중은 정병욱과 함께 시집 발간을 기획했다. 강처중은 정병욱이 고이 간직하고 있던 필사본에 실린 19편의 시를 근간으로 유고시집을 구상했다. 그리고 일본 유학 시절 윤동주가 강처중에게 편지로 보낸 '쉽게 씌여진 시' 등 5편과 윤동주가 일본 유학을 떠날 당시 강처중에게 맡겼던 작품들 가운데 '팔복', '참회록' 등 7편을 더해 모두 31편으로 편찬했다. 시를 선정하고 편집·구성하는 작업과 발간 사업은 강처중이 주도하였다.

강처중은 윤동주가 일본으로 유학을 떠나면서 남겼던 40권이 넘는 책과 시작 유품, 앉은뱅이책상, 연희전문 졸업앨범 등을 목숨처럼 소중히 간직하였다. 그러다가 1946년 월남한 윤동주의 친동생 윤일주에게 유품을 건넸다. 강처중 자신이 해방공간 남로당 지하활동으로 항시 체포될 위험에 직면해 있었기 때문이기도 했다.

1947년 윤동주, 송몽규 2주기 추도식 행사가 열리기 전에 당시 경향신문 기자였던 강처중은 정지용을 찾아갔다. 윤동주가 쓴 '쉽게 씌여진 시'를 비롯해 10여 편의 시를 세상에 알리고 싶다며 경향신문 주간이었던 정지용에게 건넸다. 정지용은 몇 날 며칠 검토한 뒤에 1947년 2월 13일자 경향신문에 '쉽게 씌여진 시'를 게재했다. 이 '쉽게 씌여진 시'는 윤동주가 마지막으로 쓴 작품이다.

글쓴이를 '故 尹東柱'로 소개하며 1942년 6월 3일에 쓴 것임을 밝힌 정지용은 윤동주를 소개하면서 "윤동주의 유골이 북간도 용정에 묻혀 있으며 그의 비통한 시 10여 편이 자신에게 있다"라고 밝혔다. 그러면서 "지면이 있는 대로 소개할 것"이라며 시인 "윤군보다 내가 자랑스럽다"라고 소개 글에 덧붙였다.

무명(無名)시인 윤동주가 당대 최고의 시인 정지용에 의해서 세상에 처음 소개되는 순간이었다. 이 전반적인 과정 모두에서 강처중의 역할이 결정적이었다. 3일 후인 1947년 2월 16일 서울 소공동 '플라워 회관'

에서 2주기 추도식이 열렸다.

강처중은 정지용(경향신문 주간), 정병욱(서울대 국문학과 4학년, 윤동주 연희전문 후배), 유영(연희전문 동기), 윤일주(윤동주 친동생) 등 30여 명이 참석한 자리에서 내년 3주기 추도식 이전에 『하늘과 바람과 별과 시』를 출간하기로 정병욱과 기약했다.

1947년을 전후한 당시의 시대상은 엄중했다. 미군정의 탄압이 본격적으로 시작되면서 남로당은 그 상황을 피해 지하화한 시절이었다. 따라서 남로당 언론계 거물 강처중은 매일매일 살얼음을 걷는 기분으로 살아갔을 것이다. 1946년 9월 체포를 피해 박헌영이 북으로 넘어갔다. 남로당 책임자는 김삼룡이었는데 김삼룡, 이주하는 1950년 3월 체포된다. 그 당시 강처중도 피검되었다. 남쪽 사회의 남로당 조직이 사실상 와해된 것이다.

이주하, 김삼룡은 6·25 전쟁 직후 서대문형무소에서 끌려 나와 한강 백사장에서 처형되었다. 반면에, 강처중은 사형선고를 받고 서대문형무소에 갇혀 있다 석방되었다. 석방 직후 강처중은 서울 집에서 두 달을 요양하다 1950년 9월 4일 소련으로 공부하러 간다며 아내 이강자 여사에게 말하고 집을 나섰다. 그리곤 소식이 끊긴 채 이 시대까지 왔다.

그런 살얼음판 같은 시대 상황 속에서 초간본 시집, 『하늘과 바람과 별과 시』가 1948년 1월 최초로 세상에 선을 보였다. 무명시인 윤동주가 일약 항일 민족시인, 저항시인으로 첫발자국을 내딛는 순간이었다.

강처중은 초간본 『하늘과 바람과 별과 시』 발행 당시 경향신문 주간을 맡았던 정지용에게 서문을 부탁했다. 정지용(문성근 분)은 영화 『동주』(2016, 이준익 감독)에도 등장하는데 윤동주가 가장 흠모했던 시인이었다. 일제강점기 시절 우리말로 쉽게 시를 쓰면서도 많은 이들에게 서정적으로 울림을 주는 시인 정지용을 윤동주는 무척 좋아했다. 그러나 윤동주는 영화 『동주』의 장면과 달리, 실제로 정지용을 만난 적이 없었다.

윤동주의 존재를 몰랐던 정지용에게 윤동주의 동생 윤일주를 소개해 준 인물이 바로 강처중이었다. 정지용이 쓴 서문에는 윤일주와 묻고 답하는 과정을 통해 윤동주에 대해 알아가는 장면이 나온다. 내성적이고 온유한 성품을 간직한 윤동주를 정지용은 '뼈가 강했던' 청년이자 "일적(日賊)에게 살을 내던지고 뼈를 차지한" 시인이라며 감탄했다.

정지용은 윤동주를 "동지섣달에 피는 꽃과 같은" 존재로 보았다. 그럼에도 차디찬 "얼음 아래 한 마리 잉어와 같은 조선 청년 시인을 죽였다"라며 격한 감정을 서문에 썼다. 그리곤 "뼈가 강한 죄로 죽은 윤동주의 백골은 이제 고토(故土) 간도에 누워 있다"라고 애달파했다. 또한 윤동주의 유고시를 읽으며 "29세가 되도록 시도 발표해 본 적도 없이 무시무시한 고독 속에서 죽어갔다"라고 장탄식했다.

또한 그는 일제강점기 "날뛰던 부일문사(附日文士) 놈들의 글을 다시 보면 침을 뱉을 뿐"이라고 일갈했다. 실제로 시인 정지용은 '조선시의 반성'이란 글을 통해 일제강점기 "친일도 배일도 못한 자신은 산수에 숨지 못하고 들에서 호미도 잡지 못했다"며 절필을 선언했다. 이광수, 최남선, 서정주, 모윤숙, 노천명 등 부일문인들이 저지른 친일 행적과 달리, 우리말을 서정성 짙은 시어로 아름답게 빚어낸 윤동주를 볼 때 자신이 너무도 부끄러웠던 것이다.

그는 무명(無名)시인 윤동주가 있어 "부끄럽지 않고", "슬프고 아름답기 한이 없는 시를 남겼다"며 "시와 시인은 원래 그런 것"이라고 토로했다. 일제 말기로 치달을수록 수많은 시인과 작가들이 일본어로 작품을 발표하며 지조를 버리고 제국주의 일본을 찬양하며 훼절하던 시절. 아름다운 우리말로 시를 쓰고 내면을 깊이 성찰했던 윤동주야말로 참된 시인임을 정지용은 고백한 것이다.

그런 시 중 특히 '참회록'은 일본 유학으로 부득이 도항증을 발급받기 위해 창씨개명을 한 것에 대한 부끄러움을 고백한 시이다. 1942년 1월 19일 개명된 창씨명 히라누마 도오쥬우(平沼東柱)를 연희전문학교 학적계에 제출하고 5일이 지나 윤동주는 "만 24년 1개월을 무슨 기쁨을 바라 살아왔던가"라고 부끄러워했다. 그러면서 "밤이면 밤마다 나의 거울을 손바닥으로 발바닥으로 닦아보자"라며 참회했다. 창씨개명계를 제출하고 5일 만에 쓴 '참회록'은 내면에서 울려 나오는 통회의 시이자 일제에 대한 저항적 성격의 시라고 후대에도 평가한다.

이후 『하늘과 바람과 별과 시』는 1955년 2월 윤일주(윤동주의 동생)와 정병욱에 의해 증보판이 나왔고 오늘날은 일본, 독일, 프랑스, 스페인 등 8개 국어로 번역돼 세계인이 애송하는 불후의 시집이 되었다.

강처중은 이역 땅에서 원통하게 숨겨간 절친 윤동주와 송몽규를 회상하며 애틋한 그리움을 담아 초간본 시집 『하늘과 바람과 별과 시』 발문을 썼다. 강처중이 썼던 발문에는 시인 윤동주의 온화한 성품과 휴머니즘 가득한 인간적인 면모, 그리고 젊은 나이에 숨겨간 친구들에 대한 그리움이 물씬 담겨 있다. 발문 몇 구절을 읽어보자.

"동주는 별로 말주변도 사귐성도 없었건만 그의 방에는 언제나 친구들로 가득 차 있었다. 아무리 바쁜 일이 있더라도 ' 동주 있나?'하고 찾으면 하던 일을 모두 내던지고 빙그레 웃으며 반가이 마주 앉아 주는 것이었다. '동주 좀 걸어보자구!' 이렇게 산책을 청하면 싫다는 적이 없었다… (중략)"

  '동주 돈 좀 있나?' 옹색한 친구들은 곧잘 그의 넉넉지 못한 주머니를 노리었다. 그는 있고서 안 주는 법이 없었고 없으면 대신 외투든 시계든 내주고야 마음을 놓았다. 그래서 그의 외투나 시계는 친구들의 손을 거쳐 전당포 나들기를 부지런히 하였다...(중략) 그는 간도에서 나고 일본 복강에서 죽었다. 이역에서 나고 갔건만 무던히 조국을 사랑하고 우리말을 좋아하더니! 그는 나의 친구이기도 하려니와 그의 아잇적 동무 송몽규와 함께 독립운동의 죄명으로 2년형을 받아 감옥에 들어간 채, 마침내 모진 악형에 스러지고 말았다… (중략)… 그들의 유골은 지금 간도에서 길이 잠들었고 이제 그 친구들의 손을 빌어 동주의 시는 한 책이 되어 길이 세상에 전하여지려 한다. 불러도 대답 없을 동주, 몽규였건만 헛되나마 다시 부르고 싶은 동주! 몽규!"

  이렇게 20대 젊은 나이에 먼저 간 친구들 이름을 다시 부르며 강처중은 발문에서 애틋하고 간절한 마음을 담아 그리움을 드러냈다. 그렇기에 시인 윤동주를 발굴한 친구 강처중을 이념의 잣대를 들이대 문학사 서술에서 배제하는 것은 더욱 온당치 못하다. 아쉬운 일이지만 1955년 『하늘과 바람과 별과 시』 개정증보판이 나왔을 때 정지용의 서문과 강처중의 발문은 삭제된 상태로 출간되었다. 1950년대 무시무시한 이승만 철권통치를 생각하면 충분히 이해할 수 있는 대목이다.
  그나마 1987년 6월 민주화운동 이후 그동안 월북작가로 낙인찍힌 '향수'의 시인 정지용이 언급되고 1988년 작품이 해금되었다. 그러나 강처중의 존재는 그 이후로도 금기시되었다. 그러다가 송몽규의 조카이자 역사학자 송우혜 작가가 『윤동주 평전』 2차 개정증보판을 2004년에 펴내면서 강처중의 존재를 최초로 세상에 널리 알렸다.

2016년 영화 『동주』에 나오는 장면처럼 강처중은 아직도 세상 사람들 기억 속에 낯설기 그지없다. 영화 속엔 강처중(민진웅 분)도 나오지만, 그보다는 송몽규(박정민 분)의 존재를 세상에 처음으로 알렸을 뿐이다. 송몽규를 열연한 배우 박정민은 20대 그 젊은 나이에 치열하게 살다간 송몽규라는 망각의 청년을 생각하며 엉엉 소리 내어 울었다고 한다. 하지만 같은 친구임에도 좌익인사 강처중은 영화 속에서. 세상에서 여전히 존재를 드러내기 더 어려웠을 것이다.

늦었지만 이제라도 윤동주를 '민족시인'이라는 틀에 가두지 말고 '민족주의'를 넘어서서 인류 보편적 가치를 지향하며 세계 모든 사람에게 울림과 감동을 주는 세계적인 시인으로 자리매김해야 한다. 그런데 강처중을 배제하고 윤동주 문학을 언급할 순 없다. 좌우 낡은 이념에 갇혀 망각의 인물로 거리두기를 시도하는 것은 시대에 뒤떨어진 낡은 사고이자 21세기 오늘의 시점에서는 고루하기 그지없다. 한국문학사를 객관적 사실에 기초해 올바르게 이해하는 데 강처중의 존재는 그 내용면에서 더욱 풍요로움을 더할 것으로 생각한다.

윤동주가 연희전문학교 시절 쓴 '서시'는 우리나라 청소년들뿐만 아니라 모든 사람에게 애송하는 시다. 그 '서시'가 새겨진 윤동주 시비를 연세대 교정에 처음 세운 인물이 성래운 교수이다. 그는 '서시'를 비롯해 300편이 넘는 민족시·민중시를 낭송했던 '낭송문학'의 대가이다. 한국근현대사를 시로 낭송함으로써 그 시대를 읊었던 음유시인이었다. 강의할 때나 결혼식 주례를 설 때도 성래운 교수는 감정을 실어 시를

성래운 교수가 1968년 연세대 교정에 세운 윤동주 시비
뒤에 보이는 건물이 핀슨홀인데 일제강점기 당시 윤동주, 송몽규, 강처중 3총사가 묵었던 공간이다.
(출처: 하성환)

읊었다. 심지어 검찰청 검사나 교도소 간수, 그리고 법정 판사 앞에서
도 '서시'를 낭송해 판사를 곤혹스럽게 했다.

성래운 교수는 1968년 11월 3일 학생의 날을 맞아 연세대학교 교정
핀슨홀 앞뜰에 '윤동주 시비'를 세웠다. '윤동주기념관'이 연세대 캠퍼
스에 세워진 것은 30년이 훨씬 더 지난 2000년이 되어서였다. 윤동주
는 해방된 지 45년이 지난 1990년에 대한민국 독립유공자로 인정받았
다. 1990년 8월 15일 뒤늦게 건국훈장 독립장을 서훈받은 것이다. 송몽
규는 5년이 지난 1995년 8월 15일에 애국장이 추서되었다.

윤동주가 만난 또 다른 인물 가운데 마르크스주의 철학자 박치우
가 있다. 윤동주는 1935년 9월부터 1936년 3월까지 7개월 동안 숭실
중학교를 다녔을 때 박치우를 알게 된다. 당시 박치우는 숭실전문학교
교수였다. 둘의 교류를 가능케 했던 공간은 숭실학교 '학생 YMCA 문

예부'가 발간했던 『숭실 활천』이었다. 이 잡지에 교직원, 학생, 졸업생들 글이 실렸는데 윤동주는 자신의 시 가운데 최초로 활자화된 '공상'을 실었다. 박치우와 졸업생 황순원도 이 잡지에 글을 실었다. 그렇게 시작된 윤동주와 박치우의 인연은 숭실학교가 신사참배 문제로 강제 폐교당한 뒤에도 이어졌다.

숭실전문학교에서 나온 박치우는 1938년 4월 조선일보 학예부 기자로 자리를 옮겼다. 그 시기 윤동주는 연희전문학교에 재학 중이었는데 조선일보 학예란에 작품을 기고하고 있었다. 그렇게 둘의 교류는 지속되었다. 실제로 윤동주는 박치우가 숭실전문학교 교수 시절 동아일보에 소개한 '국제작가대회' 행사에 관심을 보이고 있었다. 유럽 사회에서 대두된 파시즘에 대항해 1935년 6월 파리에서 개최된 '국제작가대회'는 문학청년 윤동주의 주목을 끌기에 충분했다. 세계적인 작가 토마스 만, 로맹 롤랑, 싱클레어 루이스, 버나드 쇼, 막심 고리키 등 38개국 230명 작가가 참석한 행사였기 때문이었다. 뿐만 아니라 1940년 『인문평론』에 작가이자 하숙집 주인인 김송의 희곡작품과 박치우의 평론이 실렸는데 당시 윤동주는 『인문평론』을 읽고 있었다는 기록도 있다. 적어도 윤동주가 1942년 봄. 일본으로 유학을 떠나기 전까지 둘의 만남은 지속되었을 것이다. 마르크스주의 철학자 박치우와 항일민족시인 윤동주의 만남은 윤동주와 강처중의 우정만큼이나 친분이 깊었을 것으로 생각한다.

그러나 해방이 곧 분단으로 귀결되고 전쟁으로 고착되면서 윤동주의 삶과 문학에 깊은 영향을 미친 강처중과 박치우는 역사 속에서 배제되었다. 아예 역사의 그늘에 갇혀 수십 년 동안 망각의 존재가 되었다.

1943년 7월 윤동주는 방학을 맞아 귀향 준비 중 일본 특별고등계 형사 고오로기에게 체포되었고 그 시기에 박치우는 1943년 봄 이육사와 함께 경성콤그룹 관련 모종의 임무를 띠고 중국 항일전선에서 활동 중이었다. 이육사는 해방 1년 7개월을 앞두고 베이징 주재 일본 영사관 감옥에서 피를 낭자하게 흘리며 고문 끝에 죽어갔다. 함께 투옥돼 이육사의 시신을 거둔 이병희가 경성콤그룹 활동가였음을 이해할 때 이육사와 박치우는 매우 연관성이 깊은 임무를 띠고 활동했을 가능성이 있다. 의열단 출신 사회주의자 이육사가 마르크스주의 철학자 박치우와 함께 수행했던 임무는 국내외 항일독립운동 세력을 연계시키는 모종의 임무였을 것으로 추정할 뿐이다.

　　해방 6개월을 앞두고 윤동주와 송몽규가 후쿠오카 형무소에서 죽지 않고 해방을 맞았다면 다시 만난 윤동주와 박치우는 해방 이후 어떻게 삶을 이어가며 교류했을지 실로 궁금하다. 하지만 해방은 그들에게 각각 다른 모습으로 다가왔다.

　　지금은 윤동주 문학을 비롯해 한국문학사를 객관적 사실에 기초해 더욱 풍부하게 재구성하고 재조명할 시점이다. 낡은 이념을 앞세워 문학사가 편향된 시각으로 기술되는 상황에서는 조금 벗어나야 하지 않겠는가. 윤동주의 인연들이 현재 우리 사회에서 다시 이야기되어 좋은 영향을 주기를 바라본다.

7.

조선일보는
'동인문학상' 폐지해야
문단에 역사 정의를 기대하며

1. 김동인과 한국 근대문학의 성립

매년 '동인문학상' 시상식이 열리는 10월이 되면 친일문인을 기리는 이런 문학상 기념식에 대해 논란이 반복된다. 문학상을 제정해 기념하는 이유는 영향을 미쳤다는 의미이다. 춘원 이광수든, 미당 서정주든, 금동 김동인이든, 팔봉 김기진이든, 소천 이헌구든, 석제 조연현이든 한국 근현대문학에 끼친 영향이 적지 않다. 이 글에서 말할 김동인은 한국 근대문학의 형식을 선구적으로 개척한 작가이자 단편소설의 선두주자이기도 하다. 나아가 한국문단에 자연주의 사조를 최초로 선보인 작가이고 근대소설작법을 과학적으로 탐구한 선구적 인물이다. 1919년 도쿄 유학생 시절 자비로 출간한 최초의 문예동인지 『창조』는 이 김동인의 활동을 단적으로 보여준다. 따라서 2019년은 '한국 근대문학 탄생 100주년'이 되는 뜻깊은 해였다.

김동인의 『창조』를 기점으로 『폐허』, 『백조』, 『조선 문단』 등 한국 사회에 문단이 형성되기 시작했다. 이전까지 소설은 이인직의 신소설이나 이광수의 계몽주의 소설처럼 교훈적이고 계몽적 성격의 소설이 주

요 형식이 되었다. 김동인은 교훈적이고
계몽적인 글쓰기를 싫어했다. 아예 그런
부류의 소설은 근대소설의 본령이라고
생각지 않았다. 김동인은 춘원의 소설
을 비판하면서 소설가는 "인생의 회화
는 될지언정 사회교화기관으로 자처해
서는 안 된다"라고 역설했고 또한 이광
수가 소설을 일종의 "설교 기관으로 삼
았다"[1]고 통렬히 비판했다. 무엇보다 김
동인이 창간한 순문예동인지 『창조』는
신소설의 통속적인 성격과 춘원의 계몽
문학을 극복하고자 하였다. 당대 식자

『창조』 창간호
금동 김동인이 일본 유학 시절 1919
년 2월 8일 친구 하숙방에서 만든
문예동인지 『창조』 표지. (출처: 한국
현대문학 대사전)

층인 청년 학생계층에게 이광수의 작품은 반드시 "읽어야만 할 소설"
로 인식되었는데 그런 점에서 김동인은 춘원을 뛰어넘고자 기도한 것
을 알 수 있다. 실제로 『창조』는 매호 2000부를 발간했는데 발간 때마
다 매진일 정도로 지식인 독자층엔 인기가 높았다.[2]

김동인이 『창조』 창간호에 발표한 「약한 자의 슬픔」은 신소설이나 계
몽주의 소설과는 그 성격을 달리했다. 먼저 김동인은 과거형 어법의 사
용과 구어체 형식, 그리고 3인칭 '그'의 사용 등으로 근대문학의 형식을
도드라지게 표현했다. 어떤 문학평론가는 최초의 근대소설로 회자되
는 이광수의 『무정』(1917)에서 이미 그런 표현들이 앞서 나왔다고 주장

1. 강헌국(2008). 「김동인의 소설론」. 『한국어문학 국제학술포럼』 학술대회 자료집.
   218~219쪽.
2. 김정숙(2006). 「김동인 초기 소설에 나타난 근대문학 독자의 형성 연구」. 『어문학』
   제91권. 368~371쪽.

하기도 했지만[3] 그럼에도 『창조』의 창간과 자연주의 문예사조를 비롯해 근대문학의 형식을 선구적으로 열어젖힌 업적에 대해서 한국문단사는 이견이 없다. 이 업적은 도쿄 유학 시절 김동인이 근대소설 작법을 연구하고 서구 근대소설과 일본 근대소설을 열정적으로 탐독하고 연구한 결과이기 때문이다.

2. 김동인과 염상섭

근대문학을 체계적으로 공부한 학구적 노력의 결실 때문인지 아니면 타고난 천성인지 김동인은 거만하게 느껴질 정도로 소설가로서 자부심이 강했다. 어떤 문인이나 문학평론가들은 그런 김동인의 태도를 보고 오만한 풍경으로 묘사하곤 했다. 『창조』 창간 동인 전영택은 김동인을 "솔직 담박한 성격이지만 자아가 매우 굳센 사람"으로 묘사한 적이 있다. 그런가 하면 염상섭은 김동인을 평가하기를 "어린 시절 자유롭고 귀엽게 자라난 탓인지 고집이 세고 자존심이 어지간히 있지만 솔직하고 여유 있는 감정을 지닌 사람"이라고 평했다.[4] 실제로 김동인은 남과의 경쟁에서 이기고자 하는 호승심이랄까 자존심과 경쟁심이 매우 강했던 사람이다. 김동인은 식성과 성정이 까다로워서 부인이 어른 모시듯이 정성으로 모셨다고 한다. 차남이 어린 시절 동네에서 싸움에 져 울고 들어오면 김동인은 "다음에 싸울 때는 코를 물고 뜯어서라도

---

3. 김우종(1973). 『한국현대소설사』. 선명문화사. 151~159쪽.
4. 석형락(2016). 「한국근대작가론의 초기 풍경-1920년대 작가 인상기의 등장과 의미」. 『현대소설연구』. 제63권. 127쪽, 138~139쪽 참고.

이기고 들어와야 한다."[5]라고 할 정도로 경쟁심이 강했던 인물이다.『창조』 창간 동인인 주요한과 1900년생 동갑내기임에도 더 나이가 많은 양, 행세한 일화도 그런 성격 탓일 것이다.

또한 「소설작법」이나 「춘원연구」를 통해 이광수 작품을 비평하면서 당대 작가 이광수를 논한 행적이나 1920년대 초 지면을 통해 염상섭과 문학비평 논쟁을 벌인 사건은 그런 성향과 무관하지 않다. 그중 1920년 『현대』에 실린 김환의 소설 「자연의 자각(自然의 自覺)」에 대해 염상섭과 벌인 논쟁이 대표적이다. 일본 유학생 기관지였던 『학지광(學之光)』에 투고했던 염상섭은 몰서(沒書)를 당했다. 염상섭이 쓴 글이 게재되지 않았던 이유는 염상섭이 비평했던 시가 황석우의 작품이었는데 황석우가 총독부 기관지 『매일신보』에 글을 실은 전적이 있다는 이유에서였다. 당시 도쿄 유학생들 간에는 『매일신보』에 투고하는 것을 일종의 변절행위로 보았다. 따라서 그런 전력을 지닌 경우 『학지광』에 글을 싣는 것은 불가능했기에[6] 그에 대한 비평도 투고가 불가능했다. 그래서 논쟁거리가 된 것이다. 그러나 김동인과 염상섭이 벌인 논쟁은 본질적으로 '창조'와 '폐허' 등 초기 문단 형성과정에서 나타난 자존심 대결이 이유라고 보는 견해가 지배적이다.

김동인은 '3·1독립선언'에 앞서 일본 도쿄에서 감행된 '2·8 독립선언' 행사엔 참석하지 못했다. 바로 그날 친구 하숙집에서 전영택, 주요한, 김환 등과 함께 문예동인지 『창조』 창간을 축하하는 자리에 있었기 때문이다. 김동인은 나흘 뒤 도쿄 히비야(日比谷) 공원에서 재차 감행된

---

5. 김광명(2010). 「아버님(김동인)에 대한 추억」.『근대서지』 제2집. 75쪽.
6. 송민호(2010). 「1920년대 초기 김동인-염상섭 논쟁의 의미와 자연 개념의 의미적 착종 양상」.『서강인문논총』 제28호. 서강대학교 인문과학연구소. 111쪽.

'재일본 동경조선유학생 학우회 독립선언' 행사에 참석했다가 경찰에
체포돼 이튿날 석방됐다. 3·1운동 직후 김동인은 급히 귀국했다. 유학
간 아들이 데모에 휩쓸릴까 봐 걱정된 가족들이 '어머니 위독'이라는
거짓 전보를 쳤기 때문이다.[7] 3월 1일 도쿄에서 출발해 3월 5일 귀국한
김동인은 동생 김동평의 부탁을 받고 만세 시위 격문을 작성했다. 그러
나 그게 빌미가 되어 다시 일경에 체포돼 출판법 위반죄로 징역 6개월
에 집행유예 2년 형을 선고받고 3개월 뒤인 6월 26일 풀려났다.[8] 당시
열아홉 살 정의감 넘치는 조선 청년이라면 모두 그렇게 행동했던 시절
이었다.

독립연구자 늘샘 김상천에 따르면 김동인은 평양 시내의 대단히 유
복한 가정에서 태어났다. 동인 연구를 계속한 그는 김동인을 이렇게 평
가했다.

"1917년에 부친이 별세하고 쌀 3천 석에 해당하는 막대한 유
산을 물려받고 평양에서 제일 큰 집에 산 그는 조선의 귀공자나
다름없었다. 당시는 나라를 빼앗기고 그 울분을 삭이지 못해 일제
의 총칼 앞에 맨손으로, 만세로써 저항하던 시대로, 유관순처럼
나이 어린 소녀들조차 분연히 일어났던 민족정신 대고취의 시기였
다. 그러나 호텔에서 숙식을 해결하고 일본을 산보하듯 드나들며
기생오입을 밥 먹듯이 하고 돌아다닌 그는 남부러울 게 없는 조선
의 방탕 부르주아 문사였다. 그런 그였으니 호가 또한 '금동(琴童)'
이었거니와, 그에게는 그 누구에게도 지기 싫어하는 호승심이 있었

7. 곽근(2011).「김동인론-김동인의 생애와 문학」.『문예운동』 2011년 6월. 71쪽.
8. 민족문제연구소(2009).『친일인명사전』. 308쪽.

다. 그가 천재 작가 이광수와 호적수 염상섭을 그토록 의식했던 것
도 바로 이런 이유에서였다."[9]

해방 전 작가 가운데 장편소설을 가장 많이 쓴 인물이 염상섭인데
그는 역사소설을 쓰진 않았다. 그러나 김동인은 순수문학을 추구하는
동시에 생계를 위해 역사소설을 쓰는 등 대중소설에 발을 담갔다. 염상
섭은 「만세전」을 통해 식민지 참담한 현실을 매우 사실적으로 그렸지
만, 김동인은 식민지 현실을 소재로 끌어들이고도 리얼리즘 소설로 나
아가진 못했다. 김동인과 비교했을 때 염상섭은 국한문 혼용체 일색인
일본 근대소설을 모방해 한자를 마구 남용하였다. 반면에 김동인은 생
활화된 한자어만 사용했고 한글로 작품을 썼다. 그런 측면에서 김동인
은 염상섭과 달리 문예활동을 통해 언문일치를 이루려 노력했다는 차
이를 보인다.[10]

김동인과 염상섭은 둘 다 일본 유학생 출신이라 그들 작품에는 일
본 근대소설의 영향이 적지 않다. 특히 김동인의 초기작품인 「마음이
여튼 자여」는 일본 근대문학사에서 가장 위대한 작가로 추앙받는 나
쓰메 소세키(夏目漱石)[11]의 작품 「마음」에서 영향받은 바 크다. 나쓰메
소세키의 「마음」은 1914년 110회에 걸쳐 아사히신문에 연재된 장편소
설이다. 「마음이 여튼 자여」와 「마음」은 남녀 간 애정으로 인한 삼각관

9. 김상천(2020). 「야비한 자연주의-김동인론」. 『네거리의 예술가들』. 사실과 가치.
   93-94쪽.
10. 강인숙(2007). 「한일 자연주의 비교연구」. 『한국현대문학회』 학술발표회 자료집.
   219~220쪽.
11. 윤상인(1999). 「일본 '국민' 작가 나쓰메 소세키와 제국주의」. 『역사비평』 1999.8.
   234쪽.

계를 포함한 내용과 형식 면에서 비슷하다. 또한 김동인 스스로 높게 평가한 작품 「배따라기」와 나쓰메 소세키의 「행인(行人)」은 소설의 구도 측면에서 일치한다.[12] 역시 『창조』 창간호에 발표한 「약한 자의 슬픔」은 김동인의 일본 명치(明治)학원 유학 시절 자연주의 사조 스승이었던 시마자키 도손(島崎藤村)의 「신생(新生)」을 모방한 작품으로 분석하기도 한다. 김상천은 「야비한 자연주의-김동인론」에서 이 부분을 신랄하게 비평했다.

"김동인의 스승 시마자키 도손이 살림을 도와주러 와 있던 조카 고마코(작중에서는 '세스코')와 불륜을 저질러 고마코가 임신하는 등 여조카와 실제로 육체관계를 맺고 「신생(新生)」을 썼거니와 이 작품을 도쿄 아사히신문에 연재하기 시작한 시점이 일본의 조선 강점이 노골화하고 이에 따른 저항이 무르익기 시작하던 1918년이다. '강간(強姦)'과 '강점(強占)'은 질적으로 전혀 동일한 사회적 기호이다. 같은 맥락에서 김동인이 1919년 2월에 자신의 스승이 쓴 「신생(新生)」(1919년 1월 1일 초판 발행)을 그대로 모방하여 남작(=일제)이 강엘리자베트와 불륜을 저지르고 임신을 시켜 그녀의 인생을 망치게 하는 얘기가 결코 우연히 나온 게 아니다. 당시 일본의 문단은 사소설의 시대, 고백의 시대였다. 이런 점에서 김동인은 시마자키 도손의 순종 제자이다."[13]

---

12. 조경덕(2013). 「김동인 소설의 나쓰메 소세키(夏目漱石) 소설 수용 연구-〈마음이 여튼 자여〉와 〈마음(こころ)〉을 중심으로」. 『현대소설연구』 제53권. 361~371쪽 참고.
13. 김상천(2020). 앞의 논문. 110쪽.

3. 김동인의 소설 세계

기독교 장로였던 부친이 1917년 별세하자 차남 김동인은 유산을 물려받았다. 김동인은 그 돈으로 19살 나이에 한국 근대문학을 열어젖힌 최초의 순문예동인지 『창조』를 발간한 것이다. 유학 시절 김동인은 톨스토이, 투르게네프, 도스토옙스키를 비롯해 단눈치오, 위고, 로맹 롤랑, 셰익스피어 등 서양 작가와 아리시마 다케오, 나쓰메 소세키, 시마자키 도손 등 일본 근대작가의 작품들을 섭렵해 나갔다. 그리고 13~14세 어린 나이에 톨스토이 작품을 처음 접하면서 김동인은 문학청년으로서 톨스토이를 존경했으며 자신의 모델로 생각했다.[14]

『창조』를 발간한 사건은 단순히 우연한 객기가 아니었다. 김동인은 근대소설 작법과 근대문학 형식에 깊이 천착했고 근대소설에 대해 나름 자신의 견해를 학문적으로 정립했던 인물이다. 인형조종술이나 일원묘사 등을 적극적으로 활용해 김동인이 작가로서 작품 속에 자신의 세계관을 드러내고자 한 것은 모두 탄탄히 다진 학문적 노력의 소산이었다. 자신의 처녀작인 「약한 자의 슬픔」에 대해 객관적으로 거리를 두면서 작가로서 인형조종술에 기초해 자신의 정신세계에 맞게 결말을 짓지 못한 것을 스스로 비판했던 것도 그런 이유 때문이었다.

다시 말해 김동인은 처녀작 「약한 자의 슬픔」에 대해 대단한 자부심을 보이며 기존 소설과는 다른 문예사조를 지닌다고 호언하였다. 그럼에도 김동인 스스로도 인정했듯이 그 작품은 구성과 내용 면에서 자신이 기대했던 수준에 미치지 못한 작품이었다. 실제로 김동인은 신이

---

14. 김동인(1935). 「조선의 작가와 톨스토이-머리를 숙일 뿐」, 『매일신보』 1935.11.20; 김정숙(2006). 앞의 논문 375~376쪽에서 재인용.

세상을 창조하듯 작가는 작품의 등장인물을 통해 자신의 정신세계를 주도적으로 창조해야 한다고 믿었다. 한마디로 김동인은 전통에 도전하는 "반(反)도덕적이고 반(反)춘원적인 문학의 선구자"[15]라 할 수 있다. 그런 면을 두고 평론가 조연현은 김동인을 '한국 최초의 리얼리즘의 발견자'[16]라고 칭했다.

4. 친일 행적과 문학

단편소설이 대부분인 96편에 달하는 소설을 쓰면서 한국 근대 '단편소설의 대가'로서 김동인의 자취는 현진건, 이태준에게 이어지고 그의 명성은 한국 문학사에 한 축이 된다. 그럼에도 김동인에 대한 문단 내외의 비평은 다양하다. 일제강점기 때 친일 반민족행위에 대해 과거사 청산을 요구했던 2002년 김대중-노무현 민주정부 시절, 김동인은 민족문학작가회의(한국작가회의 전신)와 민족문제연구소, 실천문학에 의해 친일문인 42명의 명단에 수록된다. 2009년 발간된 『친일인명사전』에도 무려 4쪽에 걸쳐 당대 지식인으로서 부끄러운 과거사가 기술돼 나온다. 이미 1960년대 친일문제를 선구적으로 연구한 임종국 선생에 의해 쓰인 『친일문학론』(1966)에서 김동인은 자신의 작품과 함께 과거의 오명이 세상에 알려진 인물이었다.

그러면 김동인이 저지른 친일문학 활동을 살펴보자. '2·8 독립선언'이

---

15. 조석래(1983). 「퇴폐와 오만성-〈약한 잘의 슬픔〉을 중심으로」, 『어문학』 1983. 5. 190쪽.
16. 조연현(1961). 『한국현대문학사』. 인간사. 393쪽; 조석래(1983). 앞의 글. 189쪽에서 재인용.

나 '3·1독립선언'에 참여했던 이광수, 최린 등 당대 저명한 지도급 인물들이 변절해갔듯이 김동인 역시 민족을 배반한 길을 거침없이 걸어갔다. 『창조』를 자비로 발간할 정도였으니 김동인의 재력은 상당했을 것으로 추정한다. 그러나 김동인의 재력은 1927~1929년 사이 사업실패로 급격히 추락한다. 그 시기 김동인이 발표한 작품들 「송동이」, 「죽음」, 「구두」, 「거지」는 하나같이 거대한 운명의 흐름에 내맡긴 약자의 삶, 바로 먼지처럼 사라져가는 존재에 대한 묘사이다. '동인문학상' 비판 세미나에서 연구자 김춘규(서울대)는 그런 작품 경향을 이렇게 분석했다.

> "점차 약자로 변모해 가던 1930년 초중반에서 진정으로 약자가 되어버린 이 순간, 그가 자신을 의탁하기 위해 달려간 장소가 조선총독부라는 것은 일제에 대한 그의 인식 변화를 극단적으로 반영한다. 당시 김동인이 여러모로 궁지에 몰렸다고는 할 수 있으나 그가 도움을 청하고 의탁할 수 있는 장소가 일본 정부밖에 없었으리라고는 믿을 수 없다. 그의 선택은 강자-약자라는 이분법적 세계의 질서 속에서 과거 자신이 추구하던 강자의 모습을 당시 일본 제국주의로부터 발견했기 때문이다. 김동인은 서양의 제국주의에 맞서 아시아의 대제국을 건설하자는 일제의 이상으로부터 한때 자신이 꿈꾸던 강자의 환영을 발견했던 것이다."[17]

실제로 김동인은 1930년대 중반에 이르면 『월간 야담』에 기고하는 등 통속적인 대중소설가로 변신한다. 최초의 예술문예공동체 『창조』파

---

17. 김춘규(2020). 「김동인 소설의 변화와 제국주의 욕망의 동일화 과정」. 『친일문인 기념문학상 이대로 둘 것인가』. 동인문학상(조선일보 주관) 비판 세미나. 14쪽.

초창기와 1920년대 전반기에 보여준 "오로지 우리들의 관심은 정치운동이 아니라 문학이며 예술"이라는 결의에 찬 모습은 차츰 희미해져 갔다.[18] 그의 작품은 1920년대 예술지상주의 내지 자연주의 문예사조와는 결을 달리했다. 따라서 김동인의 예술지상주의 또는 순수문학은 단편소설에 한정되는 측면이 크다.

김동인이 자발적이고 적극적으로 친일의 길을 걸었던 시기는 중일전쟁(1937) 이후이다. 조선총독부 기관지『매일신보』에 기고한 '국기'(國旗)라는 산문에서 일장기를 극찬했는데 이 글에서 김동인은 일장기를 '국민정신을 상징하는 최고로 우수한 국기'[19]로 표현했다. 1939년에는 '북지황군위문 문단'을 조성해 남산 조선 신궁을 참배한 뒤 다른 문인들과 함께 자발적으로 친일행위에 참여하였다. 1942년 태평양전쟁 당시에는 "일본인과 조선인은 지금은 합체된 단일민족이며 일본신민"임을 강조했으며 "아직 어린 자식들에게는 '일본과 조선이 별개의 존재'라는 것을 애당초부터 모르게 하겠다"라고 다짐하며 "대동아전쟁(태평양전쟁)을 인류 역사를 재건하는 성전(聖戰)"[20]으로 미화했다.

1944년 1월 19일부터 1월 28일까지 김동인은『매일신보』에「반도 민중의 황민화-징병제 실시 수감(隨感)」을 연재했다. 이 글에서 김동인은 "조선에도 드디어 징병제가 실시됐다"라며 "국민의 특권인 증좌"로서 "조선인의 사상이 과연 황국신민 되기에 충분한가, 아국의 국방군은 그 사상까지 완전한 일본인적 사상을 가진 자가 아니면 안 된다... (중략) 내 몸은 이제부터는 내 것이 아니요 또는 가족의 것도 아니요, 황

---

18. 양진오(2001).「근대문학의 형성과 예술가의 발견-김동인의 소설을 통해서」.『현대소설연구』제15권. 68~70쪽.
19.『매일신보』1938. 2. 4.
20. 김동인(1942).「감격과 긴장」.『매일신보』. 1942. 1. 23.

공하옵게도 폐하의 것이며... (중략) 조선인의 황민화의 정도, 조선인의 일본인적 애국심의 강도를 다루어 보는 저울"이라고 강변했다.[21] 김동인의 이런 친일행위는 일제의 '국민문학'을 넘어서서 '황도(皇道)문학'에 충성을 다하고자 하는 모습이다.

계속해서 김동인은 '문학인의 책무'가 크고 중대하다며 "대동아전쟁(태평양전쟁)을 좌우할 수 있는 중차대한 열쇠를 잡았노라는 자각과 긍지 아래서 우리의 무기인 문필을 가장 효과 있게 이용할 것"[22]을 역설했다. 그가 『매일신보』에 연재한 장편소설 『백마강』 역시 총독부 언론기관이 기획한 시국소설이었다. 이것이 '내선일체의 연원'을 의도하면서 백제를 '내선일체의 성지'[23]로 묘사한 내용으로 일제에 자발적으로 부역한 작품임은 이미 늘샘의 연구에 의해 밝혀졌다.

한마디로 제국주의 일본에 대해 문필보국으로 충성을 다하겠다는 논리였다. 그리고 일제강점기 말기 친일문인단체인 '조선문인보국회' 소설 희곡부 상담역을 맡은 것도 그런 취지였다. 강자인 제국주의 논리를 내면화함으로써 스스로 돌이킬 수 없는 친일의 길을 거침없이 걸어갔다. 이런 변절과 전향의 배반된 모습을 두고 문학평론가 김영삼(전남대)은 이렇게 분석했다.

"전쟁이 중일전쟁과 태평양전쟁으로 확대되면서 조선을 대륙 병참기지의 중핵적 지위로 격상하고 대동아공영권에서 조선인을 황국신민으로서 지도적 지위에 놓게 한다는 제국주의의 권력 작

---

21. 민족문제연구소(2009). 앞의 책. 310쪽.
22. 김동인(1944). 「총동원 태세로-決戰下 文壇人의 決意」. 『매일신보』. 1944. 1. 1.
23. 김상천(2020). 앞의 논문. 136쪽.

동 방식은 '식민지적 전향자'들이 일본 제국주의에 편승하면서 제국의 논리를 내면화하기에 충분히 달콤한 인식적 유혹이었을 것이다. 김동인은 이에 일본인과 조선인 사이의 종족적 차이를 거세하고 동아시아제국 건설이라는 파시즘적인 국가주의 동일화의 전략에 근거하여 '단일민족'임을 선언한 것이다."[24]

한국문단에서는 근대문학의 형식을 개척한 선구적 인물로 김동인을 단연 높게 평가한다. 그의 자연주의 문예사조가 일본 명치학원 유학 시절 스승 시마자키 도손의 작품과 그의 영향하에 형성된 것임은 이미 밝혔다. 카프의 수장 임화의 표현대로 한국 근대문학이 일본으로부터 이식된 '이식문학'이었음을 김동인을 통해서도 확인하는 것이다.

놀랍게도 김동인은 해방되던 날인 8월 15일 오전에, 조선총독부를 찾아가 좀 더 친일적인 문인단체를 만들어 보겠다고 나섰다. 바로 '시국에 공헌할 새로운 작가단'을 만들 수 있도록 총독부 정보과장 겸 검열과장 아베 다쓰이치(阿部達一)를 찾아가 부탁한 것이다.[25] 기존 '조선문인보국회'라는 친일문학인단체보다 더 친일의 강도가 센 문인단체를 만들어 보겠다는 의도였다. 한마디로 김동인은 뼛속까지 민족을 배반한 인물이었다. 사회적 약자를 경멸했던 문인으로 자신이 설정한 세계관과 강자의 논리 앞에 약자에 대한 연민이나 연대의 손짓은 보이질 않았다. 다시 말해 강자의 논리를 자신의 인격 속으로 내면화한 인물로 그 자신의 작품 속에 그대로 투영시킨 작가였다.

---

24. 김영삼(2020). 「제국과 친일의 생명정치 논리」. 『친일문인 기념문학상 이대로 둘 것인가』. 동인문학상(조선일보 주관) 비판 세미나. 22쪽.
25. 민족문제연구소(2009). 앞의 책. 311쪽.

이렇듯 비루한 김동인의 작품세계를 두고 임명선(『오늘의 문예비평』 편집위원)은 "소설 속 하층계급에 속한 인물의 존재가 김동인이 자신의 계급적 지위를 한 치도 벗어나지 못함을 반증한다면, 여성 인물들은 김동인 자신의 뒤틀리고 문제적인 남성성을 잘 보여"[26]주는 것이라고 비평했다. 김동인은 실생활에서 사업실패로 경제적 고통 속에서 신문 연재소설이나 통속적인 역사소설을 쓰면서 원고료로 생계를 유지해 나갔다. 그래서인지 1930년대 김동인은 소설, 수필, 평론 등 몇백 편에 이르는 다작을 남겼다. 소설의 경우 처녀작 「약한 자의 슬픔」을 시작으로 1953년 김동인 사후 출간된 「서라벌」에 이르기까지 96편[27]을 남겼다. 대부분 단편소설로, 그의 단편소설은 이후 현진건, 이태준으로 이어져 단편소설 전성기를 구가하게 한다.

5. 한국 사회의 역사 정의와 동인문학상

'반민특위'를 비롯해 역사 청산이 좌절된 이승만 정권 시절 사상계에서 1955년 '동인문학상'을 제정해 운영하다 경영난에 처해 1968년 중단되었다. 우여곡절 끝에 조선일보가 이어받아 1987년부터 '동인문학상'을 다시 시행하고 있다. 문학상으로 기념하는 것은 후배 문인들은 물론 자라나는 세대에게도 귀감이 되기 때문에 기리는 행사이다. 그러나 귀감이 되기보다 오히려 드러난 오점으로 인해 반성과 성찰이 필요한

---

26. 임명선(2020). 「김동인 소설과 '자리'의 문제」. 『친일문인 기념문학상 이대로 둘 것인가』. 동인문학상(조선일보 주관) 비판 세미나. 64쪽.
27. 김동인(2006). 『김동인 단편전집 2』. 가람기획.

작가라면 굳이 문학상을 기릴 이유가 없을 것이다. 예를 들어, 한국문단사에 춘원 이광수의 업적은 매우 뛰어나다. 그러나 문단 스스로 이광수를 기리는 '춘원문학상'이 존재하지 않는 것은 그만큼 오점이 많다는 것이다.[28]

미당 서정주의 경우도 마찬가지이다. 중앙일보가 2001년 제정해 운영해 오다 뜻있는 작가들과 시민들의 거센 저항으로 '미당문학상'은 2019년 폐지되었다. 그것이 동시대를 살아가는 공동체 구성원들이 역사 정의를 실현해 가는 모습이자 문학인들 스스로도 자존감을 잃지 않는 길이라 생각한다. 민족이 고난에 처하고 민족구성원이 압제의 고통에 신음할 때 제국주의 일본을 찬양하며 민족을 배반한 문인을 한국 사회가 기념할 이유가 없다.

그런 의미에서 문학상을 제정하여 특정 문인을 기리는 행위는 상당히 조심스러운 작업이다. 한국근현대사는 친일반민족 행위와 군사독재 부역행위 모두 잘못된 역사를 청산한 경험이 없다. 한마디로 한국 사회는 역사 청산이 좌절된 사회이다. 국가와 민족을 향해 저지른 범죄에 대해 너그러운 사회는 미래가 없다. 그런 이유에서 역사적 인물에 대해 평가가 극히 상반되는 경우, 기념상을 통해 거액의 상금을 걸고 요란하게 기리는 행위에는 매우 신중한 태도를 보여야 한다. '동인문학상'의 경우 한국 근대문학에 끼친 업적은 업적으로 기록하되 후배 문인들이나 세상에 대해 좋은 영향을 미치지 못하는 인물로 문학상을 제정해

---

28. 13,000명의 회원을 둔 최대 문인단체인 한국문인협회가 2016년 '춘원문학상'과 『육당문학상』을 제정하려 했다가(심혜리. 「육당·춘원 '문학상' 커지는 비판 목소리」. 『경향신문』. 2016. 8. 4) 역사관련 단체의 반발로 그 해 무산되었는데 동서문화사에서 2017년 '춘원문학상'과 '육당문학수상' 제정해 시상식을 열었다.(김태완. 「고정일 대표, "편견 벗겨 춘원 이광수·육당 최남선의 본심을 이해해야"」. 『월간조선』. 2017. 4월호)

기념하는 것은 자라나는 어린 세대를 위해서도 금해야 할 태도이다. 민족을 배반한 특정 인물을 기리는 기념행사는 이제 더 이상 한국 사회에 필요치 않다.

그럼에도 한국 사회 문단 일각에선 여전히 일제강점기 민족을 배반한 문인들을 기리는 행사가 꿈틀대거나 현재 진행되고 있다. '춘원문학상', '육당문학상', '팔봉비평가상', '소천문학상', '미당문학상', '동인문학상' 등이 그러하다. 2016년 한국 사회 최대 문인단체인 한국문인협회에서 이광수 소설 「무정」(1917) 출간 100주년을 앞두고 '춘원문학상'을 제정하려는 움직임을 보인 게 대표적이다. 안건은 문인협회에서 통과되어

일문인기념 비판 세미나
민족문제연구소와 한국작가회의에서 주최한 〈동인문학상〉 비판 세미나 안내 포스터. (출처: 민족문제연구소)

'춘원문학상' 제정이 확정되었지만, 당시 민족문제연구소, 민족문학작가회의(한국작가회의 전신), 전교조 등 진보 단체의 거센 항의를 받고 추진하지 못했다.

그들 단체의 논리는 단순하다. 이념과 문학은 별개로 이념의 잣대로 문인들을 재단하는 것은 바람직하지 않다는 논리이다. 다시 말해 친일문인들이 친일의 오점을 안고 있어도 한국 근현대문학에 끼친 공적이 다대한 만큼 공적은 공적대로 기리고 기념해야 한다는 주장이다. 그러나 작가의 삶과 작품이 별개가 아니듯이 문인들의 지나온 삶과 작품을 분리해서 바라보아야 한다는 주장은 궤변에 지나지 않는다. 작품을 작

가의 삶이나 정신세계와 분리해서 이해하는 것은 문학의 본질을 왜곡하는 것이다. 문학은 비록 허구이지만 삶의 묘사이자 삶의 투영이다.

논란의 와중에 놓인 '동인문학상'의 주인공 김동인의 소설이나 평론, 그리고 수필 등 문학작품 일체는 김동인이라는 한 인간의 삶과 밀접하게 관련돼 있다. 이는 시 1000편을 넘게 썼음에도 그중 친일작품 11편을 남긴 서정주도 마찬가지이다. 거꾸로 10년 남짓, 시와 평론을 쓰며 문학 활동을 했던 이육사의 항일문학 역시 이육사 자신의 지하항일운동과 긴밀하게 연결되어 있다.

필자는 이육사 항일문학의 금자탑은 단연코 「노정기(路程記)」라고 생각한다. 「청포도」, 「광야」, 「절정」, 「교목」도 훌륭한 항일문학작품이지만 독립운동가의 신산한 삶을 가장 잘 녹여내 시로 형상화시킨 작품은 「노정기(路程記)」가 단연 압권이다.

"목숨이란 마-치 깨어진 뱃조각/여기저기 흩어져 마음이 구
죽죽한 어촌보다 어설프고/삶의 티끌만 오래 묵은 포범(布帆)처럼
달아매었다/남들은 기뻤다는 젊은 날이었건만/밤마다 내 꿈은 서
해를 밀항하는 정크와 같아/소금에 쩔고 조수(潮水)에 부풀어 올
랐다/(중략) 쫓기는 마음! 지친 몸이길래/그리운 지평선을 한숨에
기어오르면/시궁치는 열대식물처럼 발목을 오여 쌌다/새벽 밀물에
밀려온 거미인 양/다 삭아빠진 소라 깍질에 나는 붙어 왔다/머-ㄴ
항구의 노정(路程)에 흘러간 생활을 들여다보며."

_「노정기(路程記)」(1937)

1937년 중일전쟁이라는 엄혹한 정세가 조성된 시기에 발표된 「노정

기」는 항일혁명시인의 삶을 가장 압축적으로 표현한 작품이다. 민족해
방운동에 투신한 자신의 삶을 '깨어진 뱃조각'과 '밀항하는 정크'선에
비유한 시어는 육사의 삶이 얼마나 신산한 생활의 연속이었는지를 충
분히 가늠케 한다. 일제의 요시찰 인물로서 의열단 항일지하활동으로
점철된 육사의 삶은 절체절명의 시대인식 속 긴장과 불안, 그리고 고난
의 연속이었다. 그의 문학작품은 그런 배경 속에서 탄생한 시대의 절망
이자 비극이요, 절망 속에서도 희망을 노래하는 강렬한 '저항문학의 보
석 같은 결정체'[29]이다.

그러나 이육사의 항일독립운동을 대변하는 시 「노정기」는 보통 시민
들이 접하지 않은 작품이다. 학교에서도 가르치거나 배운 적이 없다. 심
지어 문단 내 진보적인 문인조차 이육사의 작품에 대해 협량하다고 평
가했다. 그는 이육사의 삶이 빛나고 위대하지만, 문학마저 위대한 것은
아니라고 평가 절하했다.[30] 이는 문학작품이 삶과 분리될 수 없다는 자
명한 진리를 철저하게 인식하지 못한 탓이다. 이육사의 「노정기」는 「절
정」, 「광야」와 함께 삶과 문학이 혼연일체가 된 작품으로 가장 빛나는
밤하늘 별이 아닐 수 없다.

그러면 왜 그런 현상들이 문단 내에서 빚어진 것일까? 아니, 왜 지
도급 친일문인을 기리는 문학상이 해방된 지 70년이 지나서도 끈질
기게 위력을 발휘하고 문단권력을 공고하게 받쳐 주는가? 더구나 80
년대 이후 '조연현문학상'(1982), '육당 시조문학상'(1985), '소천 비평문
학상'(1989), '팔봉 비평문학상'(1990), '이무영문학상'(2000), '송아문학

---

29. 하성환(2017). 「매화 향기 가득한 항일혁명시인 이육사(2)」. 『순국』 통권315호. 38
쪽.
30. 신경림((1996), 「광야에서 초인을 기다린 개결의 시인 이육사」, 『우리교육』 1996년
6월호, 97쪽.

상'(2000), '미당문학상'(2001), '백릉문학상'(2002) 등 친일문인들을 기리는 문학상이 우후죽순 격으로 제정되었거나 제정을 추진하였던가? 그것은 해방 후 한국 사회 문단권력을 친일 반민족 세력들이 거머쥐고 있었기 때문이며, 과거사 청산을 하지 못했기 때문이다.

실제로 '동인문학상' 제1회 심사위원은 김팔봉, 백철, 전영택, 계용묵, 최정희, 이무영, 정비석, 주요섭, 이헌구 9명이었다. '동인문학상'을 주관한 '사상계'가 우익 문인단체인 '전국문화단체총연합회'(약칭 문총) 최고위원에게 심사위원을 위촉한 결과, 문총 최고위원들이 9명을 지명한 결과였다. 그런데 심사위원 9명 가운데 김팔봉, 백철, 최정희, 이무영, 정비석, 이헌구는 민족문제연구소와 민족문학작가회의에서 2002년 발표한 친일문인 42명에 포함된 인물들이다.[31] 친일문인들이 심사위원이 되어 문단을 자신의 입맛대로 좌우한 셈이다.

거꾸로 뛰어난 문학적 성취를 이루었음에도 분단과 이념의 질곡 속에서 은폐되고 왜곡돼 망각되거나 평가 절하된 문인이나 그의 작품들이 얼마나 많은지는 그를 반증하고도 남는다. 단적인 사례로 30년대 순수문학의 기수로서 '구인회'를 실질적으로 이끌었고 "한국 단편소설의 완성자", "조선의 모파상"으로 추앙받았던 상허 이태준이 대표적이다.[32] 그는 김동인, 현진건을 잇는 뛰어난 단편소설 작가로 평가받았지만, 월북작가로 분류돼 남과 북에서 모두 외면받고 사라진 문인이다. 납북되었지만 월북작가로 분류된 '향수'의 시인 정지용도 마찬가지이다. 일제강점기 '최고의 리얼리즘 소설이자 최고의 장편 노동소설'[33] 『인

---

31. 오창은(2002). 「친일문인 문학상 제도의 실태와 문제점-문학사에 드리워진 어두운 그늘, 친일문인 문학상」. 『실천문학』 2002년 11월. 198쪽.
32. 이병렬(2016). 「순수문학, 그리고 월북이라는 질곡-상허 소설의 문학사적 위상」. 『문예운동』 2016. 11. 84~87쪽 참고.

간문제』를 쓴 작가 강경애도 마찬가지이다. 강경애의 『인간문제』(1934)[34]
는 '리얼리즘 문학의 기념비적 위상'[35]을 지니는 작품임에도 교과서에
도 없고 일반인도 모른다. 강경애는 30년대 전반기 한국 사회 노동 현
실을 형상화한 매우 탁월한 작가로서 38세에 요절하였다.

  해방 당시 친일문인들은 자신들의 일제강점기 시절, 민족 앞에 저지
른 죄를 감추기 위해 해방 직후 여느 친일파들처럼 숨죽이며 정세를
관망하고 있었다. 해방된 조국에서 식민지 시절처럼 일제를 찬양하며
활개 칠 수는 없었기 때문이며 무엇보다 해방공간에서 자신에게 돌아
올 비난의 화살과 돌팔매질이 무서웠기 때문이었다. 특히 문인들 가
운데 이광수나 최남선, 김동인 등 지도급 인물들은 더 말할 필요가 없
었다.

  해방 직후 최초의 문인단체 결성은 진보적인 문인들에 의해 가능했
다. 그들 중에도 박영희, 임화, 이기영, 이태준, 박태원 등 친일 혐의를
지닌 자들이 적지 않았지만 그래도 해방된 조국에서 문학인의 당면과
제에 깊이 천착하였다. 해방 이튿날 결성된 '조선문학건설본부'(1945. 8.
16)는 해방 직후 가장 먼저 결성된 문인단체로 이태준, 이원조, 임화, 김
기림, 김남천, 안회남이 중심이었다. 그리고 그해 10월 카프를 잇는 '조
선프롤레타리아 예술동맹'(1945. 10. 1)이 권환, 윤기정, 한효, 송완정이

33. 이상경(1990). 「강경애의 삶과 문학」. 『여성과 사회』 제1권. 350~351쪽.
34. 문영희(2003). 「강경애-타자의 삶, 타자의 문학」. 『여성이론』 제9권. 325~326쪽.
    참고. 강경애의 『인간문제』가 최초로 지면에 발표된 것은 1934년 8월부터 12월까지
    『동아일보』 지면을 통해서다. 그러나 단행본 책으로 출간된 것은 강경애 사후 5년
    이 되는 1949년에 평양 노동신문사에서 발행된 것이 최초이다. 강경애의 남편 장하
    일이 당시 노동신문사 부주필이었다. 대한민국에선 1978년 어느 출판사에서 출간
    되었다. 그러나 둘 다 계급의식과 이데올로기 측면에서 1934년 연재된 『인간문제』
    를 첨삭한 흔적이 역력해 다른 텍스트로 느껴질 정도이다.
35. 문영희(2003). 위의 논문. 336쪽.

주도하여 결성되었다. 이들 두 단체는 좌파 계열로 분류되는 문인단체로서 1946년 시대 상황으로 인해 '조선문학가동맹'으로 합쳐진다. '조선문학가동맹'에는 우파 문인으로 분류되는 박종화, 이병기, 정지용, 김광섭, 김광균, 이양하, 조윤제, 이희승, 변영로 등도 가입했다.

그러나 신탁통치 찬반 논쟁은 당시 '민족 대 반민족(친일)' 구도를 일거에 '좌익 대 우익'의 이념 대결로 판을 뒤엎어버렸다. 해방 직후 민족 최대의 당면과제는 '친일 청산'과 '자주적 통일민족국가 수립'이었고 문학인들의 시대적 책무도 그에 부응하였다. 그러나 모스크바 3상 회의(1945. 12. 30.)는 또 상황을 바꾼다.

모스크바 3상 회의에서의 결정대로 1946년 초 임시민주정부 수립과 신탁통치를 찬성한 '민주주의 민족전선'(약칭 민전)이 결성되자 이승만, 김구는 즉각적으로 '비상시국 국민회의'를 결성해 신탁통치 반대운동으로 맞섰다. '민전'에는 좌파와 일부 민족주의 세력이 결집한 반면, '비상국민회의'에는 우파계열 다수와 친일반민족 세력들이 결집했다. 그리고 '조선문학가동맹'[36]에 맞서 우파 문인들과 친일문인들은 '전조선문필가협회'(1946. 3. 13)를 결성하였다. 그리고 한 달 뒤, 보다 순수한 문인 중심의 문인단체라고 강조하면서 '조선청년문학가협회'(1946. 4. 4)를 김동리가 중심이 되어 결성하였다. 여기에는 박목월, 조연현, 유치환, 박두진, 곽종원, 조지훈, 신석초 등이 가입하였다. 특이한 점은 '조선청년문학가협회' 결성식에 이승만과 미군정장관 러취 장군 등 정치인들의 축

---

36. 〈조선문학가동맹〉은 탁치파동이 발생하기 전에 문학 활동에만 한정하지 않고 국민담화를 발표하는 등 사회활동 전면에 나섰다. 우리 민족 사이에 반미나 반소운동을 일으켜 민족분열을 초래한다면 이는 우리 민족의 영구 자멸이므로… (중략) 분열적 책동과 경향을 숙청하고 일층 공고한 민족통일전선을 결성하여 3천만 이름으로 신탁통치를 단연코 반대한다.(『서울신문』 1945. 12. 19.)는 반탁성명서를 발표하였다.

사가 포함되는 등 화려하게 거행되었다는 사실이다.[37] 순수문학을 표방한 결성식이었음에도 정치색 짙은 행사가 된 것이다.

모스크바 3상 회의의 결정을 이행하기 위한, 즉 한반도에 민주적인 임시정부를 수립하기 위한 제1차 미소공동위원회(1946. 5)가 결렬되자 이승만은 정읍발언(1946. 6. 3)을 통해 남한만의 단독정부 수립을 언급하며 남북분단을 현실화하는 방안을 서슴없이 자행했다. 탁치 정국에서 미국은 '신탁통치 문제'에 관심을 집중했고 소련은 '민주적인 임시정부 수립'을 보다 우선시하였다. 모스크바 3상 회의 결정의 제1항은 '조선에 민주적인 임시정부를 수립한다'라는 데 합의를 본 것이다. 신탁통치 문제는 마지막 항으로 후순위 합의사항이었다. 그럼에도 한국 사회에선 '미국이 즉시 독립, 소련은 신탁통치를 주장한다'라고 오보를 냈다. 심지어 절대다수의 한국 언론은 모스크바 3상 회의 결정문 가운데 제1항 민주적인 임시정부를 수립해 준다는 내용을 중요하게 보도하기보다 신탁통치 문제를 일제히 전면에 보도하였다. 오로지 좌파 계열 『조선인민보』만이 임시정부 수립에 초점을 맞추어 '민주정부의 수립, 미소공위의 첫 번째 조치'라는 제목을 머리기사로 보도했을 따름이다.[38]

그러한 왜곡되고 굴절된 정세 속에서 1946년 9월부터 미군정은 진보 세력에 대해 본격적인 탄압에 들어갔다. 1947년 제2차 미소공위가 결렬되면서 남쪽 사회에 조성된 정세는 '신탁통치 찬성=매국, 신탁통치 반대=애국'으로 등치된다. 친일(반민족) 세력들은 새롭게 형성된 이데올로기 구도 속에서 자신의 정체성을 세탁할 수 있는 절호의 기회를 맞

---

37. 진설아(2005). 「한국문단사와 '순수' 그 이면을 찾아서」. 『어문론집』 제33집. 중앙어문학회. 196쪽.
38. 이동현(1990). 『한국 신탁통치 연구』. 평민사. 77~85쪽 참고.

았다. 그들은 '반공'을 앞세우며 '애국자'로 행세했다. 항일독립운동가를 고문으로 죽였던 노덕술 등 친일경찰이 수도경찰청 간부로 재기용되고 황국신민교육을 충실하게 강조했던 김활란, 김성수, 백낙준, 유억겸, 최규동 등 친일교육자들이 한국 교육계를 좌지우지하며 주름잡았다.[39] 채병덕, 이응준, 원용덕, 정일권, 백선엽, 박정희, 신현준 등 일본군과 만주군 출신 장교들도 다시 군대 요직으로 등용되었고 그런 전도된 현상은 서정주, 조연현, 백철 등 문단 내에서도 널리 통용되었다.

1946~1947년 두 차례 미소공위가 결렬되는 시기는 신탁통치 문제로 좌우 이념 대결로 치닫던 시기였다. 1946년 9월, 남한 사회에서는 테러와 폭력이 일상화되었다. 그러자 목숨의 위협을 느낀 항일민족주의 세력(김원봉, 이만규 등)과 좌파 계열 인물들은 목숨을 부지하기 위해 월북을 시도했다. '조선문학가동맹' 활동을 중심적으로 수행했던 임화, 이태준, 이기영 등도 1946~1947년 그 시기 월북했다. 남아 있던 '조선문학가동맹' 문인들은 언제 테러를 당할지 모르는 위태로운 상황에 부닥쳤다.[40]

결국 '조선문학가동맹'이 위축된 빈자리를 민족주의 우파 문인들과 친일문인들이 채워나갔다. 그들 우익 쪽 문인들은 이념적 색깔을 선명하게 돋우면서 자신들의 문단권력을 공고하게 형성해 나갔다. '민족정신 앙양 전국 문화인 총궐기 대회'(1948)를 개최해 문학잡지와 교과서에서 좌파 문인들의 작품을 배제했다. 그리고 '민족정신 앙양 종합예술제'를 호화판으로 치르면서 대한민국 문단권력을 우익 문인들로 확실

---

39. 허대영(2009). 『오천석과 미군정기 교육정책』. 한국학술정보(주). 83~101쪽 참고; 이덕호(2001). 『친미사대주의 교육의 전개과정』. 다옴. 30-34쪽, 78쪽 참고.
40. 김규동(2002). 「내가 만난 해방 무렵 문인들」. 『문단유사』. 한국문인협회 월간 문학 출판부. 31쪽; 진설아(2005). 앞의 논문. 199쪽에서 재인용.

하게 재편시켰다. 그 힘으로 대한민국을 대표하는 유일한 문학단체인 '한국문학가협회'(1949)를 결성한다.[41] 이 '한국문학가협회'가 1961년 박정희 군사정권의 사회단체 통폐합 조치에 따라 '한국문인협회'로 계승된다. 김동리, 서정주, 조연현 등이 문인협회 이사장 등 문단권력을 행사했으며 독재 시절 가장 친정부적 성향을 보여주었다. 겉으로는 순문학을 표방하고 80년대 순수문학-참여문학 논쟁을 촉발했지만, 속으로는 정치색을 노골적으로 드러냈다. 그 대표적인 사례가 2007년 대선 당시 '한국문인협회'의 이명박 한나라당 후보 공개 지지였다.

'한국문인협회'는 각종 문학상을 제정해 기념하고 문학잡지 발간과 문학행사 개최를 주도하는 등 오늘날에도 한국문단 내 주류의 지위를 점유하고 있다. 그런 외부적 환경장치가 든든한 토대로 작동하면서 '동인문학상'이 존속해 올 수 있었다. 그런데, 2000년 미당 서정주가 죽자 중앙일보는 이듬해 '미당문학상'(2001)을 제정해 기념했다. 중앙일보의 '미당문학상'과 조선일보의 '동인문학상'은 상호 경쟁하면서 상금 액수도 크게 올랐다. 조선일보 스스로 '동인문학상'을 '한국문단의 노벨상'이라 추어올리며 상금도 5,000만 원으로 격상한 것이다. 그러나 미당이 1,000편이 넘는 시를 쓰고 한국문단에 지대한 영향을 미쳤음에도 '미당문학상'은 2019년도에 폐지됐다.

김동인은 1949년 6월경 전차를 타고 하왕십리의 집으로 오다가 뇌경색으로 쓰러졌다. 그러다가 1951년 1월 3일이나 그 이튿날 작고했을 것으로 추정한다.[42] 따라서 1949년 6월부턴 창작활동을 할 수 없었다. 그럼에도 김동인이 새로운 근대문학 형식을 처음으로 소개하고 문단활동

41. 진설아(2005). 앞의 논문. 200~202쪽 참고.
42. 김광명(2010). 앞의 글. 76~78쪽 참고.

을 한 것은 한국문학사에 커다란 흔적이다. 김동인이 한국 근대문학에 남긴 선구적 행동은 업적으로 기록할 가치가 크다.

그러나 자라나는 세대를 위해 문학상을 제정하면서까지 귀감이 되는 인물로 기념할 일은 결코 아니다. 중앙일보가 주관한 '미당문학상'이 18년 만에 폐지되었듯이 한국일보가 주관한 '팔봉 비평문학상'과 조선일보가 주관한 '동인문학상'은 마땅히 폐지되어야 한다. 왜냐하면 친일문학이란 민족과 역사 앞에 저지른 범죄행위이기 때문이다. 더구나 친일문인을 기념하는 문학상은 거대한 문단권력과 공룡 언론의 유착을 통해 한국 사회에 과잉이데올로기를 확대 재생산했고 거기에 기생해 문학의 담론을 주도했으며 문인들 정신세계를 일정하게 재단한 역기능이 적지 않았다.

그런데도 '동인문학상', '팔봉 비평문학상'을 거부한 문인은 손에 꼽을 정도이다. 백낙청, 최원식, 황석영, 공선옥 정도이다. 진보적인 문인들 가운데도 다수가 수상하였다. 심지어 어떤 진보적인 문인은 친일문인 소천 이헌구를 기리는 '소천 비평문학상' 수상 소감에 이런 말을 덧붙인 적이 있었다. "소천 이헌구 선생은 일제 말 훼절하지 않기 위해 붓을 꺾고 종로에서 꽃 장사를 했던 분입니다. 그분의 이름으로 주는 상은 제게 너무 무겁습니다." 그러나, 소천 이헌구는 친일문인단체인 '조선문인보국회' 평의원으로 활동하며 「화성돈에 일장기 날리라」(『춘추』 1943. 12)를 작성한 일제 말기 친일 부역 혐의가 뚜렷한 인물이다.[43] 실로 불철저한 역사인식이다.

친일문학상을 거부한 어느 작가는 "작가와 작품은 분리되어 생각할

---

43. 오창은(2002). 앞의 글. 193~194쪽.

수 없다"라며 이렇게 말했다. 친일문학상 논란에 종지부를 찍을 수 있는 명언이라 생각한다. 나아가 문학상을 어떻게 운용할 것인지에 대한 대안도 제시하여 새겨들을 가치가 자못 크다.

> "장사가 잘되는 신문에서 상을 받거나 글을 쓰면 그 신문이 가진 독자만큼 작가는 독자를 확보할 수 있을 거다. 하지만 부유하게 살면 인간적으론 행복할지 몰라도 작가로선 불행이다... (중략) 작가는 문학적 존재이자 사회정치적 존재이다. 작가를 또 하나의 '정부'라 부르는 이유가 뭔가? 작가에게 '정부'를 넘어서는 권위가 부여되는 건 도덕성 때문이다. 원론적으로 들릴지 모르지만 사회적 불평등을 해소하기 위한 작가의 노력이 그래서 중요하다. 있는 사람이 없는 사람에게 조금 양보하고 또 있는 사람은 투명한 부가 유지되는 사회를 위해 작가가 향도 역할을 해야 하는 것 아닌가? 근데 도덕성 없는 사람이 도덕성 운운하니 도덕성에 대한 냉소만 남았다... (중략) 국민이 낸 세금으로 기금을 만들어 조용하게 주면 좋겠다. 상이란 격려하자는 건데 그렇지 못한 사람들 박탈감 느끼게 하면서 받는 상은 문단 전체를 초라하게 만든다."[44]

물질이 인간의 영혼을 압도하며 잠식해가는 시대, 인간의 정신세계를 다루는 문인들을 '노벨상'으로 추어올리고 '수천만 원의 상금'으로 자극하고 유인할 게 아니다. 문인들 역시 냉철한 역사의식 없이 그럴듯한 궤변으로 심사위원 위촉을 수락하거나 작가로서 수상할 일이 아니

---

44. 박형숙(2001). 「문화 이슈: 제32회 동인문학상 후보 거부한 공선옥」. 『말』 2001년 10월호. 213쪽.

우리 역사에서 왜곡되고 사라진 근현대 인물 한국사

다. 한국문단에 무너진 역사 정의를 바로 세우고 문인으로서 최소한의 자존감을 지켜내기 위해서라도 거부하는 '용기'를 발휘해야 할 것이다.

비판세미나 자료집
동인문학상 폐지를 위한 학술세미나 자료집. 젊은 소장학자들 중심으로 김동인의 문학작품이 안고 있는 특징과 친일 성향을 연구한 자료집. (출처: 늘샘 김상천)

마찬가지로 전국 판매부수 1위인 조선일보가 '1등 신문'을 구호로만 자처할 게 아니다. 오히려 친일 반민족 단체인 '대정친목회'가 조선일보 창간주체였다는 준엄한 역사적 사실 앞에 조선일보는 '1등 신문답게' 깊은 자기성찰이 필요하다. 진정으로 공동체의 공동선을 실현하는 사회적 공기(公器)로서 조선일보가 민족언론을 지향한다면 미당문학상처럼 동인문학상을 스스로 폐지해야 할 것이다.

8.

1920년대 항일무장투쟁의 빛나는 별, 오동진

만주 항일무장투쟁의 3대 맹장을
'한국사' 교과서에 기록해야

1. 오동진은 누구인가

1920년대 만주 항일무장투쟁의 3대 맹장은 김동삼, 김좌진, 오동진 장군이다. 그러나 김좌진, 김동삼과 달리 오동진은 한국사 교과서에서 찾을 수 없다. 1962년 독립유공자 최고등급인 건국훈장 대한민국장을 추서 받았음에도 연구논문 한 편이 없다. 길을 가는 식자층 아무나 붙잡고 물어보면 김좌진은 알아도 오동진은 모른다. 그가 코뮤니스트가 아님에도 연구가 거의 없고 대중들에게도 무척 낯선 인물이다. 그러나, 조금만 알아보면 1927년 12월 16일 장춘(長春)시에서 악질 친일 경찰 김덕기(평안북도 경찰부 고등계 형사)를 비롯한 신의주 형사대에 피검되기 직전까지 오동진 장군의 활약상은 눈부시기 그지없다.

오동진 장군은 통의부가 창립된 1922년부터 정의부 군사위원장 겸 사령관으로 1927년까지 연인원 14,149명의 독립군을 지휘했다. 그 결과 일제 관공서 습격 143회, 일제 관리 살상 149명, 밀정과 친일부호 처단 765명이라는 활약이 보인다. 이는 당시 평안북도 경찰부가 밝힌 통계 수치로서[1] 오동진 장군과 직접적으로 관련된 투쟁 경력이다. 그만큼 오동진 장군은 1920년대 항일무장투쟁의 전설적 인물로 일제의 간담을 서늘하게 했다. 실제로 일제가 오동진 장군을 테러리스트로 규정해 10만 원이라는 현상금[2]을 내걸 정도였다. 당시 10만 원이면 오늘날 화폐가치로 13억에 이를 정도의 거액의 현상금인 셈이다.

오동진은 1889년 평안북도 의주군 광평면 청수동(靑水洞) 659번지에서 출생했다. 태어난 지 6개월 만에 생모 한씨(韓氏)와 사별했다. 오동진은 12살 때부터 계모 밑에서 성장한 후, 안창호 선생이 세운 평양 대성학교 단기 사범과를 2년 만에 졸업했다. 민족학교인 대성학교 재학 당시 오동진은 항일민족의식과 함께 기독교를 접했다. 졸업 후 1910년에 고향인 의주에서 민족학교인 일신학교(日新學校)를 세워 교육 구국운동을 전개하고 기독교를 전파했다. 그리고 평양 숭실중학교 출신 장인환이 설립한 '조선국민회'에 가입하여 민족의식을 고취하는 항일계몽운동을 펼쳤다. 특히 기독교 집사였던 오동진은 교육구국운동 차원에서 기독교와 근대 교육 방법을 열성적으로 전파했다. 그 결과 오동진이 살고 있던 마을 전체를 기독교 신앙으로 전도해 마을 사람들 모두 크리스천이 될 정도였다.

일신학교에서의 교사생활은 일제가 사립학교령을 통해 일신학교를 강제 폐간시키면서 접어야 했다. 이후 오동진은 상업 활동에 종사하였다. 당시 상업 활동은 일제의 감시를 피할 수 있는 방편이자 민족운동가들의 연락거점으로 활용되었다. 1919년 오동진은 석주 이상룡과 함께 출연하여 평안북도 삭주군에 민족학교 '배달의숙'을 설립했다. 그리고 스스로 교사가 되어 그곳에서 계연수, 최시흥과 함께 학생들에게

---

1. 정상규(2017). 『잊혀진 영웅들, 독립운동가』. 휴먼큐브. 56쪽.
2. 박환(2004). 『잊혀진 혁명가 정이형』. 새미. 68쪽.

민족혼을 역설하며 조선의 역사를 가르치기도 했다. 그러던 중 오동진
이 30세 되던 해 3·1만세운동의 불길이 전국적으로 활활 타올랐다. 오
동진의 고향인 평북 의주도 예외가 아니었다. 오동진은 3·1만세운동 당
시 시위에 적극적으로 참여하였다. 3·1만세운동을 촉발한 고종 독살설
은 송암 오동진 자신에게 인생의 큰 전환점으로 작용하였다.

그러나 시위 참가 사실이 일제에 적발돼 체포될 위기에 처하자 가족
과 함께 압록강을 건너 만주 관전현(寬甸縣)으로 망명하였다. 관전현 망
명 이후, 오동진은 1919년 4월 윤하진, 장덕진, 박태열과 함께 '광제청
년단'을 조직해 항일민족운동을 계속 이어갔다. 이후 1919년 11월 안병
찬과 함께 안동(중국 단둥시)에서 청년단체를 통합해 '대한청년단연합
회'를 조직했다. 오동진은 그에 그치지 않고 '대한청년단연합회' 교육부
원으로서 만주와 국내를 넘나들며 항일독립사상을 고취하는 강연회를
주도했다.

그는 '대한청년단연합회'를 비롯해 남만주 항일단체를 통합한 '대한
광복군 총영'을 1920년 9월 조직했고 31살에 대한광복군 총영장이 되
어 무장투쟁을 전개했다. 앞에서 이야기했듯이 1920년 한 해 동안 국

내로 진격해 일제 군경과 교전한 기록이 78회에 이르고 경찰관 주재소 56개소를 습격한 기록도 있다. 또한 일제 식민통치의 최전선인 면사무소, 경찰관 주재소를 비롯해 행정기관 20개소를 파괴했고 일제 군경 95명을 사살하였다.[3] 압록강을 넘나들며 펼치는 일제 관공서와 경찰관 주재소에 대한 습격은 국경지방 일대의 식민통치 기능을 거의 마비 상태로 만들어버렸다.

1920년대 남만주 항일무장투쟁의 주축인 통의부(1922)-정의부(1924)로 이어지는 무장투쟁에서 오동진 장군은 통의부와 정의부 군사위원장 겸 독립군 사령관이 되어 빛나는 전과를 세웠다. 1926년 들어 오동진 장군은 항일독립운동 전선에서 민족주의자와 공산주의자를 망라한 '고려혁명당'을 건설해 군사위원장 겸 총사령관으로 일제와 투쟁하였다.

그러나 불행하게도 1927년 12월 16일 오동진 장군은 밀정 김종원에게 속아 길림-장춘선(吉長線) 흥도진역(興陶鎭驛)에서 일제에 피검된다. 한때 자신의 부하였지만 밀정으로 변심한 김종원의 계략에 넘어간 것이다. 오동진 장군은 신의주 지방법원과 평양 복심법원에서 무기징역을 선고받았다. 그러나 법정에서 자신은 세계평화를 위해서 독립군 사령관이 되었음을 밝히며 자신에게 징역형을 언도한 일본인 판사를 준열히 꾸짖었다. 나아가 복역 중에도 48일 동안 단식투쟁을 감행해 항일독립 지사로서 의연함과 기개를 잃지 않았다. 오동진 장군의 의연한 기백 앞에 일본인 형무소 소장조차 예를 갖출 정도였다고 한다.

1934년에 무기징역에서 20년형으로 감형되지만 형무소에서의 모진

---

3. 노세극(2019). 「1920년대 항일무장투쟁의 맹장 오동진」. 『매일노동뉴스』 2019. 7. 1.

고문으로 해방 1년을 앞둔 1944년 순국한다. 오동진 장군은 남쪽에 혈육(후손)이 없어서 동작동 국립묘지 현충원 '무후(無後)선열제단'에 133위 순국선열과 함께 위패가 안치돼 있다. 북쪽 평양 애국열사릉에도 오동진 장군의 묘가 조성돼 있어서 양세봉, 최동오, 류동열과 함께 남과 북 모두에서 항일독립투사로 인정받는다. 실제로 오동진 장군은 김일성의 아버지 김형직과 절친했다. 김형직이 1926년 사망한 직후, 14살 어린 김일성을 도와[4] 정의부 소속 민족학교인 '화성의숙'(교장 최동오)에 입학시킨 인물이 오동진 장군이다.

오동진은 김좌진 장군처럼 아나키스트도 아니고 코뮤니스트는 더더욱 아닌 공화주의자이자 민족주의자였다. 도량이 넓고 평민적 성품을 가졌으며 자신이 가진 것을 모두 내어 줄 정도로 애국청년들에게 헌신적이고 매우 친절했다. 그리고 무엇보다 독립에 대한 강렬한 의지와 열정으로 청년들을 감화, 탄복시키는 뛰어난 지도력을 발휘했다. 실제로 정의부 중대장이자 우당 이회영과 사돈인 정이형(본명 정원흠)은 오동진 장군을 가장 존경하는 독립운동 동지라고 고백한 적이 있다.

그를 만나본 애국청년들은 오동진 장군을 평생 함께할 항일투쟁의 동지로서 존경하고 따랐다고 한다. 그리하여 오동진 장군 곁에는 수많은 애국청년이 모여들었고 항일운동단체들이 결집하였다.[5]

남과 북에서 모두 인정받는 항일투사임에도 정작 대중의 기억 속에선 잊힌 인물이 오동진 장군이다. 공주형무소에서 순국했음에도 75년

4. 김학규(2019). 「남과 북 국립묘지에 동시 안장된 최초의 독립운동가」. 『오마이뉴스』 2019. 8. 15. 일찍 아버지를 여읜 김일성을 도와준 인물로는 양세봉, 오동진, 최동오를 들 수 있다. 김일성도 초기 항일무장투쟁 당시 정의부 중대장을 역임한 양세봉이 조선혁명군 사령관이 되었을 때 그 부대에 속했다.
5. 박환(2004). 앞의 책. 69~71쪽.

이 지난 오늘날까지 오동진 장군의 유해조차 찾지 못한 오늘의 현실은 참으로 부끄럽고 안타까울 따름이다. 이 글에선 오동진 장군의 지칠 줄 모르는 강인한 항일의지와 꺾임이 없는 불굴의 투쟁 정신을 좇아 그분의 치열한 삶의 흔적을 일부라도 복기해 보고자 한다.

2. 1920년대 남만주 정세와 독립운동 정치지형
-임시정부 분열에 따른 군정부의 분열과 대립

1920년대 남만주 정치정세를 규정하는 내외적 요인은 두 가지이다. 하나는 통합임시정부인 상해 임정이 갈등 끝에 1923년 국민대표회의를 개최한 것인데, 문제는 국민대표회의를 전후한 임정의 갈등과 분열이 고스란히 남만주 독립운동의 분열과 연동함을 이해하는 것이다. 다른 하나는 외적 규정력으로 미쓰야 협정(1925)을 들 수 있다. 미쓰야 협정이 남만주 항일독립운동을 탄압한 대표적인 외부 요인으로 강력하게 규정한 것이 1920년대 남만주 정치정세였다.

먼저 국민대표회의(1923)를 전후한 상해 임정의 분열과 갈등이 남만주 항일독립운동단체에 어떤 영향을 미쳤는가를 살펴보자. 당시 상해 임시정부는 이승만의 기호파와 안창호의 서북파 사이의 대립과 갈등이 상존했다. 거기다 외교독립론 대 무장투쟁 등 독립전쟁론의 대립과 갈등도 상존했다. 1919~1920년 국무총리였던 이동휘는 미국에 독립을 청원한 이승만을 두고 '대가리가 썩은 놈'이라고 비판한 예도 있다.

고려공산당 상해파 윤자영, 이동휘를 비롯해 고려공산당 이르쿠츠크파의 여운형과 안창호의 서북파. 그리고 남만주 통의부 중앙간부 김동삼, 여준, 이탁, 이진산은 이승만 퇴진을 전제로 임시정부를 새롭게 개조하려고 노력했다. 김동삼은 국민대표회의 당시 의장을 맡아 이승만 불신임을 전제로 행동했던 개조파의 대표적인 인물이었다.

강대국에 대해 독립을 구걸, 청원하는 것도 모자라 이승만은 명예욕에 사로잡혀 자신을 호칭할 때 'president'를 고집했다. 이승만의 독선적 행태는 분명 상해 임정의 분열과 갈등에 심대한 요인으로 작용하였다. 거기다 복벽주의, 공화주의, 사회주의, 아나키즘으로 독립운동 이념상 분열과 함께 사회주의 계열 내의 고려공산당 이르쿠츠크파와 상해파 간 갈등은 자유시 참변뿐만 아니라 국민대표회의 결렬에 결정적 요인으로 작용하였다.

1919년 3·1혁명은 일본 제국주의의 잔혹한 탄압과 학살로 참담한 결과를 낳았다. 그 3·1혁명의 뜨거운 열기와 참담한 희생을 딛고 들어선 통합임시정부가 상해 임시정부였다. 그러나 상해 임정은 전 민족적 염원인 민족해방에 대한 비전과 항일독립운동의 통일된 전략을 보여주질 못하고 분열과 갈등을 드러냈다. 항일독립운동 전선에서 통일된 방략을 제시하고 여타 독립운동단체를 이끌어 갈 만한 지도 역량을 전혀 보여주지 못한 것이다.

그러던 와중에 1919년 11월~1920년 9월 기간에 이동휘 국무총리 내각에서 국무원 비서장[6]을 역임하며 국제정세에 식견을 통해 능동적으로 대처했던 김립이 1922년 2월 상해 거리에서 피살된다. 경무국장 김구가 보낸 상해 임정 경무국 소속 비밀 경호원 노종균, 오면직에 의해

---

6. 국무원 비서장은 차관급으로 외무차장, 내무차장, 법무차장, 재무차장, 군무차장 등 각부 차장(차관)회의를 주재하는 위치이자 상해 임정의 실질적 업무인 인사와 재무를 통괄했던 지위였다.

머리와 가슴 등에 12발을 맞고 현장에서 즉사한다. 김립은 1차 세계대전 직후 조성된 파리강화회의가 미·영·프 제국주의 열강들의 식민지 이권 다툼이라는 본질을 꿰뚫었던 이론가였다.

김립은 파리강화회의와 윌슨의 민족자결주의가 허구임을 일찍이 간파하고 식민지 약소민족 해방운동을 약속한 레닌의 소비에트 혁명정부와 외교관계를 맺고자 노력했다. 소비에트 혁명정부로부터 상해 임시정부를 인정받고 독립운동자금 200만 루블의 지원을 약속하게끔 한 인물이 바로 김립이다. 그러나 김립은 1922년 2월 백범 김구에 의해 '독립운동자금을 유용한 파렴치범'으로 피살되었고 이 사건 직후 상해 주재 일본 총영사관은 일제 외무대신 앞으로 「공산당 수령 김립 살해에 관한 건」이라는 기밀문서를 타전했다.[7] 그만큼 일본 제국주의 당국은 김립을 '공산당 수령'[8]으로 그리고 배일흥한(排日興韓)의 요주의 거물로 온 신경을 곤두세웠었다.

1922년 2월 김립 피살 이후 항일독립운동가들 사이에 상해 임시정부 조직과 진로를 놓고 국민대표회의 소집에 대한 요구가 들끓었다. 여운형, 안창호 역시 국민대표회의 소집을 촉구하는 연설을 주도했다. 그 결과 1923년 1월부터 6월까지 국민대표회의는 70여 회 넘게 개최되었고 조선, 만주, 중국, 러시아 연해주, 북미주 등지에서 항일독립운동을 전개했던 독립운동단체 대표자 4백 명이 각 지역과 단체의 대표성을 띠고 상해로 집결했다.

따라서 국민대표회의는 향후 항일독립운동 역량을 임시정부로 총집결시킬 수 있는 절체절명의 회의였다. 그 결과에 따라 상해 임정의 위

7.『不逞團關係 雜件-朝鮮人의 部-鮮人과 過激派2』. 機密 제49호. 1922. 2. 14.
8.『不逞團關係 雜件-朝鮮人의 部-鮮人과 過激派2』. 機密 제58호. 1922. 2. 17.

상 또한 3·1혁명 당시 조선 민중이 흘린 핏값에 상응하는 위대한 지위를 회복할 수 있었다. 그러나 1923년 상반기 내내 상해 임정 조직 개편을 두고 국민대표회의는 개조파와 창조파로 분열되어 논쟁과 갈등으로 세월을 허송했다. 조선 민족 전체의 독립운동단체를 대표하는 가장 규모가 큰 최초의 회의이자 마지막 회의였지만 분열과 갈등만 낳은 채 무산되었다.

당시 수백 명이나 되는 항일독립운동단체 대표들이 6개월 동안 묵었던 숙식비는 모두 김립이 주도해 러시아 혁명정부로부터 들여온 독립운동 자금으로 충당했다. 하지만 민족주의자든 사회주의자든 개조파와 창조파[9]로 양분된 채 접점을 찾지 못했다. 그러자 백범 김구, 이시영, 조소앙 등 임정 고수파가 그 틈을 비집고 주도권을 장악한다.

쇠락해져 가는 상해 임시정부의 분열된 모습만큼 1920년대 초 남만주 항일독립운동단체 역시 이념적으로 복벽주의와 공화주의 간의 갈등이 존재했다. 남만주 항일독립운동단체는 1911년 이회영, 이상룡, 김동삼이 건설한 준정부적 자치기구 '경학사'와 독립무관 양성기관인 '신흥무관학교', '백서농장'으로부터 시작한다. 1911년 류하현 신한촌에 건설된 독립군 기지 자치행정기구인 '경학사'는 1년 만에 해체되고 '부민단'으로 계승된다. '부민단'은 1919년 4월 '한족회'로 이어지고 '한족회'는 1919년 11월 임시정부 산하로 편입됐다. 김동삼이 주도한 '백서농장'은 신흥중학교 1~4회 졸업생들이 주축이 되었는데 1919년 5월 '한족회'와 함께 '서로군정서'로 개칭된다. '서로군정서'는 차츰 무장투쟁 우선주의로 방향을 전환하였다.[10]

___

9. 당시 임정을 고쳐서 다시 쓰자는 주장의 파와 임정을 허물어뜨리고 새로이 임시정부를 다시 세우자는 창조파가 대립했다.

'서로군정서'는 1920년대 초 대한독립단(전덕원, 채상덕), 한족회(김동삼), 보합단, 광한단 등 기존 항일조직을 해체하고 남만주 항일독립운동단체를 통합해 1922년 6월 환인현에서 대동단결을 표방한 통합운동단체 '대한통군부'를 창설했다.[11] '통군부'는 1922년 8월 23일 환인현 마권자에서 대한광복군총영, 대한정의군영, 평안북도독판부, 대한광복군영 등 8개 단체 71명이 참가한 '남만한족통일회의'를 개최했다. 수일에 걸친 회의를 통해 김승만을 회장으로 하는 '통의부'로 명칭을 바꾸고 조직을 확대했다.[12] '통의부'는 무력투쟁과 자치행정을 겸하는 남만주지역의 군정부(軍政府) 성격으로 거듭났다.

그러나 '통의부' 역시 복벽주의와 공화주의 간 이념 갈등과 조직 인선에 불만을 품은 복벽주의자들이 이탈하면서[13] 항일독립운동 전선에서 통일 대오를 형성하지 못했다. 또한 1920년대 초 통의부-참의부-정의부 분열에는 무엇보다 상해 임시정부와 연계되어 분열과 통합이 진행된 탓도 있다. 먼저 복벽주의 항일독립지사들이 '통의부'를 이탈하는 과정에서 양기탁으로 대표되는 공화적 민주주의 계열과 전덕원으로 대표되는 복벽적 민족주의 계열 간 불화와 갈등이 폭발했다.

비극이 발생한 시기는 1922년 10월 14일 야심한 밤이었다. 사건은 이념 갈등과 조직 인선에서 소외된 전덕원, 채상덕 등 복벽주의자의 선

10. 유병호(1992). 「1920년 중기 남만주에서 자치와 공화정체-정의부와 참의부의 항일근거지를 중심으로」. 『역사비평』 1992. 5. 251쪽.
11. 대한통군부 창설 시기는 연구자마다 조금씩 다르다. 1921년(최형자), 1922년 1월(조선총독부 경무국), 1922년 2월(독립운동사편찬위원회), 1922년 봄(독립신문, 윤대원), 1922년 6월(윤병석), 1922년 8월(채근식).
12. 윤대원(2013). 「참의부의 개정과 상해임시정부」. 『한국독립운동사연구』 제44집. 122쪽.
13. 김병기(2005). 『참의부 연구』. 단국대 박사 논문. 30쪽.

제공격으로 시작되었다. 복벽적 민족주의 계열 항일독립지사들이 대한 독립단 단원 20여 명을 이끌고 통의부 선전국장 김창의를 살해하고 양기탁, 현정경 등 통의부 선배 간부들을 구타, 감금한 사건이 발생했다.[14] 복벽주의자 전덕원(의군부 군사부장)을 위시하여 박장호(의군부 총재), 채상덕(의군부 부총재), 오석영(사령장), 김유성(정무부장), 박일초(대대장), 김평식 등은 1923년 2월 환인현 대황구에서 새롭게 '의군부'를 조직했다. '의군부'의 주력은 통의부 제4중대 병력으로 전덕원이 장악한 의용군 부대였다. 전덕원은 유림의병장 유인석의 문하생으로 대한제국의 황실에 충성하려는 인물로 항상 상투를 틀고 의병대원증을 소지하고 다녔던 인물이다.[15] '통의부'에서 이탈한 전덕원의 '의군부'는 공화정체 '민국'을 부정하고 황제 연호인 '융희'를 사용했다. 복벽주의 전통을 계승한 탓이다.[16]

김동삼 등 통의부 지도부는 분열 초기에 통의부에서 이탈한 복벽주의자 전덕원의 '의군부'를 대상으로 다시 통합을 추구했다. 그들은 재통합을 추진하기 위하여 전덕원과 제일 친한 이천민(통의부 군사부장)을 내세워 화해를 시도했다.[17] 그러나 통합 노력에 대한 성과가 없자 지도부는 3일간 열린 통의부 지방대표자회의의 결정에 따랐다. 지방대표자들은 전덕원 등이 일으킨 김창의 살해사건은 도저히 용납할 수 없는 '반역행위'라고 보았다. 이후 통의부 지도부는 전덕원 등 '의군부' 이탈세력을 '반역자'로 규정하고 적극적인 토벌정책을 진행한다.

---

14. 『독립신문』 1922. 11. 8.
15. 박환(2004). 앞의 책. 77쪽.
16. 『독립신문』 1923. 5. 2.
17. 박환(2004). 앞의 책. 82쪽.

1922년 10월 사건 이후, 공화주의 계열 통의부 지도부는 전덕원을 제거하기 위해 12월 의군부와 전투를 벌였지만 패배했다. 그러자 지도부는 1923년 1월 군사부장 이천민 지휘하에 120명의 무장병력으로 반격했다. 그러나 전덕원의 의군부 병력은 3,000명을 넘어서며 그 세력이 더욱 커져 오히려 통의부 본부 소재지인 마권자까지 위협했다. 심지어 의군부는 유격활동을 통한 국내진공작전을 수행해 평안북도 의주군 청성진의 주재소를 습격하여 일본 순사부장 우치다(內田能孝)를 사살하고 면사무소와 세관을 깡그리 불태우는 등 혁혁한 전과를 올렸다.

그러나 의군부의 항일유격대 투쟁은 빛나는 전과에도 불구하고 참담한 결과를 낳고 말았다. 국내진공작전을 마치고 의군부 본대로 귀대하던 도중 통의부 김석하 부대의 공격으로 의군부 유격대장 이경일은 살해되고 군자금과 노획한 무기를 탈취당한 것이다.[18] 동족 간 그것도 항일독립군들 사이에 벌어진 비극적인 유혈상잔이다.

이처럼 '통의부'와 '의군부'의 유혈 충돌이 계속되는 가운데 당시 중립을 지키고 있던 통의부 무장부대 일부가 1923년 8월 '통의부'를 이탈하여 새로운 항일독립운동단체 '참의부'를 조직했다. 참의부 조직 건설에서 선두주자는 통의부 의용군 제1중대장 백광운이었다. 백광운은 서로군정서 출신으로 본래 복벽주의자였지만 통의부와 의군부 충돌 과정에서는 중립을 지켰다. 나아가 통의부와 의군부 간 대립과 갈등을 해소하고자 노력했던 인물이다.

백광운의 참의부 건설의 배경은 상해 임시정부와 관련이 깊다. 상해 임시정부 학무차장이자 임정 기관지 『독립신문』 사장이던 김승학은 통

---

18. 박환(2004). 앞의 책. 78~79쪽 참고.

의부 분열과 갈등이 진행되던 와중에 제1중대장 백광운과 제3중대장 박응백에게 선을 대었다. 그리고 김승학의 요청으로 1923년 12월 2일 백광운과 김원상을 만주에서 상해로 불러들인 것이다.[19]

김승학과 만난 뒤 남만주로 돌아온 백광운은 자신이 지휘하던 통의부 1중대 병력과 제2중대 대한독립단의 이웅해파, 제3중대 천마산대 병력 그리고 유격대와 독립소대를 통의부에서 분리하여 '참의부'를 건설한다. 1923년 8월 '참의부' 창립 전인 4월에 백광운은 '남만군인대표' 명의의 「선언서」와 통의부에서 이탈한 조직의 대표로 구성된 '육군군사회의' 명의로 「남만군민에게 경고」를 동시에 공표했다. 「선언서」에선 참의부가 상해 임시정부의 직할부대임을 천명했고 「경고」에서는 동족상잔을 일삼는 통의부를 '야욕의 소굴'로 비난했다.[20]

1923년 4월 「선언서」 공표 이후 통의부 제5중대(중대장 김명봉) 역시 임시정부 군무부 소속에 동의하며 통의부를 탈퇴, 참의부에 합류했다. 참의부는 1923년 6월 24일 소속된 조직의 대표가 참석한 '육군장교회의'에서 참의부 조직을 결성했다. 그리고 그 사실을 상해 임시정부에 알리자 상해 임정은 1923년 6월 26일자로 임시정부 군무부 산하 육군으로 참의부를 승인했다.[21]

참의부는 1923년 국민대표회의 직후 유일하게 상해 임시정부를 지지했던 독립운동단체였다. 참의부 본래 명칭도 '대한민국 임시정부 육군주만 참의부'였다.[22] 그러나 이후에도 항일독립운동가들 사이에 벌어진

---

19. 윤대원(2013). 앞의 논문. 142쪽.
20. 윤대원(2013). 앞의 논문. 124쪽.
21. 윤대원(2013). 앞의 논문. 126쪽.
22. 윤대원(2013). 앞의 논문. 120쪽.

살육전은 멈추질 않았고 비극은 재생산되었다. 먼저 통의부 무장부대가 통의부에서 뒤늦게 이탈한 통의부 제5중대장 김명봉을 1923년 8월 반역자로 처형했다. 그리고 통의부 제6중대장 문학빈은 한 달 뒤 9월에 참의부 조직을 실질적으로 이끌었던 백광운(채찬)마저 살해했다.

국민대표회의 당시 통의부는 위임통치를 주장한 이승만을 배격하고 임시정부를 고쳐서 다시 쓰자는 개조파에 속했다. 그러나 국민대표회의가 성과 없이 무산되자 통의부는 상해 임시정부가 자격이 없다며 그 존재를 부정했다.[23] 따라서 임시정부를 지지하며 임정 산하 육군으로 자리매김한 참의부와 임시정부를 부인했던 통의부의 충돌은 독립운동 전선의 분열 속에서 예견된 참사였을지도 모른다. 항일독립운동 전선이 분열되는 것과 통의부-참의부 분열은 관련이 매우 깊기 때문이다.

실제로 국민대표회의가 결렬되고 이후 임시정부 개조파가 권력을 장악한 뒤에는 이승만 탄핵과 함께 정부조직을 내각책임제로 개편했다. 그리고 정의부 이상룡을 초대 국무령으로 추대했다. 그 후, 통의부를 계승한 정의부, 신민부, 참의부를 대표하는 인물들로 국무위원으로 임명했지만 정의부 김동삼, 오동진, 이탁, 신민부 김좌진은 국무원 참여를 거부했다. 특히 임시정부 참여를 두고 정의부 내 중앙행정위원회와 중앙의회의 분열은 심각했다. 결과적으로 정의부 출신 이상룡조차 정치력을 발휘하지 못한 채 국무령을 사임할 정도로 당시 임시정부는 사분오열된 상태였다.

이후 통의부와 참의부는 남만주 한인사회에서 항일독립운동단체로서 주도적인 지위를 차지하기 위해 상호 비방전을 전개하였다. 통의부

---

23. 윤대원(2013). 앞의 논문. 128쪽.

는 참의부를 향해 '광복대업의 반역자'로 비난했고 참의부는 통의부를 향해 상해 임정을 부인, 파괴하는 '국적'으로 비난했다.[24] 백광운은 매달 김승학이 운영하던 '독립신문사'에 거금을 찬조하였고 『독립신문』은 이에 호응해 통의부를 비난하는 기사와 성토문을 실었다.[25]

남만주지역 독립운동단체가 통의부-참의부로 분열되자 통의부는 결성 당시 참여하지 않았던 남만주 일대 여타 독립운동단체들을 규합해 1924년 10월 통합회의를 개최했다. 통합회의에서 항일독립운동단체 대표들은 새롭게 통합된 군정부 성격의 '정의부(正義府)'를 1924년 11월 24일 출범시켰다.[26] 정의부는 출범 직전 통의부를 비난했던 상해 『독립신문』 기사[27]를 반박하면서 『독립신문』 구독을 금지했다. 그러자 『독립신문』 사장 김승학은 1924년 11월 29일자 『독립신문』 178호 1면에 사임한다는 특별광고를 게재했다.[28]

참의부는 1925년 1월 15일 '진동도독부'로 명칭을 바꿨다. 그러나 진동도독부로 개칭한 지 한 달이 조금 지난 1925년 2월 27일 고마령 전투에서 제2대 참의장 최석순과 주요 간부들이 전사하는 참변을 겪었다. 집안현 고마령 산중에서 군사작전회의를 개최하다 평안북도 초산

---

24. 「機密 第143號 大正 13年 12月 21日 統義府離反軍隊의 統義府聲討文에 關한 件」. 『在滿洲의 部(40)』. 윤대원(2013). 앞의 논문. 129쪽에서 재인용.

25. 조준희(2016). 『만주 무장투쟁의 맹장 김승학』. 한국독립운동사 연구소. 역사공간. 102쪽.

26. 채영국(1995). 「正義府의 지방조직과 對民정책」. 『한국독립운동사연구』 제9집. 231쪽.

27. 통의부를 비난한 1924년 10월 4일자 『독립신문』의 기사는 「남만 통의부는 연래 동족 전쟁을 專業으로 하는가」, 「통의부 제군이여 군들이 만약 倭腸으로 변했다면」, 「임시정부를 독립운동의 적대기관으로 제군은 思하는가」이다. 윤대원(2013). 앞의 논문. 129쪽에서 재인용.

28. 조준희(2016). 앞의 책. 105~108쪽.

경찰서 소속 일제 경찰의 습격으로 일방적으로 당한 것이다. 군사회의에 참가한 60명의 간부 가운데 42명이 제대로 대응 사격도 못하고 피살되는 참변이었다. 참의장을 포함해 42명이 피살되고 3명이 붙잡히고 15~16명 정도의 대원만 간신히 피신해 목숨을 부지했다.[29]

1925년 2월 고마령 참변은 통의부(정의부)와 참의부 간 정전 평화회의를 여는 계기로 작용했다. 1925년 3월 19일 정의부 중대장 문학빈과 참의부 제2사령장 심용준은 그간의 반목과 대립을 즉시 중단할 것을 다짐하며 정전협정에 서명했다. 정전협정 후 참의부는 1925년 4월 26일 명칭을 진동도독부에서 '대한임시정부주만독판부(大韓臨時政府駐滿督辦府)'로 개칭하였다가 6월 26일 다시 원래 명칭인 참의부로 개칭하였다. 1924년 6월 26일 참의부 출범 이후 1년 사이에 진동도독부(1925. 1)-독판부(1925. 4)-참의부(1925. 6)로 세 번이나 명칭이 바뀐 것이다.

참의부가 고마령 전투에서 크나큰 전력 손실을 입은 지 한 달 뒤인 1925년 3월 북만주에서는 러시아에서 돌아온 독립군 부대를 통합해 김좌진의 신민부가 결성되었다. 그리하여 참의부-정의부-신민부 3부가 바야흐로 만주 항일독립운동의 흐름을 주도하였다. 따라서 1920년대 독립운동 정치지형은 참의부(1923)-정의부(1924)-신민부(1925)의 순으로 개편되었다. 이들 3부는 군정부 성격으로 민정조직과 군정조직을 아울렀다. 즉, 관할지역에 대해 자치행정을 수립하고 독립군을 훈련하고 국내진공작전을 감행하는 등 무장투쟁도 병행했다.

참의부-정의부-신민부 3부는 각기 지방대표대회를 통해 남·북만주

---

29. 윤대원(2013). 앞의 논문. 133쪽

동포사회를 대표하는 임원을 선출했으며 입법부-사법부-행정부를 두어 공화주의 자치정부를 지향했다. 자체 관할구역 동포사회를 대상으로 세금을 징수하고 징집을 통해 독립군을 훈련했다. 참의부-정의부-신민부 3부가 과거 무장투쟁 중심에서 관할지역 내 자치행정을 중요시하는 전략으로 방향을 전환한 것이다. 이러한 항일독립투쟁 전략의 전환은 일제 식민통치가 갈수록 강대해져 가는 현실에서 장기적인 전망 하에 남·북만주 한인사회에 인적·물적 기반을 견고하게 다지는 방편이었다.

군정부로서 3부는 공화주의 이념을 추구한 자치정부로 그 기능을 실천하고자 애썼다. 그래서 남·북만주 한인사회 동포들을 보호하고 생계를 유지하며 이주민의 생활 향상을 도모하는 데 주력하였다. 참의부 관할구역은 집안현을 중심으로 무송현, 장백현, 안도현, 통화현, 류하현 등 압록강 접안지역이었으나 점차 집안현, 환인현, 임강현 중심으로 관할지역이 바뀌었다. 반면에 남만주 일대에서 가장 세력을 떨쳤던 정의부는 하얼빈, 액목현, 북간도 이남 남만주 전체를 관할구역으로 삼았다.

실제로 정의부는 1924년 성립 초기 8개 현에서 1926년 말경엔 27개 현으로 관할구역이 크게 확대되었다. 이전 통의부 중앙조직과 지방조직을 이어받은 탓에 급속히 확장할 수 있었다. 1926년부터 1919년까지 남·북만주 한인 인구는 50만 명에서 70만 명으로 추정해 볼 수 있고 그 가운데 정의부 관할 한인 인구는 76,810명 정도[30]로 추산된다.[31]

---

30. 이 시기의 인구조사는 '조선일보, 일본영사관 자료, 만선일보, 남만주철도주식회사 등 조사기관에 따라 인구수에 차이가 있다.
31. 채영국(1995). 앞의 논문. 234~237쪽.

특히 주목할 것은 관할구역 내에서 초중등학교를 직접 세워 국어를 가장 중요과목으로 하여 역사, 지리 등 민족교육을 실현한 것이다. 1920년대 후반까지 정의부가 주관한 학교만도 최소한 22개교였고 교원 33명, 학생 수 883명이었다. 참의부는 학교 수 2개, 학생 수 49명, 신민부는 학교 수 10개, 학생 수 288명이었다.[32] 이들 민족학교를 통해 독립군을 지속적으로 길러내 배출하고자 하였다. 실제로 교사와 학생들은 독립군처럼 항일독립투쟁에 앞장섰다. 초등교육은 의무교육으로 하였고 세금 성격으로 의무금을 가구당 연간 6~7원 정도를 거뒀다. 만주로 이주한 동포들 절대다수가 소작농으로 궁핍한 처지이었음에도 항일독립투쟁에 대한 동포사회의 지지와 열정은 든든한 기반이 되었다.

참의부-정의부-신민부 3부는 민족유일당운동의 흐름에 맞춰 1928년 5월 정의부 김동삼이 주도해 3부 통합을 추진했으나 실패했다. 이후 정의부 현익철, 고활신, 참의부 심용준, 신민부 민정위원회가 통합해 국민부(남만주)를 1929년 4월 조직했다. 반면에 정의부 김동삼, 지청천과 참의부 김승학, 신민부 김좌진 등 군정위원회는 통합해 1928년 5월 혁신의회(북만주)를 결성했다.

그 후, 국민부는 조선혁명당을 결성하여 민정 조직으로서 자치행정에 전념했고 군사조직으로 조선혁명군을 두었다. 반면에 혁신의회는 과도기적 조치였으나 결실을 보지 못한 채, 1년 뒤 해체되었다. 참의부 4대 참의장을 지낸 김승학이 남만주로 떠나고 신민부 군정위원회 측 김좌진은 1929년 아나키스트와 연대해 한족총연합회를 결성했으나 1930년 1월 피살되는 비극을 맞았으며 정의부를 이탈한 김동삼조차 1931

---

32. 채영국(1995). 앞의 논문. 249~250쪽.

년 일경에 피검되었다.

이후 한족총연합회 소속 지청천, 신숙 등이 주도하여 1930년 7월 한국독립당을 결성해 한국독립군을 조직했다. 조선혁명군과 한국독립군은 1930년대 초 남·북만주 항일독립운동을 주도하였다. 조선혁명군 이진탁, 양세봉 장군이 지휘한 영릉가성 전투(1932), 흥경성 전투(1933)와 한국독립군의 지창천, 김창환 장군이 지휘한 쌍성보 전투(1932), 대전자령 전투(1933)가 대표적이다.

이미 살펴보았듯이 1920년대 남만주 정치정세를 규정하는 내적 규정 요인은 국민대표회의(1923) 전후 상해 임시정부의 분열과 갈등이었다. 통의부-참의부 분열은 직간접적으로 임정의 분열에 영향을 받은 결과였다. 이와 달리 1920년대 남만주 정치정세를 규정하는 또 다른 요인이자 외적 규정력으로 삼시협정(三矢協定)[33]과 중국 동북군벌의 탄압을 지적하지 않을 수 없다.

삼시협정은 8개 조항 본문과 12개 조항 시행세칙으로 구성돼 있는데 8개 조항 본문 내용은 만주 일대 항일독립운동가들 단속에 관한 내용이다. 다시 말해 일제의 지시에 따라 만주 일대 군벌들이 항일독립군들을 체포해 일본영사관에 넘긴다는 것이다. 시행세칙에선 이주 한인에 대한 인구조사와 거주증명서 발급 그리고 거주지를 이동할 경우 이주증명서를 통해 이주 한인들을 통제하겠다[34]는 의도를 드러냈다.

---

33. 삼시협정(三矢協定)은 1925년 6월 11일 三矢宮松(朝鮮總督府 警務局長)과 于珍(奉天全省 警務局長)이 맺은 협정으로 본래 명칭은 不逞鮮人の取締方法に關する 朝鮮總督府奉天省間の 協定이다.

34. 「不逞鮮人の取締方法に關する朝鮮總督府奉天省間の協定」,『日本外交年表竝主要文書』下. 原書房. 日本 東京. 1965. 12. 75~76쪽;「불령선인단 正義府의 現勢에 관한 건」,『독립운동사 자료집』 10. 1973. 12. 460~466쪽; 채영국(1995). 앞의 논문. 245~246쪽에서 재인용.

실제로 삼시협정이 체결된 직후 1925년 하반기 만주 봉성현에서 이주 한인에게 요구한 입적비는 奉票(봉표) 35원이었다.[35] 만주로 이주하는 한인들에게 경제적으로 부담을 지워 이주를 제한하고 통제하려는 의도였다.

또 다른 사례로 요령성은 1926년 1월 한인단속규칙을 발표했는데 그 하부기관인 각 현에서도 항일독립운동가를 탄압하는 훈령을 발표했다. 한인은 누구나 예외 없이 중국 복장을 해야 하며 20세 이상 한인은 중국 복장으로 찍은 사진을 현에 제출할 것을 지시했다. 그뿐 아니라 중국인 지주들은 현 내에 조선인 소작농 1만 명에게 일제히 소작료를 인상하였고 소작 기간도 단축해버렸다. 장백현도 마찬가지였다. 만주로 이주하는 경우 조선 국내 일제 경찰서장의 신원증명서를 요구하거나 신원이 확실한 조선인에게조차 면장이나 구장의 보증을 요구하기까지 하였다.

이는 궁극적으로 항일독립운동단체의 인적·물적 기반인 만주 일대 이주 한인들의 생계를 위협함으로써 일제의 불안 요인을 제거하려는 속셈이었다. 나아가 장차 도래할 만주 침략의 명분을 쌓기 위한 일본 제국주의 침략성을 드러낸 협정이었다. 삼시협정 이전에도 일제는 동북 만주 일대에 이주 한인들과 항일독립군들을 탄압하는 정책을 취해 왔다. 그 예로 1920년 6월 봉오동 전투에서 참패한 일본군은 중국인 마적을 매수해 훈춘사건(1920)을 조작했다. 훈춘 주재 일본영사관을 습격하게 하여 일본군의 만주 출병의 구실을 마련하고자 획책한 사건이었다.[36]

---

35. 김주용(2018). 『한국독립운동과 만주—이주·저항·정착의 점이지대』. 경인문화사. 218쪽.

훈춘사건을 계기로 1920년 경신대학살도 일제가 기획한 참상이었다. 동북만주 일대 항일독립군의 인적·물적 기반이 된 이주 한인들을 닥치는 대로 학살하고 한인 마을을 전소시킴으로써 해외 독립군 기지를 파괴하고 궁극적으로 만주 침략의 발판으로 삼고자 했다. 실제로 1920년대 중국 동북군벌과 봉천성군벌들은 일제의 요구에 순응하여 이주 한인에 대한 탄압을 수시로 자행하였다. 이렇듯, 이 시기 만주 전역은 항일독립군들에게 가혹한 정치정세의 발현으로 다가왔다.

그러나 이주 한인들은 수전(水田) 농업에서 탁월한 기술을 보유한 탓에 중국 당국은 이들을 보호하려는 이중정책을 취하기도 하였다.[37] 이 시기에도 이주 한인들은 최선을 다해 황무지를 개간하는 등 자신들의 경제적 토대를 이국땅 만주에서 착실히 구축해 나갔다.

3. 오동진의 항일무장투쟁과 정의부 활동

오동진 장군의 항일무장투쟁은 1920년 대한광복군 총영장 시절로 시작한다. 대한광복군 총영장으로 추대된 오동진 장군은 100명이 넘는 미국 상하의원단 일행이 동양을 시찰하면서 조선에 들른다는 첩보를 입수했다. 그리하여 7월 대한광복군 총영 소속 대원들을 신의주, 평양, 서울 등 3개 지역 결사대로 나누어 조선에 침투, 거사를 계획했다. 3·1혁명이 잔혹하게 진압되었음에도 일제 식민통치에 굴하지 않고 조선

---

36. 채영국(1997). 「1920년대 중후기 中日合同의 在滿韓人 탄압과 대응」. 『한국독립운동사연구』 제11집. 175쪽.
37. 채영국(1995). 앞의 논문. 244~246쪽.

오동진 선생이 총영장으로 활동한 대한
광복군총영의 약장(1920년 7월 1일)
대한광복군총영의 명칭·목적·위치·단원명
등이 수록되어 있다. (출처: 독립기념관)

민중은 여전히 불같이 저항하고 있다는 사실을 세계만방에 알릴 수 있는 절호의 기회였기 때문이다.

대한광복군 총영 결사대는 애초에 권총과 전단 4만 장, 그리고 폭탄을 휴대하고 7월 15일 총영을 출발했다.[38] 총영 결사대는 평안북도 안주에서 검문하던 일경 경부 1명을 사살하고 압록강을 건너 국내로 잠입하는 데 성공했다. 안경신은 평양 지역 결사대로 평양경찰서 폭파를 기도했다. 그러나 억수같이 내리는 빗속에서 폭탄 심지가 비에 젖는 바람에 불발로 끝났다. 황해도 해주에 있는 동양척식회사 지점 폭파도 헌병대 경계가 삼엄하여 실패하였다.

대신 신의주 지역 결사대는 신의주역 철도호텔을 폭파했고 선천 경찰서와 선천 군청을 폭파했다. 조선총독부 폭파를 계획한 서울 지역 결사대는 사전에 발각돼 피검됨으로써 실패로 끝났다. 모두 대한광복군 총영장 오동진 장군이 계획한 거사였음은 두말할 나위가 없다. 오동진 장군과 안경신은 대한청년단연합회 활동 당시 이미 알고 지냈던 사이였다.[39]

안경신은 감리교 신자로 독실한 기독교 정신과 신앙생활을 해온 집안[40]에서 생활했다. 3·1혁명 이후 안경신은 감리교가 주축인 '대한애국

38. 이윤옥(2018). 『여성독립운동가 300인 인물사전』. 얼레빗 출판사. 179쪽.
39. 신영란(2019). 『지워지고 잊혀진 여성독립군 열전』. 초록비. 66~67쪽.

부인회' 조직에 가입하여 군자금 업무 등 재무부 일을 도맡았다. 그러나 '대한애국부인회' 조직이 드러나면서 안경신은 일경에 쫓기듯이 만주로 망명을 단행했다. 망명 이후 안경신은 오동진 장군의 '대한청년단연합회'에 가입했고 '대한광복군 총영' 제2대로 편입하였다. 이후 평양 지역 결사대에 지원하였다.

안경신 의사
오동진 장군이 세운 대한광복군 총영 소속 결사대원으로 그리고 임신부의 몸으로 평안남도 도청에 폭탄을 던져 일제를 무력으로 응징했던 여장부 안경신 의사. (출처: 국가보훈처)

안경신이 1920년 8월 평안남도 도청을 폭파하고 일경 2명을 폭살시킨 투탄 사건도 오동진 장군과 관련이 매우 깊다. 대한광복군 총영장 오동진 장군이 보낸 결사대원 중 한 사람이 안경신이었기 때문이다. 안경신은 만삭의 몸으로 치마에 폭탄을 숨긴 채 국내로 잠입, 1920년 8월 1일 평양에 도착했다. 그리고 8월 3일 밤 9시 50분경, 평안남도 도청에 폭탄을 던져 옆 경찰서 건물까지 동시에 파괴하여 평양 시내를 일순간 충격에 빠트렸다.

이 사건으로 안경신 등 결사대원 대부분이 피검돼 재판을 받았는데 오동진 장군은 궐석재판에서 징역 10년을 선고받았다. 이후 오동진 장군은 식민지 경찰의 추적에도 불구하고 대원들을 이끌고 국경지역 주

---

40. 이현희(2018) 『한국여성독립운동가』. 국학자료원. 120쪽.

재소와 면사무소를 습격했다. 그리고 친일 밀정을 처단하며 항일무장투쟁을 줄기차게 펼쳐나갔다. 일제 밀정이자 뤼순조선인회 서기인 친일파 정갑주 처단 지시나 이토 히로부미 수양녀이자 친일매국노인 배정자 암살 지령 등이 오동진 장군이 계획한 대표적인 사례들이다.

당시 대한광복군 총영이 일제와 치른 전투 상황을 보면 그 치열함을 엿볼 수 있다. 1921년 6월 26일 광복군 총영 오동진 장군 일행은 관전현 누하 산중에서 일경과 교전했다. 그런가 하면 압록강을 건너 국내로 진공작전을 펼치기도 했다. 광복군 총영은 벽동경찰서 삼서주재소, 삭주군 순사주재소, 학회주재소, 후창군 동흥주재소, 무산군 장삼주재소를 습격하였다. 그리고 식민통치의 전위기관인 삭주군 관회면사무소, 소귀면사무소, 초산군 영림창 사무소를 파괴했고 친일관리인 후창군수와 자성군수를 처단했으며 문학빈, 공주선, 이능학을 평안북도 벽동군에 파견하여 군자금을 모집하였다.[41]

1922년 오동진 장군은 양기탁, 김동삼과 함께 서로군정서를 중심으로 남만주 항일독립운동단체가 통합된 '대한통군부'를 결성하였고 두 달 후 통의부로 확대, 발전시켰다. 오동진 장군은 군정부 성격인 통의부에서 교통부장, 재무부장, 민사부장을 담당했다. 1924년에는 통의부 군사부장 겸 사령장이 되어 무장투쟁을 지휘하였다. 그리하여 남만주에 이주한 한인들의 정착과 생활을 보호하고 민족반역자들이 세운 일본민회, 보민회, 일진회를 파괴하는 데 물불을 가리지 않았다.

대표적인 국내진공작전으로 평안북도 초산경찰서 추목주재소와 외연주재소를 습격한 사건과 벽동경찰서의 여해주재소와 차련관주재소

---

41. 박환(2004). 앞의 책. 65쪽.

를 공격한 전투를 들 수 있다. 특히 1925년 3월 19일 초산경찰서 습격 사건은 한 달 전 고마령 전투 당시 일경에 의해 독립군 간부들이 피살된 사건에 대한 복수전이었다. 정의부 제8중대장 김석하는 초산경찰서 추목주재소를 습격하였고 제6중대 3소대장 김정호는 외연주재소를 공격하였다. 제6중대장 정이형은 압록강을 건너 벽동경찰서 여해주재소를 습격해 경찰 3명을 사살하고 경찰주재소를 전소시켰다.

정의부는 중앙행정위원회에 군사부를 두었는데 오동진 장군이 군사위원장이고 정이형, 문학빈, 양세봉 등 주로 평안도 출신들이 소대장과 중대장 역할을 수행했다. 그들의 활동은[42] 독립운동 군자금 모금활동과 친일주구와 친일부호 처단, 그리고 독립운동 선전공작활동, 일본인 관리 사살과 적의 기관에 대한 방화공작이 주된 임무였다.[43]

오동진 장군이 1920년대 대한광복군 총영과 통의부-정의부 시절 보여준 항일무장투쟁의 빛나는 역사는 일제수뇌부들의 간담을 서늘하게 만든 투쟁으로, 그는 일제 총독부 고위관료들에게 눈엣가시가 되었다. 따라서 일제 식민당국은 10만 원이라는 거액의 현상금[44]을 걸어 놓고 오동진 장군을 끈질기게 추적하였다.

1926년 4월 오동진 장군은 정의부 양기탁, 현정경, 고활신, 정이형과 함께 정의부를 주축으로 민족유일당운동의 일환으로 고려혁명당을 창

---

42. 오동진 장군이 이끈 국내진공작전은 국경 일대 일제 식민당국을 한순간 혼란에 빠트리기에 충분했다. 식민통치의 첨병 일제 경찰을 사살하고 일제 식민통치의 전위기관인 관공서를 파괴했다. 그리고 어김없이 친일 주구배와 밀정들을 처단했다. 그것은 정의부 활동 가운데 일상적인 임무였다. 1920년대 오동진 장군은 국내진공작전을 통해 일경과 수백 차례 교전을 벌였고 관공서 143개소를 불태우거나 파괴했으며 일경과 관공리, 밀정, 친일부호 등 914명을 처단했다.
43. 채근식(1949). 『무장독립운동비사』. 대한민국 공보처. 137~138쪽.
44. 최범산(2019). 「이놈들! 하늘이 무섭지 않느냐」. 『백년편지』. 대한민국 임시정부기념사업회. 242쪽.

건했다. 천도교 혁신파 김봉국, 이동락과 형평사 운동의 이동구, 송헌, 그리고 시베리아에서 온 공산주의자 주진수, 최소수, 이규풍과 함께 1,500명 당원을 거느린 고려혁명당을 결성했다.

오동진 장군은 정의부 군사위원장이자 고려혁명당 군사위원장으로 맹활약을 하였으나 1926년 12월 고려혁명당 위원 이동락이 체포되면서 고려혁명당 관련자 명단이 노출되었다. 이후 그 당의 핵심 간부들 20여 명이 일제에 차례차례 피검되었고 오동진 장군 역시 1927년 12월, 일제의 간교한 계략으로 체포되었다. 오동진 장군이 일경에 피검되면서 고려혁명당은 그 세력이 크게 약화되어 해체 수순을 밟았다. 정의부 역시 세력이 약화되면서 3부 통합운동으로 위기를 돌파하려고 노력하였다.

오동진 장군이 일제의 계략에 말려든 것은 남만주 한인사회 내 이주 한인들의 정착과 생활개선 그리고 민정활동과 관련이 깊다. 정의부는 성립 초기 하얼빈 이남 길림성과 봉천성을 관할구역으로 하여 17,000여 가구, 87,000여 명에 이르는 이주 한인들을 기반으로 활동하였다. 오동진 장군을 비롯한 정의부 지도부는 무장투쟁과 함께 한인사회 경제활동과 교육활동에도 주력하여 이주 한인들이 생활하는 마을마다 소학교를 세워 의무교육을 시행했다. 류하현 삼원보에 동명중학과 길림성 화전현에 화성의숙을, 그리고 흥경현 왕청문에 화흥중학, 삼성중학을 세워 혁명 인재 양성과 함께 독립군 무관을 배양했다. 그리고 정의부 군 장교들 가운데 일부를 선발해 광동 황포군관학교 등 중국 무관학교에 유능한 인재들을 파견 형식으로 유학을 보내기도 하였다. 그 밖에도 야학과 강습소를 운영하고 1926년에 『대동민보(大同民報)』와 『전우(戰友)』를 발간하여 한인사회 민족의식을 고양하는 데 진력하였다.

일본 제국주의에 대한 독립전쟁이 지구전의 성격을 띠고 장기적인 전망을 요구받자 정의부는 남만주 한인사회의 경제적 기반을 확고히 하고 항일독립운동의 역량을 드높이고자 했다. 그리하여 정의부는 안창호의 제안을 받아들여 '농민호조사' 사업을 실천했다. 오동진, 양기탁, 김동삼 등 정의부 중앙행정위원들이 '농민호조사' 사업 발기인으로 참여하여 한인사회 농민 생활을 향상하고 생활 안정을 도모한 것으로, 근대 농법의 도입과 근대 교육의 실현, 그리고 산업을 장려하여 한인사회에 새로운 농촌 모델을 뿌리내리고자 하였다.

농업과 상업 활동을 발전시켜 이주 한인의 생활기반을 튼튼히 다지는 것은 장기전에 대비하는 것이자 항일독립운동단체의 기반을 확고히 구축하는 것이기도 했다. 먼저 농업 문제 해결을 위해 중국 군벌당국과 교섭을 벌여 황무지와 정전을 공동으로 사들여 신안촌(新安村)농장, 삼일(三一)농장을 경영했다. 나아가 농민 생활 안정을 위해 농민조합과 농업공사를 조직하고 농기구 대여와 공농금(公農金) 대여를 시행했다. 또한 합자(合資)에 기초한 공동사업으로 흥업실사(興業實社)를 설립하는 등 식산흥업정책을 단행했다.[45]

그러나 이러한 노력에도 불구하고 생활안정자금과 독립군 군자금은 항상 부족했다. 그리하여 오동진 장군은 평안북도 금광개발로 친일부호가 된 최창학에게 독립자금을 지원받을 수 있다는 제안을 받았다. 김종원이 "삼성금광업주 최창학이 독립자금과 관련하여 선생을 만나뵙고 싶어 한다"는 거짓 제안을 흘린 것이다. 물론 일제의 음흉한 계략

---

45. 국사편찬위원회. 한국독립운동사 4.

이었음은 두말할 필요가 없었다. 오동진 장군은 자신이 한때 거느렸던 부하이자 항일독립운동 동지였던 김종원을 신임했고 그 제안을 받아들었다. 그러나 이미 김종원은 일제의 첩자로 변절해 있었다.

오동진 장군은 주변 참모들의 만류에도 불구하고 친일주구배 김종원을 만나기 위해 1927년 12월 16일 약속 장소인 장춘역 부근 신음하로 향했다. 그러나 기차를 타고 약속 장소로 향하던 오동진 장군은 계략에 말려든 걸 눈치채고 장춘시 길림-장춘선(吉長線) 흥도진역에서 내렸다. 그러나 오동진 장군을 기다린 것은 밀정 김종원이 아니라 악질 친일경찰 김덕기와 신의주 형사대였다.

김덕기는 최연, 김태석, 노덕술, 하판락 이상으로 항일독립지사들을 총과 고문으로 죽였던 희대의 인물이었다. 김덕기는 한성외국어학교를 졸업한 인물로 39살에 경찰에 투신한 고문의 황제였다. 그는 23년 경찰생활 가운데 무려 16년 동안을 평안북도 경찰부 고등계 주임과 고등과장으로 지냈다. 그가 체포한 항일지사들은 오동진 장군을 비롯해 조봉암, 안창호, 박헌영, 홍증식 등 1,000명이 넘는다. 김덕기가 체포한 항일독립지사들 가운데 10%는 사형을 선고받고 순국했다. 그리고 10%는 오동진 장군처럼 무기징역을, 10%는 10년 이상의 징역형에 처해졌다. 그런 공로로 김덕기는 일제강점기 경찰에게 주어지는 최고 훈장인 경찰공로기장을 받았으며 일제 말기에는 평안북도 산업부장까지 지냈다. 해방 후 반민특위에서 사형선고를 받았지만, 이승만의 방해 공작으로 풀려났다.

4. 맺는말

오동진 장군은 신의주 형무소에서 재판을 거부하며 1929년 11월 11일 33일간의 단식투쟁을 감행했다. 그런가 하면 경성형무소로 이감된 후 1934년 6월 11일부터 48일간 2차 단식투쟁을 또다시 감행했다. 경성형무소 수감 도중 1944년 정신병자로 분류돼 공주형무소로 강제 이감시켰다. 당시 공주형무소는 정신질환자들을 수용한 감옥으로 오동진 장군은 그곳에서 1944년 5월 20일 광복을 1년여 앞두고 순국했다. 33일, 48일 등 두 차례에 걸친 옥중 단식투쟁으로 피폐해진 상태에서 받은 모진 고문으로 옥사한 것이다.

특히 신의주 지방법원에서 일인 판사가 무기징역을 선고할 때 오동진 장군은 판사들을 향해 "이놈 감히 어른 함자를 함부로 부르느냐!"고 호통을 친 뒤 "너희들이 나를 가둘 수는 있어도 굴복시킬 수는 없다. 이놈들! 하늘이 무섭지 않냐! 이놈들! 심판을 받아야 할 네놈들이 나를 심판해? 이놈들 이리 내려와서 내 심판을 받아봐라!"라며 준열히 호통을 쳤다. 그리고 비호처럼 재판장으로 달려들어 멱살을 움켜쥐었다. 이후 오동진 장군은 일체 심문을 거부하며 묵비권을 행사했다. 옥중 법정투쟁에서도 그는 견결하게 비타협적인 투쟁으로 일관했다. 그러자 당시 일인 재판장은 오동진 장군의 변론을 맡은 항일변호사 가인 김병로와 애산 이인을 불러 어떻게 해서라도 공판을 해야겠다며 부탁을 했다고 한다.

7년간의 수형생활로 수척할 대로 수척해진 몸으로 1934년 2차 단식투쟁에 돌입한 오동진 장군의 정신력은 수형생활 중인 수인들로부터도 감탄을 자아낼 정도였다. 특히 옥중 항일투쟁이 거세지자 일제는 오동진 선생을 빛도 들어오지 않는 깜깜한 토굴 속에 100일 동안 가두었다. 그곳은 주먹밥 하나 들어갈 정도의 구멍만 나 있는 징벌방인데 100일이 지난 뒤에 미치지 않고 정정한 모습으로 나오자 일인 간수장조차 '가미사마'라는 호칭을 붙여주었고[46] 일인 간수들 사이에 신(神)으로 불리며 특별대접을 받았다. 특히 일인 형무소장조차 오동진 장군이 나타나면 그 앞에서 예를 갖출 정도였다.

오동진 장군이 일제에 피검된 지 4달이 지나가는 1928년 4월, 정의부 소속 김여연과 최봉복 등 제10중대 대원들은 오동진 장군을 구출하러 국내에 잠입했다가 신의주에서 체포되기도 했다. 넓은 도량과 인품, 그리고 항일독립운동에 대한 헌신과 열정 앞에 정의부 중대장 정이형을 비롯해 조선의 수많은 청년이 오동진 장군을 흠모하며 그분 주위에 몰려들었고 그분이 걸어갔던 항일무장투쟁의 길을 걸어갔다.

실제로 오동진 장군은 일제와 맞설 때는 호랑이 같이 성난 포효로 달려들었지만 평소의 인자한 성품은 주변 사람들을 감화시키기에 충분했다고 한다. 정중한 몸가짐으로 사람을 맞는 오동진 장군의 인품에 압도되어 이인은 이렇게 술회했다.

"내가 목격한 대로 과연 대륙의 천지를 진동케 했고 일제의 간담을 서늘케 한 우리 독립군의 영웅이로구나 하고 내심 감탄했다."

일제강점기 당시 항일독립군들은 배달민족의 자부심이 담긴 천부경

---

46. 박환(2004). 앞의 책. 288쪽.

을 수첩에 필사하고 외우면서 무장투쟁에 임했다고 했다. 홍범도, 여운형 선생처럼 오동진 장군 역시 천부경 구절[47]을 암송했다. 그리고 민족의식을 위해 1911년 광복군 총영과 서로군정서 시절 동지이자 절친인 운초 계연수 선생이 『환단고기』를 최초로 출판할 때 홍범도 장군과 함께 오동진 장군은 선뜻 성금을 건넸다. 일제의 한국사 말살과 왜곡에 맞서 한민족의 우수성과 자긍심을 지키고 독립을 전취하려는 취지였다. 『환단고기』 30부는 출간되자마자 일제 헌병대가 수거령을 내렸다. 그리고 『환단고기』 저자 운초 계연수 선생을 헌병대로 연행해 고문 끝에 사지를 절단하여 압록강에 던져버렸다.

그렇게 강건했지만, 오동진 장군은 1944년 공주형무소로 이감된 지 얼마 지나지 않아 순국했다. 공주형무소는 정신병을 앓고 있는 수인들을 수감한 감옥으로 환경이 더욱 열악했다. 결국 오랜 수감생활과 몇 차례 목숨을 건 단식으로 심신이 쇠약한 상태에서 해방을 1년여 앞두고 눈을 감은 것이다. 오동진 장군은 남쪽에 혈육이 없었고 공주는 더더욱 연고가 없었다. 일제는 오동진 장군을 형무소 인근 야산에 매장했다. 안중근 의사처럼 오동진 장군의 유해가 묻힌 장소를 추정할 뿐 유해를 발굴하지 못하고 있다.

공주시 금성동 공산성 주차장 근처에 오동진 장군을 추모하는 추모비가 서 있을 뿐 해방된 지 75년이 되는 지금까지도 장군의 유해를 찾지 못했다. 참으로 부끄럽고 안타까운 우리 모습이 아닐 수 없다.

---

47. "하늘과 땅의 바른 기운이 배달을 만들었고 천부(天符)를 주니 장수들을 이끌어 주인 되었다. (중략) 인간의 몸을 가탁하여 교화하신 덕은 홍익인간이 되어 널리 이롭게 하고자 한 때문이다"라는 구절이다.

9.

비극으로 생을 마감한
코뮤니스트 항일혁명가를 위한
진혼곡
남과 북에서 모두 버림받은
열혈 항일독립투사 김명시

1. 백마 탄 여장군 '조선의 잔다르크' 김명시

한국 사회 대중의 기억 속에 김명시는 없다. 일부 역사 교사들은 알 겠지만, 아이들을 가르치는 교사들 절대다수는 김명시를 모른다. 『한 국사』 교과서에도 김명시는 전혀 기록되지 않았다. 해방 후 오늘날까지 정규교육에서 소외된 결과, 당연하게도 한국인들 가운데 김명시를 아 는 사람은 극히 소수일 뿐이다. 한겨레, 오마이뉴스, 경남도민일보, 서 울신문, 경남일보, 한국농정신문을 비롯해 몇몇 신문에서 항일독립투 사 김명시를 기사화한 적이 있다. 방송으로는 YTN과 MBC에서 김명 시 장군을 '조선의 잔다르크'로 소개하기도 했다.

그 외에는 여성 독립운동가나 무명의 항일독립지사를 다룬 단행본 책에서 김명시를 한 꼭지씩 다룬 적이 있다. 김성동 작가의 『꽃다발도 무덤도 없는 현대사 아리랑』(녹색평론사, 2010)에서 최초로 김명시를 소 개했고 이어서 안재성 작가의 『잃어버린 한국현대사』(인문서원, 2015)와 정운현 기자의 『조선의 딸, 총을 들다』(인문서원, 2016), 그리고 비교적 최근 출간된 곰밤 작가의 『이 세상에 만약 남자가 없다면-교과서에선 말하지 않는 여성독립운동가 10인의 이야기』(뉴트미디어, 2019) 등에서 이야기한 것이 전부이다.

문제는 역사학계에서조차 김명시에 대한 논문이 한 편도 없다는 사실이다. 김동삼, 김좌진과 함께 항일무장투쟁의 3대 맹장으로 꼽히는 오동진 장군에 대한 논문조차 아직 한 편도 나오지 못한 현실을 생각할 때 코뮤니스트 항일투사에 대한 기대는 어쩌면 사치일지 모른다. 더구나 여성 코뮤니스트 항일투사였으니 더 말할 나위가 있겠는가. 그러나 이 모든 우울한 자화상은 역사 청산이 좌절되어 뒤틀린 한국 현대사를 그대로 반영한 것이다. 의열단 창단 100주년이 지났지만, 아직도 이념에 갇혀 김원봉에 대한 서훈은 이뤄지지 못하고 있다. 대한민국의 현실은 냉혹할 정도로 편파적이다.

'조선의 잔다르크'로 불렸던 김명시 역시 독립운동가의 반열에 오르지 못하고 있다. 어머니를 비롯해 오빠와 남동생 모두 항일독립투사 집안이지만 그 누구도 서훈을 받질 못했다. 이런 것을 보면 어쩌면 한국 사회는 6·25전쟁의 여진 속에 여전히 살아가고 있는지도 모른다. 불안과 공포가 일상이었던 50년대처럼은 아닐지라도 우리의 무의식 밑바닥엔 여전히 불안과 공포가 작동하고 있기 때문이다. 전쟁이 끝난 지 70년이 가까워도 이성의 작동은 어느 지점에서 멈춰버렸다.

그렇다고 계몽이 덜 된 일부 시민들을 탓할 게 아니다. 연구가 부진한 학계를 탓할 것도 아니다. 한국 사회에서는 역사전쟁이 여전히 진행 중이기 때문이다. 각종 매체에서 종종 들리는 주장대로 '민족-반민족 역사전쟁'이 끝났고 '반공파시즘'으로부터 한국 사회가 자유롭다면 왜 아직도 김명시에 대한 서훈이 이뤄지지 않는가? 서훈은커녕 대중의 기억 속에 왜 존재하지 않는가? 이에 대한 답을 해야 할 것이다.

코뮤니스트라서 그렇다고 답한다면 최고의 항일투사이자 진보적 민족주의자 김원봉은 왜 아직도 서훈을 받질 못했는가에 대해 답을 해야 한다. 김원봉은커녕 한글학자이자 우리나라 한글운동의 제1인자[1]인 민족주의자 이극로에 대한 서훈은, 이만규, 정열모에 대한 서훈은 왜 없는 것인지 답을 해야 한다. 그들 역시 북을 선택했기 때문이라고 답을 내놓을 것이다. 그러나 그러한 대답은 핑계이다. 진실은 한국 사회는 여러 번 강조했듯이 여전히 역사전쟁 중이고 극우파시즘으로부터 자유롭지 못하기 때문이라고 말할 수 있다.

87년 6월 시민혁명을 통해 한국 사회가 군부파시즘을 탈각한 것은 일정 부분 사실이다. 그러나 한국 사회 저변에 흐르는 묵중한 저류는 온통 유사파시즘으로 가득한 게 또한 우리네 현실이다. 우리의 일상과 의식을 지배할 뿐 아니라 한국 사회 문화 전반을 압도하는 것은 다름 아닌 반공파시즘이기 때문이다.

형식적 민주주의는 언제고 유사파시즘으로 회귀할 수 있음을 우리는 목격했다. 김대중-노무현 민주정부 10년 후 찾아온 이명박근혜 정부 9년이 그것이다. 그 사회는 민주주의 형식조차 실종된 채 파시즘의 전조를 보인 사회였다. 권력을 중심으로 형성된 거대한 지배엘리트의 검은 네트워크가 한국 사회를 질식할 정도로 무겁게 짓눌렀다. 그 파열음이 2016~2017 촛불시민혁명이다.

거대한 검은 지배엘리트의 역사적 본류는 친일반민족 분단세력임을 알 만한 사람은 다 안다. 그들은 일제강점기 일본 제국주의에 기생하여 민족을 배반하고 민중을 탄압했다. 해방 직후엔 점령군 미국을 '米國'이

---

1. 박용규(2011). 『조선어학회 항일투쟁사』. 한글학회. 202쪽.

아니라 '美國'으로 찬미하며 자신들을 반공투사=애국자로 변신시켰다. 그 후 이어진 수십 년 독재체제에선 극우파시즘 권력을 떠받쳤으며 저항하는 양심들을 잔혹하게 짓밟았다. 수많은 의문사와 간첩 조작사건들이 그것을 반증한다. 민주주의의 껍데기를 쓰고 있던 어느 날 갑자기 노무현의 죽음을 슬프게 맞아야 했고 촛불정부가 들어섰음에도 노회찬을 가슴 아프게 보내야 했다.

몽양 여운형의 죽음과 백범 김구의 죽음이 되살아나는 것은 그 때문이다. 노무현의 죽음과 노회찬의 죽음은 방식만 다를 뿐, 가해 주체는 동일하다. 반민족친일세력의 정신적 후예들은 여전히 한국 사회 지배엘리트로 군림해 왔고 지금도 한국 사회를 퇴보와 고통 속에 빠트리고 있다. 여운형과 김구의 죽음이 노무현과 노회찬의 죽음으로 반복되고 있는데도 '민족-반민족 논쟁'이 한물간 것이라고 말하겠는가?

친일반민족 분단세력으로 대표되는 네트워크 집단은 여전히 한국 사회의 지배세력으로 군림하고 있다. 이명박 정권에서 뉴라이트 세력이 활개 치며 『한국근현대사』 교과서를 학교 현장에서 없애버렸다. 박근혜 정권에선 『한국사』 교과서마저 국정제로 바꾸고자 시도했다. 더구나 박근혜 정권에서는 서북청년단이 부활을 선포하며 자신의 정체성을 공개적으로 드러냈다.

이런 일련의 과정이 100년 넘게 한국 사회를 지배해 온 검은 네트워크 세력의 존재를 확인시켜 주는 과정이자 극우파시즘이 여전히 한국 사회 저변에 포진해 있음을 반증한다. 그런 토대 위에서 현재 대한민국 사회는 이념적으로 갇혀 있다. '반공파시즘'이라는 단단한 벽에 갇혀 운신의 폭이 매우 좁다. 보훈 정책 역시 답답할 정도로 이러한 한계 내에서 작동해 왔다. 이념적으로 얼마나 옹졸하고 좁쌀 같은 정책인지 이젠 그 고리타분한 보훈정책에 경종을 울려야 한다.

항일투사 김명시의 복기는 그런 의미에서 한국 지식인 사회의 지적 편린을 비판하고 이념적 편향을 바로잡는 데 일조할 것이라 확신한다. 이 글은 이러한 단단한 이념의 벽을 왜 깨트려야 하는지에 대한 고민의 치열한 흔적이자 비극적으로 생을 마감한 코뮤니스트 항일혁명가를 위한 때늦은 진혼곡이다.

2. 12살에 3·1 만세운동에 참가한 김명시

해방 직후 『동아일보』는 김명시에 대해 '조선의 잔다르크'라 칭송했다.[2] 친일문인 노천명과 모윤숙은 앞다퉈 김명시를 인터뷰하며 추앙했다. 심지어 1945년 12월 서울 종로통 거리에선 무정 장군과 그의 부관인 '백마 탄 여장군 김명시'를 열광적으로 환호했다. 서울 시민은 손바닥이 터져라 박수를 치며 '무정 장군 만세!', '김명시 장군 만세!'를 외쳤다.[3] 그런 김명시가 채 4년이 지나지 않은 상황에서 생을 마감한다. 부평경찰서에서 자신의 치마를 찢어 유치장 천장 수도관에 걸고 목을 매 자살했다고 발표했다. 1949년 10월 11일자 당시 신문보도이다.

"일제 시절 연안에서 18년간 일군(필자 주 일본군)과 일선서 싸우며 독립운동을 하여오다 해방 후 여성동맹 간부를 지내 현재

---

2. 『동아일보』 1945년 12월 23일. 기사 제목이 「'獨立同盟과 臨政은 協調' 朝鮮의 '잔타크'現代의 夫娘인 延安서 온 金命時 女將軍談」으로 되어 있다.
3. 김성동(2010). 『꽃다발도 무덤도 없는 혁명가들, 현대사 아리랑』. 녹색평론사. 170~171쪽.

까지 북로당 정치위원 간부인 김명시(여사 43세)는 지난 9월 2일 부평서에 피검되었는데 지난 10월 2일 유치장에서 자기 치마로 목을 매어 자살하였다고 한다."[4]

김명시는 1907년 경남 마산시 오동리 만정 189번지에서 태어났다. 현재 창원시 마산합포구 동성동 189번지로 오늘날 오동동 문화광장 터이다. 빈민 계층의 오 남매 중 셋째로 태어난 김명시는 아버지가 일찍 돌아가시고 어머니가 마산항에서 생선을 떼어와 생선 행상을 하며 어린 다섯 남매를 키웠다. 그런 측면에서 김명시 가정은 당시 사회운동가들 사이에 유행하던 표현으로 '본급' 출신, 즉 기본계급 출신이다. 그리고 어머니가 민족의식이 투철한 분이셨다.

3·1운동 당시 어머니 김인선은 맨 앞에 서서 시위에 참여했다가 부

조선의열단
왼쪽 사진은 1920년 조선 총독 등을 암살하려던 첫 번째 거사 계획이 실패하고 일제 경찰에 붙잡혀 고문을 당하고 혹독한 옥고를 치른 의열단원들이 경성감옥에서 일부 석방돼 함께 찍은 사진이다. 오른쪽은 창단 때나 그 이후에 참여한 의열단원들 모습이다. 비밀결사단체라 단원의 사진은 거의 남아 있지 않다. (출처: 의열단 100주년 기념사업추진위원회, 그래픽: 박향미 한겨레 신문 기자)

4. 『자유신문』. 「北勞 간부 金命時, 富平署 유치장서 자살」. 1949. 10. 11.

상당했다. 김명시도 오빠와 함께 만세 시위에 참여하였다. 당시 김명시 나이 12살이었다. 김명시가 어린 나이에도 민족의식이 뚜렷했던 것에는 어머니 김인선의 삶과 오빠 김형선의 영향이 절대적이었다. 특히 3살 위 오빠 김형선은 김명시가 항일민족운동, 나아가 코뮤니스트로 성장하는 데 결정적으로 영향을 미쳤다.[5] 이후 1925년 4월, 역사상 최초로 조선공산당을 창당하기 8개월 전에 이미 마산에는 김형선의 주도로 마산공산당과 마산공산청년회가 1924년 8월에 결성되었다. 김형선은 마산시 사회주의 운동의 지도자로 이후 조선공산당의 핵심활동가로 활약한다.

김명시의 남동생 김형윤 역시 항일독립투사로서 30년대 부산과 진해서 전개된 혁명적 노동조합운동에 투신했던 인물이다. 그는 형 김형선처럼 일제 패망과 함께 해방을 감옥에서 맞았을 만큼 치열하게 항일독립운동에 헌신한 인물이다. 이처럼 온 가족이 헌신한 독립운동가 집안이다.

김명시 장군과 남동생 김형윤
오빠 김형선과 함께 3남매 모두 1930년대 혁명적 노동조합운동을 실천한 코뮤니스트로서 불꽃 같은 삶을 살았다. (출처: 열린사회희망연대 소장)

김명시는 1924년 3월, 17살 늦은 나이에 마산공립보통학교를 졸업했다. 그리고 김형선의 권유로 곧장 서울로 유학을 떠나 배화여자고등보통

5. 곰밤(2019). 『이 세상에 만약 남자가 없다면-교과서에선 말하지 않는 여성독립운동가 10인의 이야기』. 뉴트미디어. 134쪽.

학교에 진학했다. 그러나 고학생활 1년 만에 학비와 생활비가 바닥나 오빠처럼 학업을 중도에 포기한다. 자퇴한 그해 1925년 4월 조선공산당과 고려공산청년회가 연이어 결성된다. 그러자 김명시는 1925년 7월 고려공청에 가입해 마산 제1야체이카에서 활동을 시작했다. 사회주의자 오빠 김형선의 영향이 컸던 셈이다.

조선공산당은 창당 후 핵심 활동가의 양성사업을 제일 처음 수행하였다. 이른바 사회주의 조국인 소련 모스크바로 조선의 청년들을 보내 건실한 사회주의자를 육성하는 과업이었다. 당시 사회주의는 민족해방운동의 한 조류로서 수많은 조선 청년들이 항일독립투쟁의 일환으로 선택한 것이다. 「광야」, 「청포도」를 남긴 항일혁명시인 이육사가 그런 선택을 한 대표적 인물이다. 『아리랑』의 김산을 코뮤니스트로 만들었지만 정작 자신은 진보적 민족주의자로 남은 '금강산에서 온 붉은 승려' 운암 김성숙도 있다. 광주학생운동(1929~1930)의 주역 장재성과 광주학생운동 서울학생시위를 주도한 허정숙과 박차정 역시 사회주의 흐름 속에 살았던 인물들이다.

1920년대 들어 항일독립운동은 사상적 분화를 겪었다. 아나키즘과 코뮤니즘이 쌍벽을 이루다가 1920년대 중반엔 사상과 운동 양 측면에서 코뮤니즘이 빠른 속도로 항일독립운동의 주류가 된다. 1925년 조선공산당이 창설되고 레닌의 저작이 우리말로 번역, 소개되었다. 마르크스의 저작 역시 1925년을 기점으로 번역돼 나왔다.[6] 바야흐로 항일독립운동 노선에서 코뮤니즘이 헤게모니를 쥐었고 이후 국내뿐만 아니라 해외 독립운동 역시 코뮤니즘 노선을 차용하지 않을 수 없는 상황이

---

6. 박종린(2014). 「1920년대 사회주의 사상의 수용과 맑스주의 원전 번역」. 『한국근현대사 연구』 제69권. 한국근현대사학회. 37쪽.

전개된다.

국내에선 치열하게 전개된 원산 총파업(1929)을 필두로 30년대 혁명적 노동조합운동과 혁명적 농민조합운동이 그 예이고 해외에선 의열단 단장 김원봉이 개별적인 의열투쟁에서 군사조직에 기초한 무력항쟁으로 노선을 전환한 것도 그 영향을 받았다. 김원봉이 코뮤니스트 안광천과 함께 북경에서 '레닌주의 정치학교'(1929~1930)를, 남경 근교에 '조선혁명군사정치간부학교'(1932~1935)를 세워 변증법과 유물론을 가르치며 혁명가들을 길러낸 것이 이를 잘 보여준다.

코뮤니즘이 1920년대 민족해방운동의 중심 사조로 자리를 잡으면서 조선에서도 공산주의 운동이 활발하게 전개되었다. 그러한 시대 경향 속에서 김명시는 18살에 고려공청에 가입하고 석 달 뒤 모스크바 유학 길에 오른다. 모스크바 유학은 코민테른(국제공산당)의 아낌없는 지원으로 가능하였다. 학비와 교통비, 생활비, 교과서, 숙식비, 피복비 일체를 인도, 베트남, 중국, 필리핀, 조선, 일본 각지에서 온 젊은 혁명가들에게 지급했다. 조선공산당 창당 이후 초대 고려공청 서기장인 박헌영은 자신이 써 준 소개장과 여비로 몇 년 사이에 200명이 넘는 조선의 혁명가들을 모스크바로 유학을 보냈다.[7]

김명시 역시 1925년 10월 고려공청에서 엄선한 유학생 21명 가운데 한 명으로 모스크바 유학을 떠났다. 모스크바 동방노력자 공산대학이 바로 그곳이다. 3년제인데 그곳을 거쳐 간 혁명가들로는 박헌영, 김단야, 주세죽, 고명자, 김명시, 김조이, 베트남 독립영웅 호찌민, 중국혁명의 작은 거인 등소평 등이 있다.

7. 안재성(2015). 『잃어버린 한국현대사』. 인문서원. 316쪽.

해방된 뒤 1년이 지난 1946년 11월 21일 『독립신보』에는 항일혁명투사 김명시에 대해 이렇게 기술하고 있다.

"크지 않은 키, 검은 얼굴, 여무지고 끝을 매섭게 맺는 말씨, 항시 무엇을 주시하는 눈매, 온몸이 혁명에 젖었고 혁명 그것인 듯이 대담해 보였다. '투쟁하신 이야기를 좀 들을까요?'하고 물으니 19살 때부터 오늘까지 21년간 나의 투쟁이란 나 혼자로선 눈물겨운 적도 있습니다마는 결국 돌아보면 아무 얻은 것 하나 없이 빈약하기 짝이 없는 기억뿐입니다. 이런 겸사의 말을 잊어버리지 않았다. 아니 아직도 민주과업이 착란하고 막연한 채로 남아 있는 오늘날의 남조선을 통분히 여겨 마지않는 여사로서는 앞만을 바라보는 타는 듯한 정열이 오히려 지난 일을 이렇게 과소평가하게 되는지도 모른다. (중략) 그다음 연안 독립동맹에 들어가서 천진, 북경 등 적 지구에서 싸우던 눈물겨운 이야기, 그중에서도 임신 중에 체포되어 배를 맞아서 유산하던 이야기, 밤에 수심도, 넓이도 모르는 강물을 허덕이며 건너가던 이야기 등은 소설이기엔 너무도 심각하다. 싸움이란, 혁명에 앞장서 싸우는 것이란, 진실로 저렇게 비참하고도 신명 나는 일이라고 고개를 숙이며 일어나서 나왔다."[8]

김명시는 코뮤니스트 항일독립투사로서 박차정, 이화림, 허정숙과 함께 조선의용대(군)에 복무했다. 박차정, 이화림처럼 김명시 역시 일본

---

8. 『독립신보』. 「여류혁명가를 찾아서: 21년간 투쟁생활, 태중에도 감옥살이-김명시 여사 편」. 1946. 11. 21.

군 적진지 50m 가까이 접근하여 일본군과 학병으로 끌려온 조선 청년들을 향해 선무공작을 담당했다. 선전과 회유에 능했던 김명시는 한 손엔 총을, 다른 한 손엔 확성기를 들었다. 그뿐 아니라 김명시는 천진, 북경 등 적의 후방지역에 침투해 선전활동과 조선의용군 모병활동을 전개하기도 하였다.

조선과 중국, 소련, 만주를 종횡무진하며 민족해방을 위해 자신의 삶 전부를 바쳤던 김명시는 김알렉산드라 스탄케비치처럼 국제주의자였다. 그는 공산대학을 1년 반 만에 중단하고 1927년 6월 상해로 파견되었다. 그때 김명시는 베트남, 인도, 필리핀, 타이완을 비롯해 약소민족해방을 위한 각국의 활동가들을 회합해 반제 항일전선체인 「동방 피압박민족 반제자 동맹」을 조직해 투쟁했다. 1932년 3월 국내에 침투해서는 반제국주의 항일 투쟁 성격의 혁명적 노동조합을 결성하고 여성노동자들을 교육했다. 김명시가 일제의 삼엄한 국경 감시를 뚫고 국내에 침투해 30년대 혁명적 노동조합운동에 투신한 것은 코민테른 12월 테제(1928)와 관련이 깊다.

옛 표현으로 '적색노조'운동인 이 운동이 전국을 거세게 휩쓴 것은 1929년 원산 제네스트 이후이다. 1929년의 세계대공황은 일본이 만주사변을 조작해 1931년 만주를 침공의 계기를 만들어준다. 만주로 시장(수탈 대상 지역)을 넓혔음에도 일제는 산미증식계획을 통해 연간 500만 석을 조선에서 반출하는 등 식민지 수탈을 멈추지 않았다. 그 결과 조선에서 경제공황이 생겨 농민층이 몰락하면서 대지주 토지 집중 현상을 초래했다. 1930년대로 진입할수록 자·소작농의 비율은 줄어들고 소작농과 화전민의 비율이 큰 폭으로 증가한다. 결국 농민층 몰락은 토막민 등 거대한 도시빈민을 형성하게 되고 도시 임노동자의 취업구조를 악화시키는 요인으로 작용하였다.

1930년 초 혁명적 노조운동의 등장은 세계대공황을 배경으로 한다. 그리고 1928년 코민테른 6차 대회에서 채택한 12월 테제-'조선의 혁명적 노동자, 농민에게'-는 조선에서의 항일혁명운동 노선 전환을 결정적으로 초래했다.[9] 특히 코민테른 산하조직인 프로핀테른(노동조합 인터내셔널)이 1930년 9월 18일 채택한 결의문, 바로 9월 테제가 조선공산주의 운동과 노동운동의 지침이 되었다.[10]

9월 테제는 「조선의 혁명적 노동조합운동의 임무에 관한 테제」로 1930년대 조선 사회 혁명적 노동조합운동의 방향을 제시한 것이다. 따라서 코뮤니스트들은 신간회 제3기 민족 부르주아지와 결별을 선언하고 노동자, 농민 등 기층 민중 속으로 들어가 현장을 조직하는 임무를 부여받는다. 공장노동자와 농민 계층을 기반으로 밑으로부터 조직을 일궈내면서 혁명운동의 전위인 조선공산당을 재건하라는 지침이었다. 조선공산당 재건을 위한 인적 역량을 노동계급에서 발굴하고 밑으로부터 단련되고 조직된 당 재건을 촉구한 것이다.

앞에서 언급했지만, 조선공산당은 1925년 4월 17일에 일제의 삼엄한 감시를 피해 창당된다. 그러나 코민테른의 조선지부로 정식 승인을 받는 것은 창당 3년이 지난 시기인 코민테른 제6차 대회 46차 회의(1928. 9. 1)에서였다. 그러나 국제공산당 조선지부로 승인된 조선공산당은 그해 12월에 전격 해산 지시를 받는다. 채 6개월도 지나기 전에 조선공산당이 해산된 것이다.[11] 해산의 주된 요인은 당원들 대부분이 지식 계층

---

9. 박우정(1994). 『1929~1932년의 조선공산당 재건운동』. 부산대 문학석사. 1쪽.
10. 박한용(2000). 「1930년대 혁명적 노동조합운동」. 『진보평론』 2000년 가을호. 365쪽.
11. 이준식(2000). 「조선공산당 재건운동」. 『진보평론』. 제4호. 312쪽.

의 '소부르주아지로 구성돼 노동운동에 기초하지 않았을 뿐 아니라 분파적'이라는 이유였다.[12]

1925년 창당 당시 조선공산당 주요 정파는 화요파, 북풍파, 상해파, 서울파로 분류된다. 좌우 편향을 극심하게 드러낸 서울파를 제외하고 화요파 중심으로 북풍파와 상해파가 연합하여 1차 조선공산당을 창당한 셈이다. 당시 공산주의 주요 정파들은 당 권위를 코민테른의 승인에서 얻고자 했다. 코민테른의 승인은 다른 정파들을 자신의 지도 아래 복속시킬 수 있는 마술지팡이와도 같은 것이었다.[13] 따라서 전위정당으로서 초기 조선공산당 활동가들은 대중운동 속에서 단련되고 검증된 인물들이 아니며 그 측면에서 1930년대 조선공산당 재건운동은 당대 사회주의 혁명가들에겐 크나큰 노선 전환으로 다가왔다.[14]

그리하여 열혈공산주의자들이 1930년을 전후해 여러 공장에 노동자로 취업하고 철도, 부두 노동자로서 현장으로 들어간 것은 12월 테제를 충실히 실천하기 위한 노력이었다. 1930년 하반기에서 1931년 말까지 평양, 신의주, 함흥, 흥남, 인천, 부산, 서울, 수원, 광주, 목포 등 전국 각지에서 혁명적 노동조합운동이 전개되었다. 당시 혁명적 노동조합운동의 당면구호가 '활동의 중심을 공장과 기업소로!'라는 사실은 이를 반증한다. 항일혁명의 일환으로서 1930년 초 혁명적 노동조합운동은 그런 시대 배경을 바탕으로 등장한다.

혁명적 노동조합운동의 주역은 당연히 코뮤니스트들이었다. 그들은 혁명적 노동조합 활동을 통해 조선공산당 재건운동에 신명을 바치고

---

12. 「朝鮮に於ける共産主義運動の近況」, 『思想彙報』 5호(1935). 42쪽. 이준식의 앞의 논문에서 재인용.
13. 신춘식(2000). 「조선공산당을 위한 변명」. 『진보평론』. 2000. 봄호. 304쪽.
14. 김인걸, 강현욱(1989). 『일제하 조선노동운동사』. 일송정. 132쪽.

자 분투했다. 토종 코뮤니스트 이재유를 비롯하여 흥남 질소비료공장과 평원 고무공장에서 파업을 지도한 모스크바 공산대학 출신의 정달헌, 원산과 평양에서 혁명적 노동조합 활동을 전개한 이주하, 전주공산당, 함남공산당 재건 사건의 정백, 진남포와 평양에서 혁명적 노동조합 활동을 전개한 김찬과 마산공산당 재건운동의 핵심이자 당대 노동운동 조직에서 뛰어난 능력을 보인 김형선 등이 그렇다.

앞에서 언급했듯 김형선은 김명시에게 정신적으로 결정적인 영향을 미쳤던 인물이다. 김형선은 코민테른과 직접 연결된 김단야의 지시를 받고 1930년대 초 국내에서 전개된 혁명적 노동조합운동의 핵심인물이다. 마산공산당을 창건했으며 해방 후 남로당 의장단에 선임될 정도로 사회주의 계열의 걸출한 독립운동가였다. 김명시와 김형선은 남매이자 항일혁명동지로서 상해, 만주, 인천에서 생사를 함께했다. 1932년 김명시는 체포되지만, 김형선은 일제의 삼엄한 감시를 뚫고 지하로 잠적하는 데 성공한다. 그러나 김형선 역시 이듬해인 1933년 7월 피검된다. 둘 다 조선공산당 재건운동 과정에서 체포되어 김명시는 7년 옥살이 끝에 만기 출소하여 중국으로 탈출했지만, 김형선은 12년을 꼬박 감옥 생활을 하다 해방과 동시에 출옥하였다.

김명시는 상해에서 박헌영이 발간한 「꼼무니스트」를 매개로 김형선과 함께 밑으로부터 일꾼을 조직하여 조선공산당을 재건하고자 하였다. 김명시가 국내에 침투하여 활동 근거지로 삼은 곳은 인천 제물포역 근처였다. 그곳에서 김명시는 「꼼무니스트」와 5월 1일 메이데이 선전물을 등사기로 긁어 배포하였다. 그러나 김명시는 국내에서 항일 투쟁 조직을 건설하는 활동을 시작한 지 두 달 만에 일제 경찰의 추적을 받았다. 성냥공장인 조선인촌회사 파업을 지도하다 조직이 일제 첩보망에 노출된다.

　조직이 노출된 계기는 또 다른 「꼼무니스트」 그룹 혁명 동지 김찬(진남포 출신)과 관련이 깊다. 1931년 9월 김찬은 경성에서 자신의 바로 윗선인 김형선을 만나 현장 조직을 확대하는 방안에 대해 논의했다. 김찬은 진남포와 평양을 오가며 공장노동자와 학생들을 대상으로 현장 조직과 선전에 열과 성을 다하였다.

　그 결과 완벽한 공장핵(야체이카)이 존재했던 인천만큼은 아니지만 진남포와 평양도 현장 조직이 갖춰졌다. 현장 조직을 기반으로 지역위원회를 구성하고 지역당 조직을 건설할 의도였다. 비밀모임이던 독서회 열성 청년들이 공장핵을 구성하게 하고 파업투쟁이 전개되면 자연스레 파업지도부를 구성하도록 하였다. 진남포 삼성정미소 동맹파업이나 1931년 5월 1일 평양출판노동조합원 100여 명이 참여한 메이데이 기념식, 그리고 6월 28일과 7월 28일, 그리고 8월 13일에 벌인 평양 고무공장 여공들의 임금 인하 반대 동맹파업[15] 등도 김찬의 혁명적 노동조합 활동과 관련이 깊다.

　1932년 4월 김찬은 다시 경성에서 김형선을 만났고 이불과 베개로 위장하여[16] 국내로 반입한 「콤무니스트」 팸플릿과 메이데이 전단을 받아 돌아왔다. 5월 1일 메이데이를 기념해 진남포, 평양, 신의주 노동자들과 학생들에게 배포할 생각이었다. 그러나 팸플릿과 전단 수백 장을 배포한다는 것은 일제의 감시가 번득이는 현실에서 자신과 조직을 노출할 위험이 컸다.

15. 한국사 데이터베이스. 「한민족 독립운동사 연표」(1931년). 『한민족독립운동사』 13권.
16. 최규진(2009). 『조선공산당 재건운동』. 한국독립운동사연구소. 107쪽.

경찰에 체포된다는 것으로 조직 전체가 심각한 상황에 직면할 수 있기 때문이다. 고민 끝에 김찬과 김형선은 우편 발송을 하기로 하였다. 다른 주소를 활용하여 불특정 다수에게 우편 발송한 것이다. 그러나 우편물을 받아본 사람들이 경찰에 신고하면서 그동안 비밀리에 기반을 다져온 현장 조직[17]이 위험에 노출되었다. 급기야 김단야의 아내 고명자가 일경에 체포되어 피검 당일 극심한 고문을 이기지 못해 김명시가 노출되고 몇 달 뒤 김명시마저 체포되었다. 위급한 상황에서 김찬은 김형선과 함께 1932년 5월 3일 북경으로 탈출하는 데 성공한다.

김명시는 일경의 삼엄한 감시를 피해 걸어서 신의주까지 피신하는 데 성공하지만 동지의 배신으로 압록강 국경 일대 백마강역 부근에서 피검된다. 그 후 김명시는 6년 징역형을 언도받고 예심 전 미결기간까지 포함해 7년을 신의주에서 수형생활을 했다. 항일독립지사들 사이에서도 혹독한 추위로 악명 높았던 신의주 형무소에서 7년을 보낸 것이다.

신의주 형무소의 참상은 김명시와 함께 '조선공산당 재건 사건' 혐의로 재판을 받았던 조봉암이 쓴 회고록에도 나온다. 함께 재판을 받고 징역 7년 형을 선고받은 조봉암은 고문의 상처가 낫기도 전에 동상에 걸려 손가락 7마디를 모두 잘라낼 정도로 고통을 겪었다. 일제강점기 감옥생활은 그야말로 옥중투쟁의 연속이었다. 식사마저 멀건 죽에 가끔 배추 건더기가 하나둘 들어 있을 정도였다. 거기다 10시간 이상 강제노동에 시달려야 했다. 감방은 영하의 날씨임에도 차가운 땅바닥에

---

17. 최규진(2000). 「김단야 기억 저 편에서 드높고 허망한」. 『진보평론』 2000. 여름호. 340~341쪽. 1932년 여름까지 인천, 부산, 평양, 진남포, 마산의 도시와 농촌에 20명이 넘는 조직원이 있는 20개 넘는 비합법조직을 유지하고 있었다.

얇은 겉옷이 전부였다. 오들오들 떨면서 겨울을 나고 목숨을 이어가는, 형극의 시간이었으며 그야말로 생지옥이었다는 것을 다음과 같은 말만 보아도 알 수 있다.

"나는 자유의 구속이라는 것 외에는 추위 고생이 제일 컸다. 신의주 추위는 이름난 추위다. 그런데 수인들은 그 추위에 대해서 거의 무방비 상태다. 독방 마룻바닥 위에 얇은 거적 한 닢을 깔고 이불 한 쪽을 덮고 눕는데 밤새 몸이 떨릴 뿐이지 푸근히 녹는 일은 거의 없다. 떨다가 떨다가 지쳐서 잠시 잠이 오는데 그 잠든 사이에 슬그머니 얼어 죽으면 네모난 궤짝 속에 넣어서 파묻는 것이고 요행히 죽지 않으면 사는 것이고 살면 징역살이를 되풀이 하는 것뿐이다. 나는 잡방에도 잠시 있어본 일이 있었는데 1홉 5작방 (서울식이라면 반 칸 되는 방)에다가 17, 18명 내지 20명쯤 쓸어 넣어 놓으면 앉을 때는 서로 부벼대고라도 앉지만 누우려면 사람의 몸뚱이들만 자리에 붙이고 사지는 서로 남의 몸 위에 놓게 된다. 5, 6월 삼복더위 중에는 미쳐 나가는 놈도 있고 기가 막혀서 죽어 나가는 놈도 가끔 있지만 겨울 추울 때는 오히려 그편이 얼어 죽을 염려는 없다. 그러나 그 많은 사람이 서로 부벼대고 비틀고 자고 나면 사방 벽면에 오부씩이나 될 만한 두께로 하얗게 성애가 슬어서 사명당 사처방같이 된다."[18]

김명시 역시 7년의 옥고를 치르면서 동상에 걸렸다. 조봉암처럼 동

18. 조봉암(1958). 「내가 걸어온 길」. 『사상계』 1958년 2월호.

상에 걸린 썩은 손가락 마디 7개를 잘라낼 정도는 아니었지만, 그것은 생을 마칠 때까지 김명시를 괴롭혔다. 김명시가 깊은 동지애적 감정을 공유했던 김무정과 극적으로 다시 해후하는 계기 역시 동상 치료 과정과 관련이 깊다. 김명시는 겨울철이 되면 언제나 동상에 걸린 발로 고통을 받았다. 그래서 겨울철이면 발에다 동상 약을 발랐는데 이를 유심히 지켜본 사람이 그 이야기를 전하면서 김무정은 비밀선을 대어 김명시를 찾게 된다.[19]

결국 김명시는 강서성 서금에서 섬서성 연안까지 2만 5천 리 길, 수천 킬로미터를 찾아가 극적으로 해후하게 된다. 당시 상황을 노천명이 김명시를 인터뷰하여 쓴 글을 보자.

"밀사를 따라 김명시 여장군은 당나귀를 타고 연안을 향해 들어갔다. 서금서 연안까지 2만 5천 리 밤과 낮을 이어서 몇 날 몇 밤을 산속으로, 산속으로 들어가는 것이었다. 인가(人家)라고는 도무지 볼 수 없고 오직 감나무와 호두나무가 보일 뿐이다. 별만이 총총한 이역(異域) 하늘 아래, 교교한 밤을 나귀에 몸을 의지하고 가노라면 바위 위에 크게 나타나는 글자들이 보인다. '토벌을 가는 길은 도망하기에 가장 좋은 기회다. 어디로든지 빠져나와 우리에게로 오라! 너희를 맞을 준비가 다 되어 있다.' 이는 팔로군에서 우리들의 학병들을 부르는 신호이다. 흐르는 달빛 아래 은은히 클로즈업해 나타나는 우리의 국문-공연히 눈물이 죽죽 흐른다. 얼마를 이렇게 가면 토굴에 이르고 토굴에서 조선 동포들이 당나귀를

19. 안재성(2015). 앞의 책. 324쪽.

가지고 나와 바꾸어 주며 선물을 가지고 나와 주는 것은 연시(軟柿)와 좁쌀떡이다. 좁쌀떡에다 연시를 짜서 발라먹으며 다시 또 산속으로 들어간다. 그리하여 마침내 무정 동무를 만났을 때 죽은 줄만 알았던 동지가 16년 만에 눈앞에 나타나니 말은 막히고 다만 이름 할 수 없는 눈물이 앞을 가리는 것이었다."[20]

그러나 해방된 조국에서 김명시는 코뮤니스트라는 이유만으로 비극적으로 생을 마감한다. 그것도 자신의 조국인 경찰서 유치장에서 죽은 것이다.[21] 서울 종로통 거리에서 수많은 인파 속에 '항일영웅', '백마 탄 여장군'으로 우레와 같은 박수갈채를 받은 지 채 4년이 지나지 않은 시점이다.

3. 국내외를 종횡무진하며 보낸 젊은 날

김명시의 삶에서 크나큰 전환점이 된 사건은 모스크바 동방노력자공산대학 입학이었다. 이곳에선 활동이 자유로웠다. 각국에서 유학 온 젊은 혁명 동지들 간에 동지애를 쌓았고 학습을 통해 코뮤니스트로서 자기정체성을 확고히 다졌다. 김명시에게도 코뮤니스트로서 그리고 항

---

20. 노천명(1946). 「팔로군에 종군했던 김명시 여장군의 반생기」. 『신천지』 제1권 제2호. 183쪽.
21. 『경향신문』. 1949. 10. 14. 당시 내무부장관 김효석은 김명시의 죽음에 대해 지난 10일 오전 5시 40분경 자기 상의를 찢어서 유치장 내에 있는 3척 높이 되는 수도관에 목을 매고 죽었다고 발표했다. 그러나 경찰이 자행한 고문치사인지 자살인지는 분명하지 않다. 또한 김명시가 죽은 날짜도 언론보도마다 상이하다. 김명시의 죽음을 보도한 동아일보는 10월 2일 사망했다고 보도했다.

일혁명가로서 삶의 전환점을 맞게 한 공간이었다.

그곳에서 김명시는 일반 학과목인 수학, 자연과학, 지리를 학습했고 혁명투사로서 유물론과 변증법, 사적 유물론, 세계혁명사, 제국주의론, 민족문제, 러시아공산당사를 공부했다. 비록 1년 반 정도의 모스크바 유학생활이었지만 김명시에겐 코뮤니스트로서 그리고 국제주의자로서 학식과 풍모를 수련하기 충분한 기간이었다. 3년제 대학이었지만 능력이 인정되고 코민테른으로부터 특수한 임무를 부여받은 혁명가들은 당면 과제를 안고 현지로 떠나곤 했다.

김명시 역시 1927년 6월 상해로 파견되었다. 코민테른의 지시는 중국공산당 상해 한인특별지부를 건설하고 아시아 각국 식민지 민족해방을 위해 항일 반제 조직을 건설하라는 것이었다. 김명시가 상해에 발을 내디딘 1927년 6월은 1차 국공합작이 깨지면서 장개석 국민당 군대에 의해 코뮤니스트들이 무참히 학살되던 시절이었다. 상해 거리마다 널브러진 코뮤니스트 시신들이 즐비하였다. 처참한 학살 광풍이 휘몰아친 살얼음판 속에서도 김명시는 상해 조선공산당 재건 책임자인 조봉암, 홍남표와 함께 중국공산당 한인특별지부를 조직했다. 그리고 필리핀, 베트남, 타이완을 비롯한 아시아 혁명가들을 규합해 '동방피압박민족 반제자동맹'을 결성했다.

1929년 겨울엔 코민테른의 일국일당 원칙에 따라 조선공산당 만주총국을 해산시키고 중국공산당에 가입시키는 과업을 수행했다. 또, 홍남표와 함께 만주로 건너가 2년 동안 만주 전 지역 밑바닥을 다지면서 중국공산당 한인지부를 결성해 냈다. 재만조선인 반일제국주의 대동맹'을 조직해 집행위원 겸 출판을 담당, 『반일전선』이라는 기관지를 만들기도 했다. 나아가 만주 아성현위원회를 결성해 부인부 책임과 청년단 위원장 직책을 맡는 등 20대 초반 김명시는 오빠 김형선 못지않은 조직가로서 면모를 드러냈다.

김명시의 만주지역 활동에서 가장 인상 깊은 사건은 '하얼빈 일본 영사관 습격 사건'이다. 1930년 5월, 동만 폭동 당시 김명시는 무장대원 300명을 이끌고 하얼빈 시내 일본 영사관을 공격했다. 이 사건 이후 김명시는 일경의 체포를 피해 도보로 흑룡강을 건너 천신만고 끝에 하얼빈, 천진을 거쳐 다시 상해로 돌아갔다. 상해로 돌아왔을 때 김명시는 모스크바로부터 귀환한 박헌영, 김단야, 주세죽과 해후한다. 이후 김명시는 박헌영, 김단야의 지시를 받고 조선공산당 재건을 위해 국내로 파견된다.

평안북도 경찰부 경부 스에나가 하루노리(末永淸憲)는 1932년 5·1 메이데이를 전후해 「적(赤) 5·1절」과 「일본제국주의와 만주점령을 반대하라」는 등사판 격문을 발견하고 내사에 들어갔다. 내사 도중 평북 경찰부는 이 사건이 조선 국내에서 활동하는 코뮤니스트와 상해에 거주하고 있는 코뮤니스트들의 상호 연계 속에 진행된 사건임을 간파한다. 그리하여 미끼를 던져 접선 장소에서 매복해 있다가 민봉근이라는 21살 청년을 체포했다. 민봉근 체포 이후 수사는 급물살을 타면서 김명시와 모스크바 동방노력자 공산대학 동기인 고명자를 체포한다.

다음은 일제 고등계 경찰들이 자신이 잡은 사상범 체포 과정을 무용담처럼 늘어놓은 내용인데 김명시가 피검되는 장면을 생생하게 보여준다.

"김단야의 처 고명자, 조선 사회운동 취체에 있는 자로서 언제든지 생각하게 되는 인물이다. 그것뿐만 아니라 김형선이 방문한 사실을 종합하여 보면 수사원들은 더욱 긴장이 된다. 고명자를 종로서에 동행하여 조사한 바, 김명시는 5월 4일 밤 동지들의 체포와 주위의 위험을 읍소(泣訴)하므로 고명자는 이것을 상해로 도망치게 하려고 여비 40원까지 주어서 출발하게 하였다는 의외의 공술이었다. 이로써 즉시 택시 영업, 인력거 영업자, 기타에 대하여 그네들의 행적을 조사하여 본즉, 과연 시골 사람처럼 변장하고 신의주 방면으로 경의선을 따라 도보로 떠났다는 것이 판명되었다. 실로 절치(切齒)한 일이다. 그러나 국경에는 이미 신의주를 중심으로 하여 물샐틈없이 수사대가 배치되어 있다. 그러나 기다리고 기다려도 이러한 인물은 나타나지 않았다. 다시 내사하여 본즉, 그들은 벌써 신의주에 잠입하여 박은형의 집에 잠복하고 있는 사실이 판명되었다. 때를 잃지 아니하고 사복경찰관을 총동원하여 그 집을 포위하고 수색한 결과, 목적의 인물은 그림자도 없었다. 또한 실망. 그러나 가인들의 말에 의하면 잠복한 것은 틀림없으나 그녀는 오늘 아침 7시에 시골여자로 변장하고 바가지를 머리에 이고 도보로 백마강역 부근 차모의 집으로 간 것을 알게 되어 K경부 일대(一隊)는 즉시 이것을 추적하게 되었다. 그 부락에 도착하여 각호를 수사하고 있는 중 어떤 농가의 문전에 어린애를 업고 사람들이 왕래하는 것을 구경하는 연령 25~26세가량 보이는 여자를 발견하게 되었다. 수사원들은 그 앞을 지나쳤으나 '어린애를 업고 있는 여성! 김명시와 같은 인상?' K경부는 직감적으로 머리에 떠오르는 것이 있었다. 이에 그녀에 대하여 엄밀하게 추궁한즉 금일까지 혈안으로 수사하던 모스크바 공산대학 졸업생, 조선공산당에 중국공산당 여성 투사로서의 중진, 상해로부터 잠입한 김명시였다."[22]

　김명시가 평북 경찰부에 피검된 날이 8월 27일임을 동아일보는 보도하고 있다. 주모자급 김점권을 비롯해 김명시 등 17명을 '조선공산당 재건 사건'으로 기소하였다.[23] 김점권은 김명시가 국내에 잠입해 인천 제물포역에 안착할 때 도와주었던 인물이다. 후에 조선공산당 중앙위원으로 활약하였다.

　일제는 이 사건을 치안유지법으로 혹독하게 다루었고 극심한 고문과 악형으로 독립운동가들을 정신적, 육체적으로 피폐하게 만들었다. 조봉암, 홍남표, 김찬(진남포 출신), 김명시를 포함해 '조선공산당 재건 사건' 관련자 17명에 대한 예심이 종결되기도 전에 김승락(사망 당시 33세)은 가혹한 고문으로 옥중에서 사망하였다.[24] 다시 동아일보 1933년 6월 2일자 신문에 눈을 돌려보자. '조선공산당 재건을 획책한 3巨頭'로 홍남표, 조봉암, 김찬(진남포 출신)을 차례로 소개하며 세 사람의 사진과 함께 활동 내력을 상세히 소개하고 있다.

　　"조선공산주의자의 巨頭로 조직된 조선공산당 재건운동과 국제당(필자 주 코민테른) 승인을 목표로 상해에 근거를 두고 조선에 공장지대와 광산지대 등에 (조공)재건설을 목적한 동지 획득이 진행되다가 경찰당국의 열렬한 활동으로 체포돼 공판에 회부된 조봉암, 홍남표, 김찬, 김명시 등 17명에 관한 치안유지법 위반, 출

---

22. 지중세 역편(1984). 「조선 사상범 검거 실화집」. 돌베개. 212~213쪽.
23. 『동아일보』. 1932. 8. 29.
24. 『동아일보』. 1933. 6. 1.

판법 위반사건은 신의주 지방법원에 회부되어 공판 개정을 기다리게 되었다. 그리고 예심 중에 피고인 김승락은 33세를 일기로 옥중에서 사망하였다."[25]

이 가운데 조봉암, 홍남표, 김찬(진남포 출신), 김명시 4명만 인신 구속된 상태에서 재판을 받았다. 다만 일제 경찰이 억지로 조봉암을 엮다 보니까 강하게 저항한 조봉암의 경우 사건을 병합심리[26]하려다가 분리하는[27] 등의 원인으로 재판이 지연되기도 했다.

총독부 기관지 『매일신보』 1933년 2월 25일자 4단짜리 보도기사에는 상해 본부의 밀령을 받고 잠입한 여성당원 김명시를 포함해 '조선공산당 재건 사건'의 거물 조봉암 등 6명을 신의주 검사국에 송치한 내용이 나온다.[28] 『매일신보』 1933년 11월 15일자 기사에는 나머지 10명과 대조적으로 조봉암, 김명시, 홍남표, 김찬의 사진이 크게 실린 채, 심리만 3일이 걸렸다며 사상 사건의 질에서 대사건임을 강조하고 있다.[29] 그런가 하면 『매일신보』 1933년 11월 17일자 기사에는 방청을 금지시킨 상태에서 김명시 등 관련자들에 대한 재판이 속행되었음을 7면 기사로 실었다.[30] 『동아일보』와 달리 총독부 기관지 『매일신보』에는 김명시

25. 『동아일보』. 「조봉암, 홍남표 등 17명은 예심 종결, 관계자 1명은 옥중 사망」. 1933. 6. 1.; 6. 2.
26. 『동아일보』. 「김찬 사건과 병합심리, 조봉암 사건과」. 『동아일보』. 1933. 2. 26.
27. 『동아일보』. 「피고들의 騷然으로 부득이 분리심리, 조봉암 등은 퇴정시켜, 단일 共黨 김명시, 김찬 등 속행 공판(신의주)」. 『동아일보』. 1933. 11. 16; 1933. 12. 8.; 1933. 12. 18.
28. 『매일신보』. 1933. 2. 25.
29. 『매일신보』. 1933. 11. 15.
30. 『매일신보』. 1933. 11. 17.

를 훨씬 주요한 인물로 크게 취급하고 있음을 알 수 있다.

당시 일제는 치안유지법(1926)과 조선사상범보호관찰령(1936), 그리고 조선사상범예방구금령(1941)[31]을 공포하여 항일혁명지사들을 닥치는 대로 인신 구속했다. 하나의 공안사건에 대해 수십 명씩 또는 수백 명씩 마구잡이로 검거하여 혹독하게 취조했는데 700명 넘게 연행한 '성진농민조합' 사건(1931)이나 630명을 체포한 '형평사' 사건(1929)이 대표적인 사례들이다. 『한국사』 교과서에도 기록된 '형평사' 사건은 40명 넘게 구속기소되었는데 모두 1심과 2심에서 무죄로 풀려났다.[32] 그러나 수백 명을 연행해 고문 수사하는 과정에서 무수한 사람들이 몸과 마음이 부서져 갔다. 사망자 또한 다수 발생했고 형평사는 해체되었다. 제국주의 식민 통치자들은 자신들의 목적을 충분히 달성한 셈이다.

조선어학회 사건(1942)에 연루돼 고문을 심하게 당했던 항일변호사 이인은 자신의 『회고록』에서 함흥형무소에서만 '매 맞고 못 먹고 병들어' 죽는 숫자가 하루 평균 10명이 넘었다고 회상했다. 매일 10명 넘게 시체가 되어 형무소 밖으로 실려 나갔다.[33] 그만큼 일제의 식민통치는 가혹했고 잔인했으며 조선 사회는 하나의 거대한 수용소로 변했다. 적어도 민족해방을 꿈꾸는 항일혁명지사들에겐 그러했다. 김명시 역시 신의주 형무소의 혹독한 겨울 추위 속에서 동상에 걸린 발을 끌어안

---

31. 사상범보호관찰령(1936)은 치안유지법을 위반하여 죄를 범한 자에 한하여 적용되었다. 사상범예방구금령(1941)은 불과 26개조에 지나지 않은 단순 법령이지만 사상범, 즉 항일독립지사들을 정신장애인, 알콜중독자, 마약중독자로 취급하여 강제 수용하기 위해 제정된 악법이다. 따라서 치안유지법 위반 관련자 가운데 비전향자와 보호관찰 대상자를 표적으로 한 보안처분으로 쉽게 항일독립지사들의 인신을 구속할 수 있는 악법 중 악법이었다.
32. 지수걸(1998). 앞의 논문. 98쪽.
33. 지수걸(1998). 앞의 논문. 102쪽.

고 7년이란 세월을 보냈다. '조선공산당 재건 사건'으로 25세(1932)에 피검돼 32세(1939)에 석방된 것이니 김명시가 회고했듯이 자신의 젊은 날은 수형생활 그 자체였다.

출옥 후 김명시는 일제의 삼엄한 감시망을 뚫고 중국으로 탈출에 성공한다. 중국 탈출 후 천진, 제남, 북경 등 팔로군 지역에서 활동하던 조선의용군 사령관 무정 장군과 합류한다. 어떤 사람은 김명시와 김무정이 연인 사이라고 하지만 둘은 그런 관계는 아니었다. 항일혁명전선에서 20대의 끈끈한 동지애로 맺은 열혈 혁명가라는 공통점에서 그런 오해와 추측을 불러왔을 것이다. 김명시는 이미 1927년 상해 활동 당시 혁명동지로서 무정과 깊은 인연을 맺고 있었다. 김명시는 무정 장군이 상해에서 떠난 후 죽었다는 소식을 접하고 슬퍼하는 혁명 동지들과 함께 장례까지 치러주었다.[34] 그러다 조선의용군 근거지인 태항산에서 다시 조우한 것이니 얼마나 감격스러웠을지 충분히 짐작된다.

김명시는 조선의용군 항일전사로서 제1선 적구 선무공작을 전개했다. 제1선 적구란 가장 위험한 지역으로 자신의 목숨을 노리는 스파이를 경계하며 활동하는 구역이다. 김명시는 남자 군인들과 함께 총칼을 들고 싸웠고 조선의용군 여자부대를 지휘하였다. 그리고 조선독립동맹 북평분맹 책임자로서 적 후방에서 첩보활동과 조선의용군 모병활동을 벌였다.

연안 독립동맹이 해방 전 중경 임시정부와 장건상을 매개로 연락을 도모했음을 해방 후 김명시는 인터뷰에서 밝힌 적이 있다.[35] 실제로 조

---

34. 노천명(1946). 앞의 글. 183쪽.
35. 『동아일보』. 1945. 12. 23.

우리 역사에서 왜곡되고 사라진 근현대 인물 한국사

1941년부터 해방 무렵까지 조선의용군이 근거지로 삼았던 태항산 일대, 허베이성 섭현의 하남점
남장촌에 남아 있는 조선혁명군정학교 설립자이자 교장 김무정 장군과 학생들의 숙소 건물. (출처: 역사학자 고 이이화 선생님)

선독립동맹 김학무는 조선독립동맹 의장 김두봉의 편지를 지니고 중경으로 백범 김구를 찾아간 적이 있었다. 그리고 임시정부 국무위원 장건상은 연안을 방문한 적이 있고 연안에서 해방을 맞기도 하였다.[36] 또한 김명시는 서울 건국동맹 여운형과 조선독립동맹 무정 장군과의 연락을 책임졌던 직접적인 연락책이었다.[37]

　해방 직전 김명시는 조선의용군 제1선 적구부대 여자부대를 지휘하고 1944년 9월 조선독립동맹 북평분맹과 1945년 1월 천진분맹이 차례로 결성되자 김명시는 1945년 7월 10일 당시 천진분맹 책임자로 있었다.[38] 당시 천진시에서는 김명시 이외에도 안병진, 현파 등이 주요 간부로 활약했다.[39]

36. 한홍구(1991). 「기획 해방 전야, 해외 4대 세력 무엇을 하고 있었나. 무정과 화북 조선독립동맹」. 『역사비평』 1991. 8월. 81쪽.
37. 『연변일보』. 앞의 글. 2018. 1. 8.
38. 남화숙. 「'여장군' 김명시의 생애」. 『여성』 2호. 여성사연구회. 창작사. 1988년. 337~355쪽.
39. 염인호(2001). 『조선의용군의 독립운동』. 나남. 249쪽.

일제 패망 마지막까지 일본군과 전투를 벌인 조선의용군은 1945년 8월 15일 해방되던 그날 밤, 학교 강당 앞 광장에 모여 조선의용군 부사령 박일우의 선창에 따라 '위대한 항일전쟁 승리 만세', '조선 독립 만세', 그리고 '조선 민족 해방 만세'를 외치고 또 외쳤다. 식당에서 나무와 땔감을 가져와 산더미처럼 쌓아 놓고 우둥불을 피웠다. 그리고 우둥불을 둘러싸고 원을 그리며 서로 손에 손을 잡고 춤추며 해방의 기쁨을 만끽했다. 환희에 찬 격정적인 함성과 노랫소리는 밤새 '조선의용군 행진곡'과 함께 우렁차게 울려 퍼졌다.[40]

김명시는 귀국 후 의문의 죽음을 맞기까지 채 4년이 되지 않은 짧은 기간 분주한 일상을 보냈다. 1945년 12월 22일 서울 풍문여고 강당에서 전국부녀총동맹 결성대회가 열렸다. 유영준(위원장), 허하백, 정칠성(부위원장) 등 1920년대부터 여성해방운동을 펼쳤던 인사들이 선출되었다.[41] 결성대회에서 김명시는 2일째 '연안 기타 해외 해내의 여성운동의 과거와 현재'에 대해 경과보고[42]를 하고 선전부 위원으로 선출되었다. 그리고 이틀 뒤 사회주의 여성 항일혁명가 박진홍 등과 함께 시국 강연을 하였다.[43] 이튿날 조선국군준비대 전국대표대회에서는 '우리의 피로 조선을 찾자'며 축사를 하였다.[44]

1946년 3월 8일엔 부녀총동맹 주최로 열린 '여성의 날' 축하 기념식에 사회주의 여성운동가 정칠성과 함께 참석하였다.[45] 1947년, 김명시는

---

40. 『연변일보』. 「민족의 전설, 항일 장령 무정 장군의 인생 비화」 2018. 1. 8.
41. 고준석(1987). 「아리랑 고개의 여인」. 광주. 115쪽.
42. 『자유신문』. 1945. 12. 24.
43. 『자유신문』. 1945. 12. 26.
44. 『자유신문』. 「우리의 피로 조선을 찾자. 이채 띤 김명시 여장군의 축사」. 1945. 12. 27.
45. 『자유신문』. 1946. 3. 9.

민주여성동맹 중앙선전부장으로 활약했고[46] 그해 5월 미소공위 참석차 한국에 온 소련대표단에 꽃다발을 전하며 민주여성동맹, 민주주의 민족전선과 함께 환영하는 자리에 참석했다.[47]

이후 미군정의 탄압 속에서도 김명시는 북행길을 택하지 않았다. 북로당 정치위원으로 어떤 임무를 부여받았는지 알 수 없으나 1947년 11월 이후 김명시의 활동궤적을 추적하긴 어렵다. 극심한 탄압으로 철저히 지하로 잠적하여 모종의 임무를 수행하지 않았을까 추측할 뿐이다. 귀국 후 2년이란 짧은 기간 동안 눈부시게 활동한 김명시는 이후 2년 동안 어디서 무엇을 하였는지 흔적을 찾을 수 없다. 그러다가 1949년 9월 2일 피검돼 부평경찰서 유치장에 갇힌다. 그리고 한 달 뒤 10월 2일, 스스로 목숨을 끊은 것이다.

이 죽음은 반공을 앞세워 잔학한 처형이 일상이던 시절, 포악한 시대상황 앞에 스스로 비밀을 지키기 위해 선택했을 거라고 연구자들은 추정한다. 당시까지 체포되지 않은 이주하, 김삼룡의 거처를 캐기 위해 극악한 악형이 가해졌을 것이고 김명시가 한 달을 버틴 걸 보면 이를 충분히 짐작할 수 있기 때문이다.[48] 죽음조차도 혁명의 대의에 복무하는 것이 당시 코뮤니스트 활동가의 신념이자 용기였기 때문이다.

46. 『조선연감』. 1948년. 461쪽.
47. 『자유신문』. 1947. 5. 22.
48. 『세명일보』. 2019년 7월 29일자 칼럼에서 국가보안법 위반으로 구속되었다가 2일 만에 자살했다고 나오지만 이는 오류일 가능성이 크다.

4. 김명시와 함께한 항일투사들

이제 김명시와 활동한 항일투사를 잠시 살펴보자. 먼저 김찬(金燦)을 들 수 있다. 진남포 출신 김찬은 1930년대 초 진남포와 평양에서 혁명적 노동조합운동을 펼친 열혈 항일독립지사이다. 김찬은 스무 살 약관의 나이에 자신이 태어난 고향 진남포로 귀향한다. 자신이 태어난 진남포 억양기리에서 여동생 김순경[49]의 친구들을 대상으로 독서회 활동을 시작했다. 노동청년들을 대상으로 민중야학도 개설하여 이를 기반으로 항일운동을 전개했다. 김찬과 조우했던 진남포 청년들은 대부분 '진남포 청년동맹' 맹원들이었다. 따라서 자연스럽게 사회주의 사상을 전파할 수 있었으며 혁명적 노동조합운동은 현장에 뿌리를 내리게 된다.

일제강점기 김형선은 김찬의 바로 윗선이었다. 김형선은 상해에서 공산주의 사상을 선전하는 팸플릿 「콤뮤니스트」를 발간하며 '콤뮤니스트 그룹'을 이끌었던 조선공산당 재건운동의 지도자 김단야의 지시를 받았다. 따라서 김찬은 김명시와 마찬가지로 '콤뮤니스트 그룹'에 속했던 항일혁명운동가였다. 김찬은 진남포와 평양을 중심으로 경성과 신의주까지 포괄하는 선전활동을 펼쳤다.

당시 동아일보 기사에 나온 내용을 보자면 젊은 나이임에도 김찬의 위상이 매우 높았음을 가늠하게 해준다. 1933년 6월 2일자 석간에 나

---

49. 원희복(2015). 앞의 책. 265~266쪽. 김찬의 여동생 김순경 역시 항일혁명가로 공산주의자였다. 남편은 오빠 김찬의 북경시 노하중학교 동창으로 공산주의자 장문열이다. 김찬과 그 아내 도개손이 중국공산당 당원으로 항일혁명에 나섰듯이 김찬의 동생 김순경과 장문열 부부 역시 중국공산당 당원으로서 항일혁명가였다. 두 부부 모두 일제의 스파이 혐의로 20대 젊은 나이에 처형되는 비극을 맞는다. 특히 김찬과 김순경 남매의 억울한 죽음은 기구한 가족사이자 한국근대사의 비극적인 한 장면이 아닐 수 없다.

온 「조선공산당 재건을 획책한 공산주의 3巨頭(거두)-그 내력과 활동경로」라는 제목이 눈길을 사로잡는다. 후세의 우리 교과서에 전혀 등장하지 않는 인물이자 역사전문가들에게조차 생소한 인물이기 때문이다. 실제로 역사 교사와 역사학자들에게 김찬은 대부분 1925년 4월 17일 조선공산당 창당 당시 창립을 주도한 인물로 기억한다. 한자도 '빛날 찬(燦)'으로 똑같다. 그러다보니 일부 사학자 가운데는 17살의 나이 차이임에도 불구하고 진남포 출신 김찬을 명천 출신 김찬(본명 김낙준)과 동일 인물로 생각한 이도 있다. 그만큼 그 시대 그 인물들에 관한 연구의 불모지라는 걸 보임과 동시에 이데올로기 대결이 초래한 독립운동사에서의 비극이라는 걸 절감한다.

역사전문가들이 기억하는 김찬(본명 김낙준)은 함경북도 명천군 출신으로 김재봉, 조봉암, 박헌영과 함께 '화요회'에 속했던 항일독립지사이다. 그는 조봉암, 박헌영, 김재봉 등 1차 조선공산당 창당의 핵심인물로 신흥청년사 본사 대표 기자 신분으로 '전 조선기자대회'에 참여한다. '전 조선기자대회'와 '조선민중운동자대회'는 일제 경찰의 감시의 눈길을 피하기 위한 외피로,[50] 이 대회에 일제경찰의 관심과 눈길이 쏠려 있는 동안 중국음식점 아서원에서 김재봉을 책임비서로 하는 조선공산당이 최초로 창당되었다.[51] 당시 조선일보와 시대일보에는 공산주의운동에 깊이 관여한 코뮤니스트 기자들이 다수였다.[52] 박헌영, 임원근, 김단야, 홍덕유 모두 조선일보 기자 출신이고 이봉수는 동아일보 경제부

50. 신춘식(1993). 『조직주체를 중심으로 본 조선공산당 창건과정』. 성균관대 석사논문. 61~63쪽.
51. 김재명(2003). 『한국현대사의 비극-중간파의 이상과 좌절』. 선인. 233쪽.
52. 스칼라피노, 이정식 지음, 한홍구 옮김. 『한국공산주의 운동사 1』. 돌베개. 1986. 115쪽.

장, 홍남표는 시대일보 기자 출신이다. 이 두 대회를 명분으로 전국 각지 공산주의자들이 서울로 집결하였고 4월 17일과 18일 연이어 조선공산당과 고려공산청년회가 창설된 것이다. 그러나 창당한 지 불과 6개월만에 '신의주 사건'[53]이라는 전혀 예상치 못한 엉뚱한 일로 조산공산당과 고려공청 조직 전체가 일순간 와해되고 만다.

1925년 말 조공 핵심 인물들인 김재봉, 주종건, 김약수, 박헌영, 유진희 등이 일제에 대부분 피검된 상황에서 김찬(김낙준)은 망명에 성공한다. 망명 후 김찬(김낙준)은 여운형, 조봉암, 김단야와 함께 조선공산당 임시 상해부를 조직한다. 그리하여 순종 인산일인 6·10 만세운동을 지도하는 핵심 인물로 등장한다.

화요파인 김찬(김낙준)은 1927년 말 만주로 건너가 상해파 공산주의자 윤자영과 함께 조선공산당과 고려공산청년회 만주 총국을 건설한다. 그런 점에서 조공 만주총국은 화요파와 상해파의 결속으로 탄생한 것이다.[54] 그 이후 김찬(김낙준)은 민족주의 무장단체인 정의부(이후 국민부로 통합)에 소속돼 민족협동전선, 즉 민족유일당운동에 매진한다.[55] 그러나 명천 출신 김찬은 공산주의운동사에선 변절한 인물로 매도된다.

53. 한창수(1984).『한국공산주의운동사』. 지양사. 68~69쪽. '신의주 사건'은 1925년 11월 22일 조선공산당과 관계를 가진 신만청년회 청년들이 술에 취해 일본 경찰에 시비를 걸면서 발생한 극히 우연한 사건이다. 한국인 변호사와 이야기를 나누던 일본 경찰에 대해 자신의 팔에 찬 붉은 천을 보여주면서 허세를 부리던 조선 청년과 관련된 회원들을 조사하면서 일경은 고려공청 보고서와 소련에 파견된 학생들 명단 등을 확보하였다. '신의주 사건'을 계기로 1차 조선공산당은 국내 조직이 거의 궤멸되다시피 했다.
54. 김희곤(2005).「윤자영의 생애와 민족운동」.『한국독립운동사연구』제24집. 115~116쪽.
55. 박순섭(2014).「1920~30년대 김찬의 사회주의운동과 민족협동전선」.『한국근현대사연구』71집. 52쪽.

특히 1930년대 초 중화학공업 지대인 함경도지방을 중심으로 혁명적 노동조합운동을 선구적으로 조직 지도한 태평양노동조합(약칭 '태로') 계열 코뮤니스트들은 명천 출신 김찬이 3·1운동 시기부터 일제의 밀정으로 활동했다며 맹비난한다.[56] 그러나 '태로' 코뮤니스트의 주장처럼 김찬을 '일제의 스파이'로 비난하는 것은 지나치다. 일제 암흑기 항일혁명운동 노선상의 차이일 뿐이다. 조선공산당 창당멤버이자 해방 전후 통일전선운동 노선을 일관되게 걸었던 조봉암이 '일제의 스파이'나 변절자가 아니듯이 말이다. 해방 이후 박헌영과 결별한 조봉암처럼 명천 출신 김찬은 해방 이후 여운형의 사회노동당과 조봉암의 진보당 활동에 간여하다가 1950년대 중후반 사망한다.

김명시와 함께 '조선공산당 재건 사건'으로 체포된 진남포 출신 김찬은 그동안 역사전문가들에게조차 알려지지 않았던 인물이다. 지금은 고인이 된 조선족 출신 최용수 교수(중국공산당 중앙당교)가 중국 내 항일혁명가 가운데 잊힌 조선인 출신들을 연구, 발굴해 왔는데, 취재차 중국에 다녀온 경향신문 원희복 기자를 통해 13년 전 최초로 언론 매체에 일부 내용이 소개되었을 뿐이다.[57]

김찬-도개손 부부의 아들인 김연상 씨를 만난 원희복 기자의 노력으로 광복 70주년 되는 2015년에 코뮤니스트 김찬은 단행본 『사랑할 때와 죽을 때』에 등장하여 그 치열한 삶과 원통한 죽음이 알려졌다. 중국 현지에서는 님웨일스의 『아리랑』의 주인공 '김산'보다 더 유명한 인물로 '김찬'을 인정하는 분위기라고 한다.

56. 김윤정(1998). 「1930년대 초 범태평양노동조합 계열의 혁명적 노동조합운동」. 『역사연구』 제6호. 148쪽.
57. 『경향신문』. 2005년 5월 30일자에 소개된 '비운의 좌파지식인 김찬'을 가리킨다.

최고의 항일혁명투사 약산 김원봉은 1947년 3월 전평 총파업 당시 포고령 위반으로 미군정 경찰에 체포된다. 악질 친일경찰이자 미군정 경찰 노덕술에게 체포돼 수도경찰청장 장택상 앞으로 끌려갔다가 중부 경찰서로 연행돼 뺨을 맞고 고문을 당했다. 약산은 풀려난 뒤 의열단 동지 유석현의 집에서 3일 밤낮을 통곡하면서 "내가 조국 해방을 위해 중국에서 일본 놈과 싸울 때도 이런 수모를 당하지 않았는데 해방된 조국에서 악질 친일파 경찰의 손에 수갑을 차다니, 이럴 수가 있소"라며 분노했다.[58] 약산은 쫓기듯이 월북을 택했다. 진보적 교육자 이만규도 마찬가지였다. 1948~1949년 반공파시즘의 광기가 온 세상을 뒤덮은 채 살풍경한 당시 남한 사회의 암울한 현실이었다.

진남포 출신 김찬 역시 '조선공산당 재건 사건' 당시 피검된 뒤 45일 동안 악형과 고문을 이겨냈다.[59] 고문을 가한 일제 경찰이 혀를 내두를 정도로 기개가 굳건하고 신념이 강철 같았다. 김명시와 마찬가지로 '조선공산당 재건 사건'에 연루됐던 조봉암은 20일 넘게 고문을 이겨냈다. 그러나 보통은 피검 첫날 극악한 고문 과정에서 대부분 실토하는 게 일반적이다. 김단야의 연인 고명자가 일제에 연행된 당일 김명시에 대해 정보를 실토한 것도 그렇다.

아무리 길어도 5일을 넘기지 못하고 조직선이나 기밀의 일부를 털어놓게 될 정도로 괴롭히는 것이 당시 일제가 자행한 야만적인 사상범 취조 현실이었다. 2차 조선공산당 책임비서 강달영 역시 마찬가지였다. 3·1운동으로 옥고를 치르고 20년대 전반기 경남지역 노동운동과 농민

---

58. 한상도(1994). 『한국독립운동과 중국군관학교』. 문학과 지성사. 204쪽; 김삼웅 (2008). 『약산 김원봉 평전』. 시대의 창. 554쪽에서 재인용.
59. 원희복(2015). 앞의 책. 203쪽.

운동을 일으켰던 조직 활동가 강달영은 겸손하고 외유내강의 인품을
지닌 인물이었다. 일제의 고문을 이겨내기 위해 그리고 당 기밀문서를
지키기 위해 강달영은 책상 모서리에 머리를 찧으며 자살을 시도했다.[60]
기밀을 지키지 못하고 결국 제2차 조선공산당 중앙과 지방 조직이 심
대하게 파괴된 결과를 낳자 강달영은 자괴감과 함께 고문 후유증으로
정신이상 증세를 보인다. 1932년 겨울, 서대문형무소에서 출소 후 정신
질환으로 운동 일선으로 복귀는커녕 생업에도 종사하질 못했다. 10년
을 폐인처럼 지내다 해방 3년 전 비극적으로 운명한다.[61] 박헌영 역시
일제에 피검돼 심문투쟁 와중에 정신이상 증세를 연기하며 정신병자로
인정받는다. 그 길이 자신의 신념을 지키는 길이자 동지들을 팔지 않는
유일한 방법이라고 믿었던 때문이다.

　그런 면에서 김명시의 죽음 또한 처연하기 이를 데 없다. 체포된 뒤
한 달을 버티며 자신의 신념을 지켜낸 항일혁명가 김명시, 그의 죽음
은 처연함을 넘어서서 치열한 삶과 신념을 지키기 위한 불같은 열정
의 연속인지도 모른다. 슬픈 현실은 코뮤니스트라는 이유만으로 역사
와 대중의 기억에서 지워진 것이다. 이는 일제강점기 가장 치열하게
투쟁했던 항일혁명가에 대한 예의가 아니다. 더구나 후손 된 도리도
아니다.

　조선독립운동에 좌우가 있을 수 없다. 민족해방운동에 이념의 차이
가 있을 수 없다. 낡은 이념과 좁쌀처럼 옹졸한 보훈정책을 넘어설 때
우리의 항일독립투쟁사와 근현대사는 그 내용을 더욱 풍성하게 만들

60. 임경석(2002). 「잊을 수 없는 사람들-강달영, 조선공산당 책임비서」. 『역사비평』
　　제58호. 271쪽.
61. 임경석(2008). 「잊을 수 없는 혁명가들에 대한 기록」. 역사비평사. 110~116쪽 참고.

어 갈 수 있다. 더구나 제국주의 식민통치에 맞서 견결하게 자신의 신념을 지켜낸 열혈 독립투사. 항일혁명가에 대해 남과 북 모두에서 아직도 외면당하는 현실은 더 이상 지속돼선 안 된다.

5. 포용사회에 걸맞지 않은 옹졸한 보훈정책

코뮤니스트 항일혁명가 김명시는 김원봉처럼 남과 북에서 버림받은 존재이다. 일제강점기 여느 혁명가들 못지않게 치열하게 분투했던 삶이련만 김명시를 기억하는 사람들은 거의 없다. 역사 연구자들조차 그에 관한 연구를 하지 않는다.

이제 한반도에 평화의 기운이 조금씩 싹트고 있다. 과거 적대관계였던 미국과 북한 최고지도자가 서로 악수를 했다. 현시대에서 민족해방을 위해 치열하게 살다간 항일독립투사들을 좌우 이념에 갇혀 편을 가르고 가치를 평가하는 것은 옹졸하기 짝이 없다. 특히 코뮤니스트이자 여성인 경우 더더욱 인색하기 짝이 없다. 독립운동에 좌우가 없고 남녀가 따로 없는데도 그동안 보훈 정책은 남성유공자 위주로 시행돼 온 게 사실이다. 2018년 11월 17일 현재, 여성독립유공자 포상은 357명으로 전체 독립유공자의 3%에 미치질 못한다.

전제군주제를 극복하고 근대 민주공화제 정부를 창출한 3·1 만세운동 당시, 조선 전체 인구의 1/10이 참여하였다. 여성이 집단으로 만세운동에 참여한 것은 역사상 최초의 사건이었다.[62] 그전까지 여성들은

---

62. 김삼웅 외(2018).『대한민국 100주년 남북한 여성독립운동가를 기억하다』. 한국 여성독립운동연구소, 표창원 의원 공동 주최. 13쪽.

의병투쟁이든 국채보상운동이든 소수의 여성 선각자 중심으로 참여하였던 것에 비해 3·1 만세운동은 여성들의 집단적인 진출을 가져온 일대 사건이었다. 그럼에도 독립유공자로 인정받지 못한 경우가 부지기수이다. 코뮤니스트 여성 항일혁명가의 경우는 더더욱 소외돼 우리들 기억 속에 지워진 게 사실이다. 유관순은 알아도 이화림을 모르듯이 김명시 역시 대중의 기억 속에 존재하지 않는다.

코뮤니스트라고 해서 민족과 국가를 덜 사랑한 게 아니다. 오히려 일제강점기 해방 직전까지 무장투쟁을 가장 치열하게 전개한 쪽은 코뮤니스트 계열의 조직이 절대다수이다. 민족주의 우파 계열은 1937년 중일전쟁 이후 제국주의 식민통치가 극점으로 치달을 때 대부분 변절하거나 은둔생활로 들어갔다. 1940년에 창설된 중경임시정부 한국광복군조차 훈련단계에 머물 정도였다. 민족주의 우파 계열 절대다수는 사회진화론의 관점을 수용하여 거대 제국 일본을 이길 수 없을 것이란 신념하에 일제 황민화 정책에 순응하고 마음으로 받아들인 것이다.

하지만 코뮤니스트들은 민족해방에 대한 의지와 열정으로 조국을 사랑하는 마음을 담아 끝까지 자신의 목숨까지 초개와 같이 버렸다. 대표적인 인물로 코뮤니스트 김알렉산드라 스탄케비치의 삶과 죽음을 되새기면 충분히 이해할 수 있는 대목이다. 김알렉산드라 스탄케비치는 처형 당시 볼셰비키 하바로프스크 당 서기였다. 그녀는 1917년 한국인 최초로 러시아혁명에 참여한 인물로 1918년 동양 최초로 사회주의 정당인 한인사회당의 산파 역할을 했던 인물이다. 그녀는 일본군이 가담한 반혁명세력인 백위대에 체포되었을 때 다른 사람들처럼 중국 상인이라고 둘러댔으면 목숨을 건질 수 있었다. 하지만 자신의 신념을 당당히 밝혔고 총살형에 처해졌다. 조국을 사랑하는 그 마음 앞에 저절로 숙연해진다.

임시정부 독립운동사 연구의 권위자인 한시준 교수(단국대)는 독립운동은 독립운동 그 자체만으로 평가해야 한다고 강조했다. 정년을 맞은 해 노교수의 옹골찬 주장이다. 해방 이전 항일독립운동의 업적을 지닌 인물은 해방 이후 행적과 무관하게 독립운동 공적을 인정해야 한다는 주장이다. 설령 해방 이후 북한 정권에 참여했더라도 일제강점기 항일독립운동에 행적을 남긴 인물이라면 마땅히 독립유공자로 서훈을 추서해야 한다는 것이다.

그렇다. 민족의 해방과 조국의 완전한 독립을 위한 투쟁의 길에 이념의 좌우가 걸림돌이 될 순 없다. 다행히 김알렉산드라 스탄케비치는 2009년 건국훈장 애국장을 뒤늦게 추서 받았다. 그러나 일제가 가장 잡고 싶어 했고 현상금이 가장 많이 걸렸던 의열단장 김원봉은 북한 정권에 참여했다는 이유만으로 아직껏 서훈이 추서되지 못하고 있다. 북쪽 역시 장개석의 지시를 받은 국제스파이로 비난하면서 자신들의 애국열사릉에 모시질 않았다. 김명시 역시 마찬가지이다. 이렇듯 낡은 이념의 시각에 갇힌 옹졸한 보훈지침은 오늘을 살아가는 우리를 참으로 부끄럽게 만든다. 하루빨리 낡고 시대에 뒤떨어진 보훈지침을 폐기하고 무엇이 국가와 민족을 위한 진정한 보훈지침인지 성찰할 시점이다.

해방 이후 남과 북 어디를 선택했든 이념에 상관없이 코뮤니스트 항일독립지사들을 발굴해 서훈을 추서해야 할 것이다. 나아가 독립운동가 후손들을 적극적으로 찾아내 보훈의 예를 갖추는 것도 소홀히 하지 않아야 한다.

평생을 민족의 해방과 조국의 독립을 위해 투쟁했으나 해방된 조국에서 비극적으로 생을 마감한 김명시, 그리고 김명시와 형제간인 김형선, 김형윤을 자랑스러운 항일독립투사로서 서훈을 추서하는 게 잊힌 역사를 바로잡고 민족해방운동사를 올곧게 세우는 길이라 생각한다.

10.

봉오동 전투와 청산리 전투에 대한 신화, 그 왜곡된 집단 기억

'봉오동 전투=홍범도, 청산리 전투=김좌진'
영웅신화에서 벗어나야

1. 들어가는 말

해방 후 수십 년 동안 우리는 '봉오동 전투=홍범도, 청산리 전투=김좌진'이라는 도식으로 배워왔다. 그 두 사람이 지도자였더라도 그 전투를 수행하려면 많은 사람이 싸워야 했을 것이다. 그러나 한국사 교과서엔 두 영웅의 사진과 함께 영웅주의 사관으로 그 시대가 기술돼 있다. 이젠 21세기이다. 역사를 '개인 영웅사'로 기술하고 암기할 때가 아니다. 한 사람의 영웅이 역사를 좌지우지한 것처럼 배우는 시대는 흘러갔다.

독립운동사 역시 마찬가지다. 역사의 주역은 따로 정해진 영웅들만의 자리가 아니다. 유명한 저 두 전투에서도 많은 사람이 자신의 임무를 수행했을 것이다. 그런 의미에서 이제 봉오동 전투의 실질적 주역을 밝혀내고 바로 세워보는 것도 무척이나 의미 있는 작업이 된다. 봉오동 전투의 실질적 주체는 4차례 학술 세미나와 전문연구자들에 의해 최운산 장군을 비롯한 최진동 장군-최치흥 3형제임이 밝혀졌다. 다만 교과서에 반영되지 않았을 뿐이다. 특히 노블레스 오블리주를 실천한 최운산[1] 장군의 삶과 투쟁을 주목할 필요가 있다.

마찬가지로 '청산리 전투=김좌진'이라는 고정관념 역시 왜곡된 역사의 한 단면이다. 청산리 전투 역사 왜곡의 중심엔 철기 이범석이 존재한다. '청산리 전투=김좌진' 또는 '청산리 전투=김좌진, 이범석'이라는 개인 영웅사관이 중심이 되어서는 안 된다. 오히려 이름도 없이 스러져간 무명의 독립투사들 그리고 그들과 혼연일체가 된 북간도 조선 민중들임을 제대로 규명하고 기술해야 한다.

2. 봉오동 전투의 전설, 최진동 장군이 친일파?

정치 월간지 『말』 2003년 10월호에 연변 작가 류연산은 「항일에서 친일로 변절한 인물: 봉오동 전투의 최진동은 독립투사가 아닌 친일파」라는 제목의 글을 실었다.[2] 그리고 1년 뒤 그는(2004년 당시 연변 조선족 자치주 대표회의 상무위원) 일제강점기 반민족 행위에 앞장선 친일 인사들을 소개한 책 『일송정 푸른 솔에 선구자는 없었다』(2004)를 펴냈다. 그 책엔 박정희, 백선엽, 정일권, 최남선 등의 친일 인물들과 함께 최진동을 친일파로 소개하고 있다. 책에 실린 내용은 월간 『말』에 소개한 내용

---

1. 최성주(2019). 「만주 무장독립전쟁의 주역 최운산 장군」. 『봉오동 전투 및 청산리 전투 시기 만주독립군의 전투 환경』. 최운산 장군 기념사업회 제4회 학술세미나 자료집 44쪽. 봉오동 전투의 전설적 영웅 최운산 장군의 이름은 8가지이다. 본명은 최명길이고 이명으로 최운산, 최문무, 최풍, 최고려, 최만익, 최빈, 최복이다. 최운산 장군은 1920년대 군자금 모금과 보천보 전투(1937)의 배후로 피검되는 것을 비롯해 모두 여섯 차례 투옥되었다.
2. 류연산(2003). 「봉오동 전투의 최진동은 독립투사 아닌 친일파」. 『말』 통권 208호. 160~165쪽.

을 그대로 전재한 것이다.

필자는 본래 노블레스 오블리주를 실천한 인물로 북간도의 대지주이자 거부 최진동-최운산-최치흥 3형제를 소개하고자 자료를 찾던 중이었다. 우리 역사에서 나라가 위기에 처했을 때 귀감이 될 인물로 알리고 기록할 필요를 느꼈기 때문이다. 더구나 최진동-최운산-최치흥 3형제는 봉오동 전투의 전설적 인물임에도 『한국사』 교과서는커녕 일반 시중 근현대사 서적에도 전혀 알려지지 않은 인물이기 때문이다. 보통 30대 이하 젊은 세대들은 학교교육을 통해서 노블레스 오블리주를 실천한 우당 이회영을 기억한다. 이와 다르게 40대 이상의 세대는 우당 이회영에 대한 기억도 없을뿐더러 봉오동 전투 당시의 최씨 3형제를 모르는 게 대부분이다.

필자는 '최진동이 독립투사가 아니라 친일파'라는 류연산의 글이 정말 사실인지 확인하고 싶었다. 먼저 2009년에 발간된 『친일인명사전』에 최진동에 대한 친일의 기록은 단 한 줄도 없었다. 류연산이 문제 제기한 2003년과 『친일인명사전』이 발간된 2009년은 시차가 적지 않다. 그런데도 전문연구자들은 최진동을 친일 인물로 분류하지 않았다. 오늘날 조중동 신문의 옛 사주 방응모, 김성수, 홍진기가 하나같이 『친일인명사전』에 등재된 것과 사뭇 다르다.

하지만 사료를 검토해 본 결과 최진동은 항일무장투쟁 전선에서 이탈한 후 뚜렷하게 친일한 행적이 없다. 따라서 필자는 이 글에서 류연산의 주장[3]에 대해 반박하고 봉오동 전투에서 최진동-최운산-최치흥 3형제가 독립운동사에 빛나는 자취를 남긴 인물임을 제대로 평가해 주고 싶다. 나아가 『한국사』 교과서에 최씨 3형제의 삶이 기술되길 소망한다.

첫째로 류연산이 책에서 주장한 '일본 제국주의에 비행기를 헌납했다'는 비판이다. 류연산이 비판한 비행기 헌납 건은 구체적인 증거나 사료가 없다. 대한민국 정부 수립 직후 제헌국회에서 반민법이 통과되고 반민족행위자(친일파)를 처벌하기 위한 반민특위가 1948년 10월에 결성되며 활동은 1949년 1월 초에 본격적으로 가동된다. 당시 반민특위 조사관에게 신문을 받던 이기권에 대한 「의견서」나 「피의자 신문조서」에는 최진동의 이야기가 기술돼 나온다. 이기권은 종로경찰서 고등계 형사의 밀정으로 의심을 받던 인물이자 관동군 촉탁으로 활동했다는 혐의 때문에 반민특위에서 조사를 받고 기소유예 처분[4]을 받았던 인물이다. 그에 대한 「3차 피의자 신문조서」(1949. 8. 16)에는 최진동이 일본군으로부터 독립군 선무공작을 강요받고 있다는 대목이 나온다.

그리고 최진동이 비록 일군에 체포돼 귀순하였지만, 일제의 요구대로 순순히 선무공작을 하지는 않았다는 진술도 있다. 또한 일본 헌병대장이 만들어준 귀순 권유문을 배포하지 않고 포장 대용 용지로 썼다고 강변한다. 최진동은 귀순 후 도문에서 살고 있었는데 연길현 대흥구에 있는 자신 소유 3만 정보에 달하는 임지에 대한 벌목 허가를 일제로부터 받고자 하였다. 그 이유는 이를 기반으로 혹시 있을지 모를

---

3. 류연산은 최진동이 "만주사변(1931) 이후 일제에 투항했을 뿐 아니라 비행기 한 대살 엄청난 돈을 일제에 기부하여… (중략)… 절개를 버리고 친일파로 전락한 인물"이라고 주장한다. 나아가 "1938년 일본군 토벌대의 선두가 되어 항일무장세력 진압에 앞장선" 인물이자 일제가 내세운 꼭두각시 국가 "만주국의 건국이념을 받들고 독립운동을 했던 과거사를 용서받기 위해 일제에 충성의 선물로 비행기를 헌납했던" 친일파로 규정한다. 그러면서 최진동이 "1941년 천수를 다하고 죽었다"며 "시간으로 계산하면 겨우 3년을 더 살려고 일제한테 무릎을 꿇었다"라고 기술하고 있다. 그리고 일제는 최진동의 "친일 공적을 높이 기리어 장례를 성대하게 치러주었다"라고 쓰고 있다.

4. http://db.history.go.kr 이기권 반민특위 자료. 「의견서」. 1949. 8. 30.

귀순 독립군들의 생활안정책을 마련하고자 한 것이다.[5] 물론 최진동은 조선인 독립군에 대한 선무공작을 실행하지도 않았다.

「증인신문조서」(1949. 8. 18)에서 아나키스트 항일독립투사 이정규 역시 이기권과 비슷한 취지로 진술한다. 이정규는 이회영 선생과 함께 북경 등 중국에서 항일독립운동을 전개했던 열혈독립투사이다. 이정규는 치안유지법 위반 혐의로 8년을 서대문형무소에서 복역 후 일제의 요시찰 감시를 피하기 위해 이기권이 운영하던 만주로 가게 된다. 거기서 이정규는 최진동 자택 사무실에 '관동군 위촉 선무공작부'라는 간판이 내걸린 것을 보게 된다.[6] 그러나 일본 헌병이나 관헌을 접대하던 공간으로 썼을 뿐이라고 진술한다. 겉으로 선무공작을 하고 있다는 표시로 간판을 내걸었다는 의미이다. 그리고 실제로 단 한 명에게라도 선무공작을 하지 않았다.[7] 오히려 선무공작을 미끼로 임지 벌목 허가를 받고자 했을 뿐이라고 진술하고 있다. 이러한 사실은 반민법 위반 이기권 피의 사건에 대해 당시 북간도에 거주했던 증인 김창영의 「증인 신문조서」에서도 확인된다.

당시 이기권, 최진동의 노력은 일제에 협력하여 민족에 해악을 끼치기보다 만주에 살던 다수 동포의 권익을 위하고 수많은 동포의 생명을 건진 활동으로 결코 반민족적인 행위가 아니라는 증언이다.[8] 실제로 최진동은 일제로부터 끝내 벌목 허가장을 교부받지 못했고 1941년 11월

---

5. http://db.history.go.kr 이기권 반민특위 자료. 「피의자 신문조서(제3회)」. 1949. 8. 17.
6. http://db.history.go.kr 증인 이정규 반민특위 자료. 「증인 신문조서」. 1949. 8. 18.
7. http://db.history.go.kr 이기권 반민특위 자료. 「피의자 신문조서(제2회)」. 1949. 8. 12.
8. http://db.history.go.kr 증인 김창영 반민특위 자료. 「증인 신문조서」. 1949. 8. 20.

25일 고문 후유증으로 별세했다. 최진동의 자택에 있던 선무공작 간판은 1941년 6월부터 1942년 봄까지 7~8개월 정도 내걸렸을 뿐이다. 그 기간 최진동은 위중한 와병 중이었고 이렇다 할 친일의 행적을 남기지 않았다.

흑룡강 출판사에서 펴낸 『최진동 장군』(2006)[9]에는 류연산의 주장과 달리 최진동은 자신의 항일의지를 끝까지 굽히지 않았다고 한다. 최진동은 자신의 목숨보다 더 소중하게 생각했던 도문 일대 넓은 땅을 이기권을 앞세워 일제가 군용비행장 확충용으로 강탈해 가려 하자 극렬히 저항했다. 그러자 일제는 최진동과 몇 차례 교섭을 진행하다가 뜻대로 되지 않자 돌연 헌병대로 끌고 가 극악한 고문을 가했다. 부득이 최진동의 아내 최순희 여사는 목숨보다 더 소중한 것은 없다고 판단하여 강제적으로 계약서에 지장을 찍게 했다. 그렇게 최진동의 도문 일대 땅은 강탈당했다. 결코 최진동이 자진해서 헌납한 것이 아니다.

실제로 일제의 회유와 협박, 그리고 고문은 집요했고 가혹했다. 최진동이 굴복하지 않자 재혼한 어린 부인을 괴롭혔다. 가족을 앞세워 최진동에게 정신적으로 고문을 가한 것이다. 매번 최진동이 일제헌병대에서 수레에 실려 나오자 어린 부인은 이러다 잘못하면 남편이 죽을 수도 있겠다는 두려움에 휩싸였다. 마지못해 어린 부인이 일제에 헌금을 대납했고 일제는 최진동이 국방헌금 100원을 냈다며 크게 선전하였고 신문에도 실었다.[10]

일본헌병대는 고문으로 몸을 가누지 못하자 최진동을 집으로 데려

---

9. 연변 역사학자들이 쓴 『최진동 장군』(2006)은 최진동과 최운산을 구분해서 기술하지 않고 최진동 중심으로 합체해서 기술한 부분들이 있다. 특히 최진동-최운산의 부친 연변 도태 최우삼에 대한 기술이 부족하고 가족사가 일부 왜곡돼 있다. 연변 역사학자들이 중국의 시각에서 기술했기 때문이다.

가라고 석방했다. 헌병대에서 풀려난 그는 고문 후유증으로 3~4일 앓다가 숨을 거뒀다. 최진동은 죽기 직전 아내와 둘째 아들 최국량을 불러 앉혀 놓고 다음과 같이 유언을 남겼다. "쏘독 전쟁이 이미 폭발했고 일본도 이 전쟁에 말려들 것이다. 일본은 이 전쟁에서 이길 수 없다. 우리 조선은 반드시 독립할 것이다. 독립의 그날을 보지 못하고 죽는 것이 한스럽다. 내가 죽은 후 봉오동 어귀 선산에 묻어, 죽어서라도 부모님과 함께 있게 해다오."[11] 참으로 독립투사다운 비장한 유언이 아닐 수 없다.

이와 같이 최진동의 일제 비행기 헌납은 류연산의 주장과 달리 사실이 아니다. 적어도 최진동의 최후를 생각하면 더욱 그렇다. 항일무장투쟁의 빛나는 금자탑인 봉오동 전투를 승리로 이끈 최진동 장군[12]은 목숨이 끊어지기 직전까지 항일의지를 굽히지 않았던 열혈 독립투사였다.

또한 류연산은 최진동의 죽음 이후 일제가 최진동의 "친일 공적을 높이 기리어 장례를 성대하게 치러주었다"라고 주장했다. 이 또한 사실

10. 최성주(2017). 「[연재] 독립운동가 최운산 장군 19. 빛나는 형제 최진동과 최운산 2」.『한겨레 온』. 2017. 6. 5.

11. 김춘선 외(2006).『최진동 장군』. 흑룡강 조선 민족출판사. 254쪽.

12. 최진동 장군은 글을 읽을 줄 몰랐다. 중국어에 능통했지만 어린 시절 아버지 최우삼이 〈도태의 난〉을 겪으면서 부친은 옥에 갇히고 가산은 풍비박산돼 가족이 뿔뿔이 흩어져버렸다. 부득이 어린 나이에 동생 최운산과 함께 부유한 중국인 집에서 머슴살이하면서 성실성을 인정받았다. 그러나, 글공부할 시간을 놓쳐버렸다. 따라서 최진동 장군의 카리스마는 상당 부분 최운산 장군이 뒷받침한 것으로 볼 수 있다. 최운산 장군은 학식과 문무를 겸비했을 뿐 아니라 최진동 장군을 뛰어넘는 풍채와 카리스마를 지녔던 분이다. 최운산 장군은 자신을 내세우기보다 항상 최진동 장군을 앞세웠고 친형인 최진동 장군의 말에 순종하며 참모 역할에 충실했다. 1910년대 최진동 장군은 북간도 간민회 부회장과 광복단 단장을 역임하였고 이미 북간도 조선인 사회에선 유명인사였다.

과 다르다. 조선족 역사학자들이 쓴 『최진동 장군』(2006)에는 최진동의 죽음 직후 일제는 감시를 강화하여 가까운 친척 외에 부고 사실을 전하지 못하도록 압력을 가했고 가족장으로 간소하게 치르도록 협박했다. 그리고 선산에 묻지 못하게 방해했으며 시신을 봉오동 입구 작은 언덕 밭에 묻도록 명령했다. 일제는 이 과정에서 최진동 장군의 혼백이 다시 살아나올 수 있다며 시신을 넣은 관을 양철로 덮어 씌워버렸다.[13] 그러자 둘째 아들 최국량은 항일투사인 아버지를 차마 그렇게 보낼 수 없다고 격분했으며 일본 헌병들이 돌아간 뒤 관을 다시 꺼내어 양철을 벗겨내고 관을 다시 땅에 묻었다.

류연산의 근거 없는 주장대로 최진동이 친일파였다면 일제가 헌병을 파견하여 장례 일체를 감시하거나 최진동의 죽음에 대해 그렇게 불안해하지 않았을 것이다. 더구나 관을 양철로 덮어씌울 정도이면 일제가 최진동을 어떻게 생각했는지 가늠해 볼 수 있는 사건이었다. 실제로 최진동 장군은 살아서나 죽어서나 동포들에겐 언제나 살아 있는 항일독립운동의 화신이었다.

최진동은 첫째 아들 최국신이 자신과 사상적 갈등 끝에 젊은 나이로 요절하자 극심한 자책감과 우울감 속에 정신적 고통을 겪었다. 큰아들은 아버지의 뜻을 이은 항일독립투사였지만 코뮤니스트였다. 그런 이유로 아버지 최진동에게 심한 질책을 받고서 몸져눕게 된다. 그리고 시름시름 앓다가 1년 뒤에 큰아들은 안타깝게도 세상을 뜨게 된다. 지극정성으로 간호하던 며느리 역시 남편이 운명하던 날, 다량의 아편을 먹고 스스로 목숨을 끊는다.

---

13. 김춘선 외(2006). 앞의 책. 256쪽.

이 사건 이후 최진동은 큰아들 내외의 죽음이 마치 자신의 책임인 양, 내적 고통과 정신적 고립감 속에 심신마저 무너져 내렸다. 매일 큰 아들과 며느리 묘소를 보는 것도 고통스러워 자신의 전 재산을 둘째 아들 최국량에게 물려주었다. 그리고 홀연히 부인과 남은 자식을 데리고 봉오동을 떠나 두만강변 도문으로 이주했다. 부인 최순희의 극진한 보살핌에도 불구하고 마음의 병은 더욱 깊어만 갔다. 최진동의 병세가 더욱 위독해지자 가족들은 부득불 일본인이 운영하던 병원 진료를 받고자 하였다. 그러나 최진동은 집에서 죽을지언정 일본인 의사의 치료는 받지 않겠다며 완강히 진료를 거절한다.[14]

최진동은 와병 중이던 1932년 초 이봉창 투탄 사건이나 윤봉길 홍구 공원 거사 소식을 전해 듣고 크게 고무되었다. 독립을 향한 항일의지를 다지고 각오를 새롭게 하였다. 1932년 늦여름 최진동은 병세에 차도가 조금씩 보이자 바깥출입도 하고 불교신자인 부인이 다니던 월정사 스님들과도 세상 돌아가는 이야기를 나누기도 한다.

그러나 자신의 병시중을 들던 큰딸마저 월정사에서 원인 모를 병으로 시름시름 앓다가 세상을 뜨고 만다. 그러자 최진동은 또다시 크나큰 충격으로 몸져눕게 된다. 졸지에 큰아들 내외와 큰딸을 잃은 최진동은 운신하기 힘들 정도로 심신이 쇠약해져 갔다. 부인 최순희는 둘째 아들 최국량에게 연락해 최진동을 작은 수레에 태워 다시 두만강변 도문 집으로 모시게 된다.[15]

와병 중에도 최진동은 일제가 추진한 30년대 황민화 정책에 강하게 반발하며 민족의식을 잃지 않고 견결하게 지켜나갔다. 자신의 이름을

14. 김춘선 외(2006). 위의 책. 242~244쪽.
15. 김춘선 외(2006). 앞의 책. 248쪽.

일본식으로 부르지 못하게 하였고 일왕에 대한 참배도 거부했다. 자녀들이 집에서 일본말을 아예 쓰지 못하게 엄히 가르쳤다. 아들 4명 이름에 모두 나라 '국(國)'자가 들어가도록 지은 것[16]도 잃어버린 나라를 되찾고자 하는 강렬한 열망을 담은 탓이다.

세 번째로 류연산은 최진동이 봉오동 전투 이후 북간도, 시베리아 지역에서 수천 명의 독립군을 거느리고 무장투쟁을 한 것은 사실이 아니라고 주장한다. "만주사변(1931) 이후 일제에 투항했고 1938년부턴 일제 토벌대의 선두에 서서 항일독립군 진압에 앞장섰다"라고 비난했다. 그러나 우리나라 독립운동사 자료나 조선족 역사학자들이 쓴 자료에도 기록되었듯 봉오동 전투 이후 최진동은 연해주, 시베리아 지역에서 항일무장투쟁을 지속했다. 봉오동 전투와 청산리 전투에서 일본군과 교전 후 최진동 부대는 중소 국경지역인 밀산을 거쳐 시베리아 아무르주 자유시에 집결한다. 그때가 1921년 3월이었다.

1920년 국제정세로 약소국 식민지 민족해방운동에 볼셰비키 레닌이 깊숙이 관련돼 있음은 민족주의 계열 독립운동가들에게도 널리 알려진 사실이었다. 일본은 미국, 영국, 프랑스를 비롯한 제국주의 군대들과 함께 백위대를 지원하며 시베리아 내전에 개입했다. 서구 제국주의 군대들이 1920년 초 시베리아에서 철병하는 것과 달리 일제는 러시아에 군대를 계속 주둔시키며 내전에 개입했다. 일제가 시베리아 철병을 선

---

16. 큰아들 국신(國臣)은 국가에 충성하는 신하가 되라는 뜻을 담았고 둘째 아들 국량(國良)은 나라의 선량한 백성으로 살아가라는 뜻을 담았다. 셋째 아들 국빈(國彬)은 훌륭한 인재가 되라는 소망을 담았고 넷째 아들 인국(仁國)은 인자한 백성으로 살아가라는 뜻을 담았다. 그만큼 최진동의 항일민족의식은 투철했다. 실제로 둘째 아들 최국량은 일제가 집요하게 추진한 황민화 정책 시절, 일본 신사에 참배하지 않았다고 전해진다. 모두 아버지 최진동의 항일정신과 민족의식을 이어받은 덕이다.

언한 것은 1922년 6월이고 실제로 원동지방 블라디보스토크에서 마지막으로 철군한 것은 1923년 4월 2일이었다.[17]

　그러한 시대 배경 속에서 한국 독립운동가들의 태도는 좌우를 가리지 않고 분명해졌다. 러시아 10월혁명(1917) 이후 전개된 시베리아와 원동지방 내전에서 독립운동가들은 혁명과 반혁명 중 양자택일을 요구받았다. 반혁명 세력 백위대를 지원하는 일제에 맞서 항일독립투사들은 혁명파인 적위대 편에 서서 그들과 손을 잡은 것이다. 그리하여 항일독립투사들이 연해주와 시베리아 지역에서 빨치산 투쟁을 통해 반혁명 군대인 백위대와 전투를 벌인다. 러시아 내전의 마지막 단계인 원동해방전쟁에서 백위대를 물리치고 소비에트 적위대가 승리한 데에는 항일독립군들의 역할이 매우 컸다.[18]

　레닌은 코민테른 2차 대회(1920)에서 약소국 식민지 민족 독립을 민족해방운동의 제1의 과제로 제기했다. 통합 임시정부에 200만 루블 독립운동자금을 약속한 것도 그러한 연장선상에서 이루어진 것이다. 조선 국내 언론 가운데 영향력이 제일 컸던 『동아일보』는 제52호로 발행된 「니콜라이 레닌은 누구인가」란 제목의 기사를 통해 레닌을 조선 민중의 '아버지, 벗. 교사'로 묘사하였다.[19] 따라서 일제의 대토벌에 쫓겨 밀산을 거쳐 러시아로 이동 중인 독립군 부대들이 백위파를 뒤에서 지원하는 일제에 맞서 무장투쟁을 전개한 것은 지극히 자연스러운 역사

17. 윤상원(2011). 「시베리아 내전 종결과 한인 빨치산 부대의 해산」. 『역사연구』 제20호. 156쪽. 160쪽.
18. 윤상원(2013). 「러시아혁명기 원동해방전쟁과 한인부대의 역할」. 『한국근현대사연구』 제67호. 662~663쪽.
19. 화니 이샤꼬브나 샵쉬나(1995). 「한국 공산주의 운동과 민족해방운동(1918~1945)에 대한 러시아 한국학자들의 견해」. 『한국독립운동사 연구』 제9호. 313~314쪽.

적 사실이다. 최진동 장군 또한 445명의 병력을 지휘하며 러시아공산당 원동부 한인부와 사할린 의용대가 주도해 만든 사할린 특립의용군(약칭 사특의용군)에 소속됐다.[20]

그러나 자유시 참변(1921. 6.)에서 당시 자신의 예하 부대 독립군들을 잃고 망연자실했으며 공산주의에 대한 회의와 적의를 갖게 되었다. 이후 최진동 부대는 시베리아에서 대한총군부 명의로 활동하면서 군자금 모집과 무관학교를 설립해 독립군 무관을 양성하기 위해 열과 성을 다했다. 1921년 9월 흑하 지역에 근거지를 둔 최진동 장군은 직접 무장대를 이끌고 왕청현 라자구 방면으로 진출해 일제 관공서를 공격하기도 했다. 1922년 6월엔 러시아 옴스크 지방에 군관학교를 설립해 생도들에게 독립사상을 전파하기도 했다.

일제 밀정이나 친일주구배를 처단하고 백위군을 추격하여 혼춘 방면으로 축출하기도 하였다. 1922년 11월엔 김규면과 함께 부대를 인솔해 조선 국경까지 진출하기도 했다. 당시 코민테른조차 연해주 항일지도자로 문창범, 홍범도와 함께 최진동 장군을 꼽을 정도였다.[21] 그만큼 러시아 연해주, 시베리아 지역에서 최진동 장군의 위상은 높았다.

최진동 장군은 1923년 초 직접 항일무장투쟁을 전개하기 위해 다시 동북만주지방으로 돌아왔다. 그리고 국내진공작전을 시도하고자 통합된 독립군단을 편성해 '의병대'라는 항일무장조직을 결성했다. 최진동 장군은 여기서 통합군단 군무장으로 임명돼 동북만주지방은 물론 남만주, 그리고 러시아 방면 독립운동단체를 통합하려 분투했다.

---

20. http://db.history.go.kr「시베리아 내전과 한인사회」참조; 김승빈(1994).「고독한 항일무장투쟁의 길목에 서서」.『동화』. 1994년 3월호.159쪽.
21. 김춘선 외(2006). 앞의 책. 271쪽.

1924년 1월엔 동북만주 청장년들을 모집해 이상촌 건설을 시도하기도 하였다. 의열단 김지섭 투탄의거(1924) 직후엔 자신이 통솔하는 부대 독립군들을 대상으로 결사대를 구성해 상해 의열단과 연락을 하며 거사를 추진하기도 했다. 그러나 최진동 장군은 1924년 9월, 돌연 중국 경찰에 체포되어 1926년 8월 감옥에서 석방됐다. 최진동 장군보다 앞서 체포돼 징역 3년을 살고 나온 최운산 장군은 출옥 이후에도 군자금 모금 활동을 전개했다. 하얼빈 총영사가 일제 외무대신 앞으로 보낸 외교문서에는 최운산이 김좌진, 박찬익, 그리고 신민부 군사위원 소속 주백완 등과 함께 신민부 농업경영과 군자금 모금 활동에 대한 보고한 내용이 담겨 있다.[22]

이후 최진동은 무장투쟁노선에서 온건한 독립운동 노선으로 선회했다. 과거 봉오동 전투의 전설적 인물인 탓에 일제의 감시와 사찰 대상이었지만 최진동 장군은 일제의 집요한 압력에 굴하지 않았고 민족을 배반하지도 않았다. 오히려 최진동은 길림성 왕청현 대표로 활약하며 독립투사 김창환, 이청천, 이장녕, 홍진과 함께 항일독립운동을 멈추지 않았다. 조선인의 생활수준 향상과 독립운동자금 마련을 위해 분투했으며 '생육사(生育社)', '조선족 원로회'를 조직하는 등 꾸준히 민족운동[23]을 실천해 나갔다.

만주사변(1931) 이후 최진동은 30년대 내내 고문 후유증으로 와병 중이었고 작은 수레에 몸을 실을 정도로 거의 운신하지 못했다. 그 와중에 일제는 막대한 재산을 소유한 그가 일제에 협조하도록 집요하게

---

22. 「신민부 농업경영 및 군자금 모집 위해 鮮內地 침입 계획에 관한 건」, 『不逞團關係雜件-朝鮮人의 部-在滿洲의 部 43』. 1926. 6. 21. 하얼빈 일제 총영사(天羽英二)가 본국 외무대신(弊原喜重郎)에게 보낸 외교 발신 문건.
23. 김춘선 외(2006). 앞의 책. 276쪽.

강요했다. 최진동은 끝내 일제의 회유와 강압을 거부했고 그런 이유로 헌병대에 연행돼 극심한 고문을 당했다. 그리고 석방된 지 사나흘 만에 순국한 것이다.

비록 20년대 중반 항일무장투쟁을 멈추었지만. 최진동 장군은 죽기 직전까지 항일의지를 굽히지 않았다. 국가가 위기에 처했을 때 자신의 전 재산을 독립운동에 쏟아부어 항일무장투쟁을 감행했다. 최진동 장군의 삶을 살펴보면 그가 생의 마지막까지 꼿꼿이 절개를 지킨 위대한 항일독립투사였다는 것을 누구도 부인할 수 없다.

3. 봉오동 전투의 영웅은 홍범도 아니라 최씨 3형제

동북만주지역 항일무장투쟁의 역사는 분단된 현실에서 1992년 중국과 국교가 체결되기 전까지 현장 접근이 불가능했다. 그런 연유로 봉오동 전투 현장을 봉오동 상촌이 아니라 하촌 봉오 저수지로 잘못 가리키는 우를 범하기도 했다. 거대한 저수지가 형성된 봉오 저수지는 봉오동 하촌 지역으로 봉오동 전투 현장이 아니다. 잘못 알려진 것은 지리만이 아니다. 봉오동 전투에서 승리할 수 있었던 제1의 결정적 요인은 최진동-최운산-최치흥 3형제의 노블레스 오블리주에 있었다. 그럼에도 오늘날까지 홍범도 개인의 영웅사관에 매몰돼 가르쳐왔다.

개봉영화 『봉오동 전투』에서 일제의 학살 만행과 잔혹성을 묘사한 장면이나 봉오동으로 일본군을 유인하는 장면들은 대체로 사실에 부합한다. 그러나 홍범도 장군(최민식 분)을 카리스마적 인물로 등장시켜 '봉오동 전투=홍범도'임을 다시 한번 각인시켜 주는 장면은 역사적 사

실을 왜곡한 것이다. 그것은 역사 고증을 제대로 거치지 않은 것으로
볼 수 있다.[24]

더구나 감자 한 알을 여러 명이 나눠 먹는 장면이나 군복을 입지 않
은 채, 누더기옷을 걸친 독립군들이 등장하는 장면은 명백히 사실을 왜
곡한 것이다.[25] 아마도 독립투사들의 신산한 삶과 20~30년대 항일빨치
산에 대한 고정관념에서 비롯된 듯하다. 실제로 본다면, 봉오동 전투
의 주역인 최진동-최운산의 군무도독부 소속 독립군들은 중국군인 복
장과 군복 색깔이 비슷하였다. 최진동-최운산-최치흥 3형제 모두 중국
군대에 복무한 경험과 관련이 깊은 탓이다. 그런가 하면 안무의 국민회
소속 독립군들은 일본군 복장과 복색이 비슷했다. 군복뿐만 아니라 군
장비 형태도 비슷하게 했는데 적이 쉽게 구분하지 못하도록 혼란을 주
기 위함이었다.[26]

봉오동 전투든 청산리 전투든 '홍범도-김좌진' 개인의 카리스마에 초
점을 맞춰 스토리를 전개하는 것은 지나친 과장이자 역사 왜곡이다. 이
젠 '개인 영웅사관'으로부터 벗어나야 한다. 오히려 절대다수의 이름도
없이 스러져간 수많은 독립군과 봉오동과 청산리에 정착한 조선인의
피와 땀의 결정체로 인식하고 봉오동 전투와 청산리 전쟁을 바라보아
야 한다. 그것이 역사의 진실에 훨씬 부합할 것이기 때문이다.

---

24. 최성주(2019). 「영화 〈봉오동 전투〉 유감」. 『한겨레 온』. 2019. 7. 11
25. 김승학(1965). 『한국독립사』. 독립문화사. 391쪽.; 이강훈(1975). 『무장독립운동
    사』. 서문당. 69~70쪽. 당시 봉오동 독립군 부대는 〈군복은 중국군인 복색과 같은
    회색을 착용하였으므로 중국군인과 구별이 곤란하였다〉고 한 사실에 비춰볼 때 모
    두 군복을 착용하고 있었음이 분명하다. 최운산 장군의 아내 김성녀 여사의 증언
    역시 당시 봉오동 요새에는 8대의 재봉틀이 있어서 독립군 부녀자들이 밤낮으로
    독립군복을 제작해 모두 군복을 착용하고 있었다.
26. 국민회군 편찬위원회(1974). 『抗日國民會軍』. 공산권 문제연구소. 163~164쪽. 참고

『봉오동 전투』에선 봉오동 전투를 '조선의 마지막 전쟁'이라고 읊는 대사가 나온다. 그러나 봉오동 전투는 당시 독립군들이 명명했고 일제 관헌자료에도 나오듯이 '독립전쟁의 제1회전'[27]이지 '조선의 마지막 전쟁'이 아니었다. 그리고 정식 군대로서 군복을 갖춰 입었다. 무기 역시 체코 병단이 썼던 화력이 우수한 미제 무기로 대포, 기관총, 장총, 권총, 수류탄들로 무장한 최정예 군대를 보유하고 있었다. 봉오동 전투 당시 최진동-최운산-최치흥이 중심이 된 군무도독부는 후방부대를 따로 두고 의무부대와 보급부대를 별도 편성해 운영할 만큼 대규모 부대였다.[28]

최운산 장군의 아내로서 봉오동 요새인 독립군 기지에 살았고 수백 수천의 독립군들을 먹이고 입혔던 여성독립운동가 김성녀 여사의 「진정서」(1969)에는 다음과 같은 내용이 기술돼 있어 그 시대의 상황을 다시 생각하게 한다.

  "본인은 독군부 총사령관 최진동의 제수이며, 도독부 독군부의 창설자이며 참모장으로서 모든 군자금을 맡아 조달하였으며 일생을 독립운동에 헌신한, 최진동 장군의 친제인 최운산(일명 만익)의 미망인… (중략)으로 국민과 후손들에게 최진동 3형제의 혁혁한 독립운동 투쟁사를 사실대로 명백히 밝히고자 아래와 같은

---

27. 梶村秀樹, 姜德相(1970). 『現代史資料』 27권. みすず. 608쪽. 윤상원(2013). 「만들어진 신화, 고등학교 한국사 교과서 대한독립군단 서술의 문제점」. 『한국사학보』 제51권. 고려사학회. 296쪽에서 재인용. 실제로 〈독립전쟁의 제1회전〉이라는 표현은 당시 국민회 집회 당시 독립군들이 썼던 표현이다.
28. 최성주(2016). 「연재 독립운동가 최운산 장군 1, 역사 속으로 들어가다」. 『한겨레온』 2016. 10. 20.

내용의 진정서를 제출하나이다.

(중략) 최진동 장군을 위시하여 3형제가 혼연일체가 되어 조국의 광복을 위해 일생을 헌신하시다가 작고하시었는데, 조국광복을 맞아 독립운동 당시 하급지휘관 및 졸병으로서 생존한 독립인사(필자 주: 이범석)가 자신의 공적을 과대 선전하기 위하여 허무맹랑한 사실과 왜곡되고 과장된 조작 사실로 인하여 독립운동사에 오점을 남겼으며 일생을 독립운동과 조국광복을 위해 생명과 재산을 총 투입하여 투쟁하였으나 공적이, 사록에 수록이 뒤바뀌어져 있기에 반드시 사학가들에 의하여 사실이 입증되리라 보며 독립운동을 하시고 생존해 계시는 분들의 양심에 호소코자 합니다.

가. 북만주지역에는 많은 독립운동단체가 있었으나, 그 단체들이 왜 통합을 하여야 했으며, 통합 후에는 누가 총사령관에 취임하였으며, 통합 후에는 누가 자금을 지원하였는가요?

나. 북만주지역에서 독립운동 당시 누가 거처와 모든 장비 및 피복, 식량과 모든 군자금을 제공하였는가요?

다. 일본군에서 독립군의 근거지라 하는 왕청현 봉오동 일대와 서대파는 누구의 소유였던가요?

라. 도독부, 독군부에서 사재를 투입하여 서대파에 군정서 겸 군사교련소를 창설한 사실을 알고 계시며, 창설 당시 자금은 누가 조달하였는가요?

마. 한국에서 북만주로 독립운동을 위하여 입만하신 분 중에 누가 자금을 가지고 들어가셨던가요? 유일한 분으로서는 이시영 선생(2대 부통령 취임한 분)이시며, 그 외에는 북만주에 거주하는 교민의 도움으로 지탱하였고, 그 외 자금은 누가 지원하였던가

요?"(하략)

_김성녀 여사가 1969년에 제출한 「진정서」[29]

4차에 걸친 「최운산 장군 기념사
업회」 학술세미나에서 발표된 자료
와 전문연구자의 연구 결과에 따르
면 기존 『한국사』 교과서나 영화 『봉
오동 전투』는 왜곡된 기술이나 묘사
가 적잖이 눈에 띈다. 먼저 '봉오동
전투'의 승리는 하루아침에 일구어
낸 승전보가 아니다. 북간도 일대 제
1의 거부인 최운산 장군과 최진동,
최치흥 3형제가 오랜 준비과정으로
독립전쟁을 위해 노력한 피와 땀의
결정체이다.

최운산 장군.
북만주 제1의 대지주이자 거부 최운산
장군은 자신의 전 재산을 쏟아부어 무기
구입, 군복 제작, 군량미 조달 등 독립군
기지 건설과 독립군 양성에 혼신을 다한
노블레스 오블리주의 귀감이 되는 역사
적 인물이다. 1977년 뒤늦게 독립유공자
서훈을 받았다. (출처: 최운산 장군 기념
사업회)

중국군에 복무한 경험을 지닌 최
씨 3형제 가운데서도 최운산 장군
은 중국군 복무 당시 동북 3성 군벌 장작림의 목숨을 여러 차례 구해
준 인물이다. 더구나 지략과 문무를 겸비한 당대 걸출한 호인이었다.
최운산 장군은 일찍이 왕청현 간도 일대 황무지를 헐값에 불하받아 이
주 한인들과 함께 옥토로 개간한 입지전적 인물이다. 그는 곡물업과
축산업을 통해 오랜 시간 중국과 러시아를 상대로 교역을 해 왔다. 교

---

29. 국민회군 편찬위원회(1974). 앞의 책. 219~223쪽. 참고

역과정에서 블라디보스토크를 비롯한 연해주지역 독립운동가들과 교류했을 뿐만 아니라, 러시아 10월혁명(1917)을 익히 알고 있었다. 한 번에 수백 마리의 소떼를 몰고 장춘이나 훈춘으로 가기도 했다. 김성녀 여사의 증언에 따르면 최운산 장군은 무술이 매우 뛰어났다고 한다. 최운산 장군의 친손녀 최성주(언론개혁시민연대) 대표는 할머니 김성녀 여사에게 전해 들은 이야기를 다음과 같이 증언했다.

"최운산 장군은 러시아 무역업자로서 매번 훈춘으로 수백 마리 소떼를 몰고 가서 러시아에 넘겼다. 당시엔 비적들이 횡행할 때라 소를 팔러 갈 때면 항상 무술 고수인 최운산 장군이 함께 길을 나서야 했다. 할아버지가 안 계시면 일꾼들이 출발하지 않고 버텼기 때문이다. 할머니는 방탄조끼를 입고 허리에 박달 망치와 단도를 차고 등에 긴 박달봉을 메고 총은 지니지 않은 채 길을 떠나는 당신의 모습과 비적들이 덤벼도 죽이지 않고 박달봉으로 잠시 기절만 시켜 목숨을 살려주셨던 당신의 인품에 대해 설명해 주셨다."[30]

당시 봉오동 독립군 기지에는 재봉틀 8대가 있어 한인촌 마을 부녀자들이 합심해 독립군 군복을 모두 제작하고 세탁도 했다. 김성녀 여사의 증언에 따르면 한 끼에 3,000명분 식사를 마련한 적도 있다고 했다.[31] 봉오동 마을의 여성 중에는 독립군의 아내들이 많았다. 그들 역시

30. 최성주(2017). 「연재: 독립운동가 최운산 장군 13. 손녀 최성주가 보내는 편지」. 『한겨레 온』. 2017. 3. 8.
31. 최성주(2016). 「연재 독립운동가 최운산 장군 5. 만주 독립군의 어머니 독립군 김성녀」. 『한겨레 온』. 2016. 12. 11.

총을 쏠 줄 알았다. 여성독립군인 셈이다. 1912년 최운산 장군이 한인 촌 마을을 지키기 위해 100명 규모로 자위대 병력을 양성했다. 일부는 중국군 복무 당시 최운산 장군을 흠모했던 병사들이 따라 나왔고 마을 청년들 가운데 모집도 하여 자위대를 창설했다.

1915년 무렵 무장한 '도독부' 독립군 숫자가 점점 늘어나 500명을 넘어섰다. 그리하여 최운산 장군은 봉오동 산 중턱을 벌목해 연병장을 만들어 훈련장소로 사용했다. 병사들이 머물 거대한 대형 막사 3개 동도 지었다. 1919년 대한민국 통합 임시정부가 세워졌을 때 봉오동엔 최진동-최운산 장군이 7년에 걸쳐 잘 훈련한 670명 규모의 정예군대가 존재했다. 대한민국 최초의 정식 군대인[32] '대한군무도독부'[33]였다. '군무도독부'는 북만주 제1의 거부이자 대지주 최운산 장군의 헌신으로 체코 병단이 썼던 미제 신식무기로 무장하였다. 또한 러시아 교관을 초빙하여 정예군대로 훈련된 독립군 부대였다.

1920년 초 봉오동 요새에 주둔한 군무도독부와 홍범도 부대의 병력은 상당히 장대하여 나남 주둔 일본군 제19사단 안천 월경추격대대 병력과 군세가 팽팽하게 맞서는 형국이었다.[34] '대한군무도독부'를 중심으로 안무의 국민회군, 홍범도의 대한독립군, 김좌진의 북로군정서 등 6개 단체가 통합하여 통합부대 '대한북로독군부'가 탄생한다. '대한북로

---

32. 최성주(2016). 「연재 독립운동가 최운산 장군 3, 최운산 장군의 마을 봉오동에 가다」. 『한겨레 온』. 2016. 11. 28.
33. 梶村秀樹, 姜德相(1970). 「義軍團及都督府ノ活動ニ關スル件」. 『現代史資料』 27권. みすず. 346쪽. http://db.history.go.kr 「봉오동 전투」에서 재인용. 《일제 정보자료에는 대한군무도독부가 최진동의 도독부와 홍범도의 의군부가 통합되어 창립된 것으로 기술하고 있다.》 그러나 이는 일제 정보자료가 갖는 한계이자 왜곡이다. 군무도독부는 최진동-최운산-최치흥 3형제가 중심이 되어 봉오동에 설립한 독자적인 단체였다.
34. 독립운동사 편찬위원회(1975). 「독립군전투사(하)」. 『독립운동사』 제6권. 42쪽.

피 묻은 태극기
봉오동 전투(1920. 6. 7.) 당시 「대한
북로독군부」 독립군이 썼던 태극기.
(출처: 독립기념관 소장)

독군부'는 바로 봉오동전투를 승리로 이끈 부대이다.

최운산 장군은 봉오동에 있는 자신의 집을 독립군 본부로 사용하였다. 집 주변 3천 평 넘는 둘레에 폭 1m 두께의 견고한 토성을 높이 쌓아 일제 밀정이 쉽게 드나들지 못하도록 보안에 철저했다. 삼엄한 경계를 하는 봉오동 독립군 기지 요새에는 비상연락책으로 비둘기 300마리를 전령사로 키웠다.[35] 또한 최운산 장군의 형 최진동 장군이 발행한 통행증이 없으면 함부로 드나들 수 없도록 엄격히 통제했다. 실제로 통행증과 비표를 소지하지 못하면 즉결처분을 당할 정도로 군율이 삼엄했다. 100년이 지난 지금도 그곳 지명이 토성을 쌓은 곳이라 하여 토성리라고 부른다.[36]

3·1운동 직후 수많은 조선의 청년들이 항일독립투쟁의 원대한 포부를 지닌 채 간도지방으로 넘어왔다. 조선의 독립을 위해선 무장투쟁! 바로 독립전쟁을 수행해야 한다는 결의에 찬 망명이었다. 그리하여 최

35. 최성주(2017). 「연재 독립운동가 최운산 장군 18. 경주 당고모」. 『한겨레 온』. 2017. 5. 29.
36. 최성주(2016). 「연재 독립운동가 최운산 장군 3. 최운산 장군의 마을 봉오동에 가다」. 『한겨레 온』. 2016. 11. 28.

진동-최운산-최치흥 3형제가 머물던 봉오동 역시 수많은 애국청년이 몰려들었고 스스로 독립군이 되고자 지원했다.

최진동-최운산-최치흥 3형제가 구축한 봉오동 군사기지를 방문한 적이 있었던 항일혁명지사 이강훈은 자신이 쓴 저서 『무장독립운동사』 (1975)에서 봉오동 군사요새를 이렇게 묘사했다.

> "왕청현 봉오동은 두만강에서 40리가량 떨어진 산간이다. 장백산의 지맥인 고려령의 험한 산줄기가 사방을 병풍처럼 둘러치고 있다. 꾸불꾸불 갈지(之)자형으로 장장 2십 리를 뻗은 계곡 지대에 1백 수십 호의 민가가 흩어져 있었다. 이 부락에는 최명록(필자 주 최진동) 3형제가 있어서 그들의 지도 밑에서 독립운동의 근거지로써 재류동포의 생활과 기타 모든 면에서 잘 짜여 있었다. 가옥구조도 한국식이어서 마치 국내의 한 지방 같았다. 중국인 가옥이 몇 집 끼어 있어서 며칠 만에 한 번씩 중국 관헌이 순라를 돌 뿐 독립군의 자유무대였다. 이 계곡 초입 여기저기 2십여 채의 민가가 흩어져 있는 곳이 봉오동 하촌이다. 여기서 도로를 따라 10리가량 올라가면 30여 호 남짓한 남촌(중촌이라고도 함)이 있다. 이 남촌에서는 계곡이 두 갈래로 갈라지는데 왼쪽 계곡을 타고 10리쯤 올라가면 60여 호가 흩어져 있는 북촌(상촌)이다. 이 북촌이 봉오동을 대표하는 곳으로 독립군의 야영지를 겸한 훈련장이다"[37]

김성녀 여사는 봉오동 전투에 참전했던 독립군을 1960년대 부산 국

---

37. 이강훈(1975). 『무장독립운동사』. 서문당. 95~96쪽.

제시장에서 우연히 만난 적이 있었다. 그는 김성녀 여사에게 이르기를 "수많은 독립군을 먹이고 입히고 했던 김성녀 여사야말로 진정한 독립투사"라고 극찬했다.[38] 그러면서 "최운산 장군 땅이 당시 부산지역의 6배 정도 넓이에 달한다"라고 말한 적이 있다. 그만큼 넓은 기지였음을 알 수 있다.

통합 임시정부 역시 1920년을 '독립전쟁 원년'으로 선포했다. 국무총리 이동휘는 만주와 연해주 일대 모든 무장 부대들을 통합해 거대한 독립군단을 형성하고자 했다. 일제와 독립전쟁을 치르기 위해선 임시정부 산하 통합된 군대를 보유하는 것이 절실했기 때문이다. 이를 위해 1920년 1월 임정 '국무원 포고 1호'와 '군무부 포고 1호'를 공표해 서북간도 청년들이 독립군에 지원할 것을 촉구했다. 일제와 독립전쟁을 치를 때 일제에 타격을 줄 수 있는 결정적 위치에 있던 조선인들이 만주와 러시아 원동 지방 한인들이라고 판단한 것이다. '국무원 포고 1호'는 그 점을 강조하듯이 만주와 러시아 한인 동포들의 단결과 지원을 호소했다.[39] 그리하여 통합군단 실현을 위해 임정 대표로 안정근과 왕삼덕, 조상섭 3인을 만주와 연해주로 파견하기도 했다.

실력양성론(준비론 또는 완진론)으로 널리 알려진 안창호 역시 1920년을 독립전쟁의 원년으로 삼아야 한다고 역설했다. 그리하여 당시 임시정부 분위기는 이듬해 1921년 신년하례식을 서울에서 치르자고 할 만

---

38. 최성주(2016). 「연재 독립운동가 최운산 장군 5, 만주 독립군의 어머니 독립군 김성녀」. 『한겨레 온』. 2016. 12. 11.
39. 「국무원포고 제1호」. 『독립신문』 1920. 2. 5. 신주백(2019). 「1920년 동만주지역 독립군의 지형과 독립전쟁론-대한북로독군부를 중심으로」. 『봉오동 전투 및 청산리 전투 시기 만주독립군의 전투 환경』. 최운산 장군 기념사업회 제4회 학술세미나 자료집 54쪽에서 재인용.

큰 뜨거웠다. 실제로 상해 임시정부는 초기 외교독립론 못지않게 일제와의 무장투쟁을 통한 독립전쟁을 부르짖었던 게 역사적 사실이다. 이승만을 중심으로 한 외교독립론과 이동휘를 대표하는 무장투쟁론(주전론, 급진론), 그리고 안창호를 중심으로 실력양성론(완진론)이 상해 임정 초기 표출된 독립운동노선들이었다.[40] 적어도 1920년 이동휘-김립이 국무총리와 국무원 비서장으로 재임했던 기간엔 무장투쟁론이 지배적이었다.

북간도 일대 제1의 거부였던 최운산 장군은 당시 비누공장-콩기름공장-국수공장-주류공장-성냥공장-과자공장을 경영할 정도로 절대다수의 생필품 공장을 운영했다. 러시아와 무역을 통해 축적한 부와 북간도 일대 황무지를 비옥한 토지로 개간한 광활한 땅, 그리고 다수의 생필품 공장에서 나온 수익을 모두 독립운동자금으로 쏟아부었다.

이러한 과정으로 1912년 도독부는 1919년 대한민국 정식 군대인 '대한 군무도독부'가 된다. 군무도독부 부장, 즉 사령관은 최운산 장군의 친형인 최진동 장군이 맡았다. 자신은 참모장을[41], 동생 최치흥은 작전참모로 활약하였다. 그렇게 훈련된 정예군대인 군무도독부가 있었기에 봉오동 전투가 '독립전쟁 제1회전'의 승리로 명명될 수 있었다. 동북만주지역에 아무 근거가 없었던 홍범도가 어느 날 갑자기 나타나 봉오동

40. 반병률(2006). 「일제 초기 독립운동노선논쟁-급진론과 완진론: 초기 상해임시정부를 중심으로」. 『한국 동양 정치사상사 연구』 5(2). 한국 동양 정치사상사학회. 115쪽.
41. 이계형(2019). 「최운산의 삶과 독립운동」. 『봉오동 전투 및 청산리 전투 시기 만주 독립군의 전투 환경』. 최운산 장군 기념사업회 제4회 학술세미나 자료집 108쪽. 최운산 장군은 도독부 창설 초기에 참모장에 추대되었지만 족벌적 인상을 줄 수 있다며 사양하고 도독부와 이후 군무도독부 그리고 대한북로독군부 시절 막후에서 재정적 헌신과 정보를 관장하며 전투에 빠짐없이 참여하였다.

전투를 승리로 이끈 게 아니다.

실제로 홍범도의 빨치산 부대인 대한독립군이 봉오동 전투(1920. 6. 7)에 합류한 것은 1920년 5월 중순 이후이다. 최진동-최운산-최치흥 3형제가 만든 군무도독부가 중심이 되어 홍범도의 대한독립군, 그리고 안무의 국민회군 등 6개 단체와 통합해 1920년 5월 19일 '대한북로독군부'라는 통합부대를 출범한다. 봉오동 전투에서 빛나는 승리를 쟁취한 바로 그 부대이다. 김좌진(제1연대장), 홍범도(제2연대장), 오하묵(제3연대장)은 연대장으로 임명되었다.[42] 그들이 보유한 무기류는 대포 10여 문, 기관총 수십 정, 수류탄 수천 개, 장총 1000여 정, 권총 수백 정이었고 수만 발의 실탄으로 무장한 상태였다.

김좌진의 북로군정서 역시 최운산 장군이 만들었다. 왕청현 서대파에 북로군정서 군 기지 터를 제공한 것이다. 그리고 3·1운동 이후 국내에서 망명한 애국청년들을 훈련시킬 사관연성소 역시 자신의 소유지인 십리평에 세웠다. 북로군정서 산하 사관연성소는 6개월 단기 군사학교로 소장은 김좌진이고 이범석은 당시 약관의 나이로 교수부장이었다. 서간도 신흥무관학교 교관이던 이범석을 김좌진이 북간도로 불러들인 것이다.

최진동-최운산-최치흥 3형제는 일찍이 중국군에 복무하면서 군사지식과 전술을 익혔다. 그리고 봉오동에 신한촌을 건설해 100가구가 넘는 조선인 마을을 조성했다. 그가 양성한 '군무도독부' 독립군들은 대부분 중국 관헌과 친분이 두터운 공교회 교도들이고[43] 최진동-최운산-

---

42. 1920년 6월 4일자 『朝鮮民族運動年鑑』과 1973년에 발간된 「독립군전투사(상)」. 『독립운동사』 제5권 348쪽에는 최진동(사령관), 홍범도(연대장)으로 기술돼 있다. 아마도 김좌진, 오하묵 장군이 합류하기 직전의 편제인 듯하다.

최치흥 3형제는 중국어에 능통해 이미 중국 국적을 취득한 상태였다.

1920년 6월 봉오동 전투 이전에도 '군무도독부'는 함경북도 종성군과 온성군을 비롯해 36차례 국내진공작전을 펼쳐 일본헌병대와 국경수비대를 혼란에 빠트렸다. 국경 근처 일본군 헌병파견대와 경찰주재소, 파출소, 우체국을 습격하였고 군자금을 모금하였다. 실제로 1920년 3월에서 6월 사이 국내진공작전을 감행한 독립군은 대부분 '군무도독부' 소속 독립군들이었다.[44]

봉오동 전투가 시작되기 전 최진동-최운산-최치흥 3형제는 일본군이 독립군 근거지를 소탕하기 위해 출병한다는 첩보를 사전에 입수했다. 그에 대비하여 봉오동에 거주하던 조선인들을 전투 개시 한 달 전에 모두 안전한 곳으로 이주시켰다. 그리고 '대한북로독군부' 독립군들은 참호를 파고 서산, 남산, 북산, 동산 방향 매복에 들어갔다. 일본군 월경추격대대를 봉오동 상촌 깊숙이 유인하여 섬멸시키려는 작전이었다. 1920년 6월 7일 낮 11시 30분경 일본군 월경추격대대는 1500고지 고려령을 넘어 봉오동 마을로 진입했다. 일본군은 기다란 장화를 신은 채 번쩍거리는 나팔을 요란하게 불어대며 마을을 지나 산으로 진군해 갔다.

일본군 후미가 독립군 매복 지점을 지날 무렵 사령관 최진동이 전투 개시를 알리는 신호탄을 쏘았다. 일본군은 완전히 포위된 상태에서 대혼란에 빠졌고 우왕좌왕하였다. 무기를 실은 말들은 총소리에 놀라서 혼비백산 산 아래로 질주했다. 전투가 4시간 넘게 치러졌고 전투상

---

43. 반병률(2009). 『1920년대 전반 만주·러시아 지역 항일무장투쟁』. 독립기념관 독립운동사연구소. 114쪽.
44. 반병률(2009). 앞의 책. 114쪽.

황이 독립군에게 유리하게 전개되던 순간, 오후 4시 20분쯤 기상이변으로 우박이 쏟아지고 장대비가 내려 하늘이 어둑어둑해졌다. 이 틈을 타 일본군은 남산 쪽으로 후퇴하기 시작했다. 이때 '대한북로독군부' 제2중대는 홍범도의 지휘 아래, 퇴각하는 일본군에게 사격을 가하지 않고 반대 방향으로 빠져나갔다. 당시 일본군에 큰 인명 손실을 입히며 타격을 가할 수 있었음에도 홍범도 부대의 "빨치산들은 적을 끝까지 몰아붙이지 않고 전투를 중지한 채 그곳을 떠났다."[45] 당시 홍범도 부대 독립군이었던 이종학의 회상기 일부이다.

> "그날 아침… 望塔은 봉오골 가은産 맨 마지막 3골 어구 가운데 峰에 있었다. 일본 군대는 일시에 좌우방면에서 침입하여서 望坮를 향하고 突入하여 우리 望坮있는 데다가 사격을 시작하였다. 우리도 마주 사격을 始作하였다. 잠시 후에 洪범도 大장은 사격을 그치고 북쪽을 향하여 차츰 높은 봉으로 오르라는 命令을 전하였다… (중략) … 홍범도 장군은 "우리는 죽지 아니하고 독립을 해야 된다"고… 우리는 정식 군대가 아니고 빨치산이다. 그러니 전략과 전술이 정식 군대와 빨치산이 판이한 것이다."라고 흥분에 겨우신 음성으로 말씀하시고…."
>
> _「회상기(러시아령과 중국령에서 진행되던 조선민족해방운동)」
> 홍범도 군대 이종학의 回想記. 1958년[46]

45. 김승빈(1994). 「러시아 원동의 조선인 빨치산 운동」(1918-1922). 『동화』. 1994년 8월호. 177쪽.
46. 최성주(2019). 「'독립전쟁의 제1회전'이라 불린 "봉오동전투" 그날의 이야기」. 『한겨레 온』. 2019. 8. 1.

사령관 최진동의 퇴각 명령이 없었음에도 홍범도는 자신의 부대가 정규군이 아니라 빨치산 부대라며 전투상황에서 퇴각한 것이다. 그러자 끝까지 남산 자리를 지켰던 신민단 대원들이 수적 열세로 일본군의 집중 공격 속에 전멸당하는 참극이 발생했다. 봉오동 전투 이후 홍범도는 최진동 장군으로부터 본부의 명령을 어기고 독단적으로 퇴각한 것에 대해 심한 질책을 받았다.[47] 이후 전투상황은 매복전에서 백병전으로 치열하게 전개되었다.

뒤이어 일본군 후속 지원부대가 도착했는데 이들은 독립군을 속이기 위해 군모에 묶은 붉은색 띠를 벗겨버리고 산속으로 들어왔다. 그러자 장대비 속에 적과 아군을 구분하지 못한 일본군이 자신들의 지원부대를 독립군으로 오판하여 서로 총격을 가했다. 봉오동 전투에서 일본군 전사자가 120명[48]이 아니라 5백 명을 넘어선 이유이다.

봉오동 전투 결과 상해 임정에서 발간하는 『독립신문』이나 그 이후 대부분 역사기록은 독립군의 피해가 거의 없는 것처럼 기술해 왔다. 그러나 이는 사실과 다르다. 전투는 치열했으며 독립군 전사자도 수십 명에 이르렀다. 총상 환자 역시 수십 명이 발생했다. 이것이 '독립전쟁 제1회전'으로 부른 '봉오동 전투'의 실상이다.

이 글에서 계속 강조하듯이 홍범도 1인에 맞춰진 영웅사관을 이젠 벗겨버릴 시점이다. 그리고 봉오동 전투를 독립전쟁으로 인식해 수년에 걸쳐 주도면밀하게 사전 준비한 최진동-최운산-최치흥 3형제의 활약상에 우리는 주목해야 한다. 최운산 장군의 노블레스 오블리주를 후손들

47. 梶村秀樹, 姜德相(1970). 「大韓北路獨軍府ノ內訌ニ關スル件」. 『현대사자료』 27권. みすず. 396쪽.
48. 『朝鮮民族運動年鑑』. http://db.history.go.kr 『일제침략하 한국 36년사』 제5권 「최진동이 사령으로 안무를 부관으로」.

은 기억해야 한다. 이젠 『한국사』 교과서를 비롯해 독립운동사 서술에서 최진동-최운산-최치흥 3형제의 고결한 삶을 바로 기록해야 한다.

4. '봉오동 전투=홍범도, 청산리 대첩=김좌진'의 고정관념에서 벗어나야

우리는 보통 '봉오동 전투=홍범도', '청산리 대첩=김좌진'으로 기억한다. 수십 년 동안 학교에서 그렇게 배운 탓이다. 실제로 검인정 교과서 미래 앤 『한국사』(2015)에도 '독립전쟁의 두 영웅'으로 홍범도와 김좌진을 언급하고 있다.[49] 이른바 영웅사관에 입각해 기술해 왔고 봉오동 전투와 청산리 대첩을 국민 머릿속에 그런 공식으로 각인시켜 왔다. 뿐만 아니라 봉오동 전투나 청산리 대첩의 사상자 전과도 사실에 기초하지 않는다. 더구나 봉오동 전투와 청산리 대첩에서 대패한 일본군이 독립군을 추격해 오자 독립군 주력부대 4,000명은 중국과 러시아 국경지역인 밀산부에서 '대한독립군단'을 조직했다고 기술하고 있다.

그러나 사실을 연구하면 대규모 병력을 동원한 일본군의 대대적인 공세에 쫓겨 독립군 부대는 밀산에서 러시아 이만으로 그리고 다시 아무르주 자유시로 이동한다. 당시 북간도 독립군 부대들의 최종 이동 목적지는 시베리아 아무르주 자유시였다. 러시아 공화국에서 제공한 열차를 타고 안전지대인 시베리아 자유시로 집결한 것이다. 그리고 항일독립군 부대는 일본군의 공세에 쫓겨 이동하는 도중 소규모 부대 통

---

49. 한철호 외(2015). 고등학교 『한국사』. 미래앤. 286쪽.

합은 있었을지언정 대규모 군단인 '대한독립군단'은 결성하진 않았다. 그리고 부대이동 역시 각 부대 개별적으로 이동해 자유시에 집결한 것이다.[50]

그럼에도 검인정 교과서 『한국사』(2015)에는 서일을 총재로 하는 '대한독립군단'을 결성했다고 서술하고 있다. 결성 시기를 구체적으로 1920년 12월 또는 1921년 4월로 기술한 교과서도 있다. 그러나 이러한 서술은 역사적 사실에 부합하지 않는다. 대한민국 공보처에서 발간한 채근식의 『무장독립운동비사』(1985) 내용에서 비롯되고 정확도가 떨어지는 일제 정보문서가 이를 뒷받침한 탓이다.[51] 더구나 채근식의 『무장독립운동비사』(1985)는 봉오동 전투 당시 총사령관을 최진동이 아니라 홍범도로 기술하고 있다.[52] 명백히 역사 사실을 왜곡한 것이다. 이 외에도 봉오동 전투 당시 독립군 숫자를 700여 명으로 기술하는 등 오류가 적잖이 눈에 띈다.

봉오동 전투와 청산리 전투에서 실전을 치른 하급지휘관 이범석도 자신이 쓴 회고록 『우둥불』(1971)을 통해 역사 사실을 크게 왜곡했다. 봉오동-청산리 전투 당시 북로군정서 소속이자 한국광복군 출신이라는 것을 자신의 정치적 출세의 자양분으로 삼은 탓이다. 실제로 철기 이범석은 독립투사들 가운데 현실정치에 깊숙이 개입한 인물 중 하나이다. 더구나 반공의 핏자국 위에 세워진 이승만 정권에서 초대 국무총리와 국방장관, 내무장관 등을 역임했다. 자유당 창당에 힘쓰고 부당수를 지내기도 했다. 내무장관으로서 이승만 독재정권에 복무하며 부산

50. 윤상원(2013). 「만들어진 신화, 고등학교 한국사 교과서 대한독립군단 서술의 문제점」. 『한국사학보』 제51권. 고려사학회. 297쪽, 303~306쪽 참고.
51. 윤상원(2013). 앞의 논문. 311쪽.
52. 채근식(1985). 『무장독립운동비사』. 대한민국 공보처. 73쪽.

정치파동(1952) 당시 너무 깊숙이 관여한 역사적 오점을 남겼다.[53] 나쁘게 표현하면 이승만 정권에서 국무총리-국방장관-내무장관을 거치며 자신의 정치적 출세와 맞물리면서 조작한 신화이다.

앞에서 주지했듯이 최운산 장군은 자신의 소유지인 왕청현 서대파에 북로군정서(대한군정서) 본부를 건설했다. 그리고 왕청현 십리평에 북로군정서가 관할하는 단기 사관학교인 사관연성소도 세웠다. 따라서 북로군정서와 6개월 단기 사관학교인 사관연성소는 모두 최운산 장군이 자신의 땅에 설립한 것이다. 사관연성소 소장은 김좌진이고 교수부장은 몇 달 전 서간도 신흥무관학교 교관에서 전출해 온 이범석이었다. 이범석은 김좌진의 요청으로 약관의 나이에 북간도 사관연성소 교수부장으로 온 것이다. 당시는 3·1운동 직후라 독립전쟁의 원대한 꿈을 안고 국경을 넘는 조선 청년들이 많았다. 그들은 대체로 학력이 높은 능력자들이었다. 그들을 정예군대로 훈련하고 무장시킨 활동의 중심엔 최운산 장군이 있었다.

실제로 봉오동 최운산 장군 자택은 독립군 본부였기에 김좌진 장군이나 홍범도 장군이 머무르곤 했다. 군사회의가 끝난 직후에는 우마차에 군수품과 식량을 가득 싣고 각자 부대로 떠나곤 했다. 그 우마차 행렬의 끝이 보이지 않을 정도로 꼬리에 꼬리를 이었다고 전한다.[54] 그 전면적인 물적 지원을 바탕으로 최진동 장군-최운산 장군의 군무도독

53. 이정식 면담, 김학준 편집 해설(2005). 『혁명가들의 항일 회상』. 민음사. 519쪽.
54. 최성주(2019). 「만주 무장독립전쟁의 주역 최운산 장군」. 『봉오동 전투 및 청산리 전투 시기 만주독립군의 전투환경』. 최운산 장군 기념사업회 제4회 학술세미나 자료집 28쪽. 1983년 KBS 이산가족 찾기 방송을 통해 한국에 살고 있던 최운산 장군의 아들 최봉우와 재회한 큰딸 최청옥이 한국을 방문하여 봉오동 전투 당시 상황을 조카들에게 증언한 내용이다.

부는 홍범도의 대한독립군, 그리고 안무의 국민회군을 비롯한 6개 부대와 통합해 '대한북로독군부'를 창설할 수 있었다. 봉오동 전투(1920. 6. 7.) 개시 3주 전인 1920년 5월 19일의 일이다.[55] 독립군 통합부대 '대한북로독군부'는 봉오동 전투를 승리로 이끈 초석이 된 부대이지만,[56] 오늘날 한국사 교과서엔 '대한북로독군부'에 대한 이야기가 전혀 없다. 마찬가지로 그 부대를 탄생시킨 최운산 장군(본명 최명길)에 대한 이름자도 서술돼 있지 않다.

대한민국 공보처에서 발간한 채근식의 『무장독립운동비사』(1985)에는 사령관을 홍범도로 기술하고 있다. 명백한 역사 왜곡이다. 오히려 홍범도는 전투 도중 봉오동 남산 쪽으로 퇴로를 찾는 일본군과 교전을 중지하고 부대를 독단적으로 이동시킨 잘못을 범했다. 그러자 그 일로 일본군 퇴로를 막고 있던 봉오동 남산 쪽 신민단 소속 독립군들은 끝까지 일본군과 싸웠지만, 수적 열세로 전멸하는 참사를 겪었다는 것은 앞에서 수 차례 서술했다.

요컨대 봉오동 전투를 승리로 이끈 부대는 독립군 통합부대인 '대한북로독군부'이다. 그리고 '대한북로독군부'의 핵심 주력부대는 최진동-최운산-최치흥 3형제가 세운 '군무도독부'이다. 실제로 1920년 3월에서 6월까지 함경북도 온성군과 종성군 국내진공작전을 펼쳤던 부대도 대부분 군무도독부였다. 군무도독부는 봉오동 전투 이전에도 36차례 조선 국경을 넘나들며 여러 활약을 하며 일본군 수비대와 헌병대를 잔뜩 긴장시켰다.

따라서 봉오동 전투를 홍범도 개인을 영웅시하는 것으로 다루는 것

---

55. 신주백(2005). 『1920-30년대 중국지역 민족운동사』. 선인. 29쪽.
56. 양소전 외(2009). 앞의 책. 194쪽.

은 역사의 진실과 거리가 먼 태도이다. 역사의 진실은 봉오동 전투 7년 전부터 봉오동에 조선인 마을을 형성하고 독립군 근거지를 구축해 온 최씨 3형제의 노블레스 오블리주에서 찾아야 한다. 최씨 3형제가 봉오동 전투의 진정한 주체이자 역사적 인물들이다.

다음으로 '청산리 전투=김좌진'이라는 고정관념에서도 벗어나야 한다. 이러한 고정관념이 형성된 계기는 해방 직후 북로군정서 출신 이범석이 쓴 『한국의 분노』(1947)에서 연유한다. 『한국의 분노』는 이범석이 중경 임정 시절 중국어로 쓴 『韓國的 憤怒』(1941)를 해방 직후 김광주가 우리말로 번역해 출간한 것이다. 1920년 청산리 전투를 '대첩'으로 묘사하며 백운평 전투-천수평 전투-어랑촌 전투를 언급한 전투 회고록이다.

문제는 이범석이 청산리 전투를 북로군정서 중심으로 기술하였다는 사실에 있다. 홍범도 장군의 독립군 연합부대 활약상에 대해선 전혀 언급하지 않았다. 청산리 전투는 봉오동 전투의 연장전[57]이었음에도 봉오동 전투에 참전했던 홍범도와 최진동, 안무의 활약상은 기술되지 않았다. 그리고 일본군과 맞서 싸운 전투에서 김좌진 장군보다 이범석 개인을 더 크게 부각한 것도 문제이다.

무엇보다 청산리 전투 당시 북간도 이주 한인들의 헌신적인 투쟁과 희생을 외면한 것에 우리는 다시 한번 반성하며 역사적 사실을 바로 보는 노력을 해야 한다. 이범석의 『우둥불』에도 나오듯이 청산리 전투 당시 간도 조선인들의 헌신과 희생은 감격스러울 정도였다.

봉오동 전투와 달리 청산리 전투는 수백 명 단위의 부대가 이동하

---

57. 최성주(2016). 「연재 독립운동가 최운산 장군 1, 역사 속으로 들어가다」. 『한겨레 온』 2016. 10. 20.

홍범도와 김좌진
봉오동 전투와 청산리 전투의 두 영웅으로 기술된 『한국사』교과서. (출처: 고등학교 『한국사』 미래앤 출판사)

는 와중에 치른 전투였기에 무엇보다 식량 보급이 절체절명의 과제였다. 청산리 전투 당시 독립군 부대들은 항상 굶주림에 직면했다. 부대 이동 중 독립군 식량 보급은 거의 전적으로 간도에 이주해 터를 닦은 조선인들이 제공하였다. 종일 전투가 벌어진 날은 빗발치는 총탄을 뚫고 독립군 병사들에게 주먹밥 음식을 제공하였다. 특히 간도 조선인 여성들은 치열한 전투 와중에도 목숨을 두려워하지 않고 독립군 병사들 입에다 직접 주먹밥을 넣어주었다.[58]

1920년 '간도지방 불령선인 초토화계획'에 따른 경신참변, 곧 경신대학살은 조선인 민중과 독립군의 관계를 물과 물고기의 관계로 인식한 일제가 저지른 만행이었다. 일본군 19사단과 20사단이 중심이 되어 화룡현, 왕청현, 훈춘현을 비롯한 간도 일대를 표적으로 삼아 제노사이드를 자행하였다. 19사단은 특히, 대종교를 기반으로 하는 북로군정서(대한군정서)의 근거지인 왕청현 서대파를 비롯해 북간도 전역을 주된 타격지점으로 삼았다.[59] 그리고 훈춘사건(1920. 10)을 빌미로 간도에 출

58.「女子의 一片丹誠」,『獨立新聞』1920. 12. 28.; 장세윤(2004).「만주지역 항일무장투쟁 세력의 식생활과 보건위생」,『한국근현대사연구』제28호. 85~86쪽에서 재인용.
59. 신운용(2017).「경신참변과 대종교」,『단군학연구』제37호, 단군학회. 53쪽 참고.

병한 일본군은 북간도 제1의 민족학교인 명동학교를 불태웠으며 닥치는 대로 수백 호 조선인 마을을 파괴하고 수천 명에 달하는 이주 한인들을 학살했다. 청산리 전투와 경신대학살이 밀접히 관련을 맺는 이유이다.

한동안 쉬쉬했던 이런 상황 인식은 종전 후 일제 관헌 자료들을 몽땅 가져갔던 미국이 60년대 말 미국 국립문서보관소에서 자료에 대한 기밀을 해제하면서부터 급변했다. 우리나라도 1970년 국회도서관장이 직접 미국에 가서 청산리 전투에 대한 자료를 복사해 오고 일본 정부도 미국으로부터 돌려받은 당시 관헌 자료를 공개하기 시작한 것이다.[60]

실제로 미국이 공개한 마이크로필름 자료에는 김좌진의 북로군정서 부대 말고도 다른 독립군 부대들이 청산리 전투에 참전해 일본군과 치열하게 맞서 싸웠다는 사실이 담겨 있었다. 홍범도의 대한독립군 부대를 비롯해 안무의 국민회군, 최진동의 군무도독부, 의민단들 많은 독립군 부대가 일본군 2만 토벌대에 맞서 격렬히 전투를 벌인 것이다. 이범석은 일본군 5만의 공세[61]라고 했는데 이는 과장된 표현이다.

그런 시대 배경 속에 이범석은 1971년 회고록 『우둥불』에 자신이 속한 북로군정서 이외에 다른 독립군 부대들도 처음으로 언급했다. 홍범도 부대, 안무 부대, 최진동 부대, 의민단이 소개돼 나온다.

그러나 이범석은 또다시 역사 사실을 왜곡했다. 청산리 전투 전날 합동작전회의가 열려 각 부대로 작전지역을 분할했는데 5만 명이 넘는 일본군 대병력에 압도되어 이튿날 새벽에 홍범도 부대를 비롯해 모두

60. 송우혜(1991). 「유명인사 회고록 왜곡 심하다: 이범석의 우둥불」. 『역사비평』 1991년 봄호. 396쪽.
61. 이범석(1971). 『우둥불』. 사상사. 24쪽.

도망갔다는 서술 대목이다.

"국민회에서는 홍범도와 안무, 의군부에서는 최진동(일명 명
록) 등등이 군대를 데리고 8일 밤 도착했다. 4백여 병력이 온 국민
회 군대가 가장 많았고 의군부에서는 약 2백 명, 한민단은 약 1개
중대 병력이, 본래 군대가 2백도 채 못 되는 의민단에서는 일부 모
험대원만 보내왔다. 8일 밤 작전회의를 열고 김좌진 장군을 총지
휘로 홍범도, 최명록 두 분을 부사령관으로, 여행단장이었던 내가
전적 총지휘, 즉 전투사령관으로 부서를 정했다. (중략) 그런데 9일
새벽에 보니 아무 연락도 없이 모두들 떠나가 버렸고 다만 한민단
1개 중대만 남아 있었다. 3개 단체는 아무 말 남기지도 않고 밤의
장막과 함께 사라진 것이다. 나중에 안 사실이지만 부서와 임무
배당에 불만이 있었다는 것이었다. 내가 생각하기로는 불만도 있었
겠지만 5만이 넘는 적의 대병력의 기세에 압도당해 전의를 상실한
게 확실하다."

청산리 전투에 대한 이범석의 역사 왜곡은 여기서 그치지 않는다. 일
제가 가장 두려워하여 피하고 싶을 정도로 경계했던 홍범도 부대를 형
편없는 부대로 묘사한 다음 대목이다.

"홍범도 부대가 이탈한 지 3일째 되는 날, 일군에게 포위를
당해 물 한 모금 먹지 못하고 추운 밤에 우둥불 하나 올리지 못
한 채 굶고 떨면서 운명을 체념하고 그대로 그곳에 있었다는 것이
다. 그러던 중 천수평의 적이 우리에게 기습을 당해 포위망이 터

진 것이다. 도의적으로 말하더라도 응당 거기서 책응하여 적을 협격했으면 전과가 더욱 올랐을 것이다. 그러나 운명의 신이 살길을 터 준 줄만 알고 그 격전 틈에서 홍범도 부대는 계속 안도현 쪽으로 궤주하고 말았다."[62]

철기 이범석의 이러한 왜곡된 주장과 달리 여천 홍범도 장군은 어랑촌 전투에서 위기에 빠진 김좌진 부대를 구해주었다.[63] 청산리 전투는 김좌진이나 이범석이 속한 북로군정서 부대가 홀로 치른 전투가 아니다. 홍범도 부대, 최진동 부대, 안무 부대를 비롯해 다른 독립군 부대들이 공동으로 작전을 수행해 치른 빛나는 승리였다.

『우둥불』에 수록한 「청산리혈전」에는 이범석이 왜곡한 또 다른 역사서술이 눈에 띈다. 그 책에서 이범석은 북로군정서 지휘병력을 이끌고 천수평 전투에서 일본군 1개 중대병력을 괴멸시켰다고 자화자찬하며 당시 전투상황을 기술하였다. 이 또한 과장된 서술이다. 당시 이범석이 새벽에 공격한 일본군은 수색 기병대 1개 소대병력에 지나지 않았다.

한마디로 이범석의 주장에는 심각한 역사 왜곡이 담겨 있으며, 홍범도 부대를 가리켜 잔뜩 겁을 집어먹고 치졸하게 도망친 군대로 묘사하는 대목도 있고 일본군이 전리품으로 노획한 무기들이 홍범도 부대가 도주하면서 획득한 것이라고 악선전을 하기도 한다.

그러나 이범석의 회고나 억지 주장과 달리 홍범도 부대는 청산리 전투에서 가장 적극적이고 오랫동안 싸운 용맹스러운 전투부대이자[64] 일

---

62. 이범석(1971). 앞의 책. 90쪽.
63. 홍성덕(2018). 「봉오동 전승 98주년에 즈음하여: 철기 이범석의 '우둥불'과 '김일성 회고록'의 오류」.『순국』. 2018년 6월호. 34쪽.

본군이 가장 피하고 싶어 했던 부대였다. 홍범도는 청일전쟁 이후부터 지속적인 의병활동을 통해 일본군을 격살한 신출귀몰한 인물이었다. 기골이 장대하여 190cm에 이르렀고 백 보 앞에서도 병마개를 명중시킬 정도로 명사수였다.[65] 따라서 부하들의 신임이 대단했고 그가 지휘한 독립군 부대 또한 용맹스러웠다.

실제로 홍범도 부대는 청산리 전투에서 끝까지 용맹스럽게 싸워 승리한 실질적인 주력부대였다. 일본군 전투보고서에서도 그 점을 확인할 수 있다.[66] 또한 청산리 전투가 김좌진의 북로군정서만이 아니라 홍범도 연합부대를 비롯해 안무 부대, 최진동 부대, 의민단, 한민단, 의군부들 여러 독립군 부대들이 일본군과 치열하게 전투를 벌여 승리한 독립전쟁임을 명확한 사실로 확인할 수 있다.[67]

5. 맺는말

기억되지 않는 역사는 비극을 반복한다. 마찬가지로 기록하지 않는 역사는 왜곡되거나 사라진다. 아직도 한국사 교과서는 '개인 영웅사관'에 기초해 있다. 이제 잘못된 역사 사실을 바로 잡아서 자라나는 후손

64. 김승빈(1994). 「러시아 원동의 조선인 빨치산 운동」(1918-1922). 『동화』 1994년 8월호. 177쪽.
65. 반병률(2013). 「홍범도 장군의 항일무장투쟁과 고려인 사회」. 『한국근현대사연구』 제67호. 635쪽. 644쪽.
66. 송우혜(1991). 앞의 글. 397쪽.
67. 박은식 지음, 김도형 옮김(2008). 『한국 독립운동지혈사』. 소명. 391~392쪽. 청산리 전투 당시 홍범도(제1 연대장), 김좌진(제2 연대장), 최진동(제3 연대장)으로 함께 일본군을 크게 격파하였다고 기술돼 있다.

들에게 자랑스러운 역사를 가르쳐야 할 것이다. 노블레스 오블리주를 실천한 봉오동 전투의 실질적 주역인 최진동-최운산-최치흥 3형제 역시 제대로 기술해야 할 것이다.

나아가 청산리 전투 역시 북로군정서 김좌진 장군이나 이범석 개인의 역사로 화려하게 부각하는 것에 그치면 안 된다. 홍범도 부대를 비롯해 다른 독립군 부대들이 수적 열세에도 불구하고 유리한 산악 지형과 유격전을 이용해 야간이나 새벽에 일본군을 집중적으로 공격함으로써 승리한 치열하고 전략적인 독립전쟁이었음을 제대로 기술하고 가르쳐야 할 것이다.

무엇보다 청산리에 일찌감치 거주해 터를 닦았던 조선인 이주 동포들의 눈물겨운 지원과 첩보 제공이 아니었다면 청산리 전투를 승리로 이끌기엔 불가능했음을 인식해야 한다. 청산리 전투는 북로군정서 김좌진 장군의 독자적인 전투가 아니었고 홍범도, 안무, 최진동-최운산 부대를 비롯한 독립군 연합부대의 승리였음을 알아야 한다. 그런 점에서도 더 이상 '개인 영웅'을 만들어 그만의 역사로 교과서를 기술하고 학생들에게 가르치면 안 된다.

독립군 한 명을 탄생시키려면 10가구 이상 북간도 동포들의 희생과 헌신이 뒷받침되어야 했다. 수백 수천 독립군들을 먹이고 일본군과 전투를 수행할 수 있도록 뒷받침한 것은 청산리, 어랑촌에 일찌감치 삶의 터전을 닦았던 조선인 민중들이다. 청산리 전투의 빛나는 승리 뒤엔 이름도 없이 스러져간 무명의 항일독립군 전사들이 있었다. 그리고 경신참변(1920)으로 일컫는 간도 한인들의 참혹한 희생과 헌신 그리고 고통이 깔려 있음을 우리는 알아야 하고 후손들에게도 이를 알려야 한다.

참고 문헌

1. 단행본
1. 강동진(1980). 『일제의 한국침략정책사』. 한길사.
2. 강준만(2004). 『한국현대사 산책 1(1940년대 편)』. 인물과 사상사.
3. 강준만(2004). 『한국현대사 산책-1950년대 편 3권』. 인물과 사상사.
4. 고영민(1987). 『해방정국의 증언-어느 혁명가의 수기』. 사계절.
5. 고준석(1987). 『아리랑 고개의 여인』. 광주.
6. 곰밤(2019). 『이 세상에 만약 남자가 없다면-교과서에선 말하지 않는 여성독립운동가 10인의 이야기』. 뉴트미디어.
7. 국민회군 편찬위원회(1974). 『抗日國民會軍』. 공산권 문제연구소.
8. 김구(2002). 도진순 주해 『백범일지』. 돌베개.
9. 김동인(2006). 『김동인 단편접집 2』. 가람기획.
10. 김산, 님웨일즈(1984). 『아리랑』. 동녘.
11. 김삼웅(1995). 『한국현대사 뒷얘기』. 가람기획.
12. 김삼웅(2008). 『약산 김원봉 평전』. 시대의 창.
13. 김성동(2010). 『꽃다발도 무덤도 없는 혁명가들, 현대사 아리랑』. 녹색평론사.
14. 김승일(2001). 『조선의용군 석정 윤세주 열사-중국 태항산에 묻힌 대한의 혼』. 고구려.
15. 김승학(1965). 『한국독립사』. 독립문화사.
16. 김용섭(2011). 『김용섭 회고록: 역사의 오솔길을 가면서』. 지식산업사.
17. 김우종(1973). 『한국현대소설사』. 선명문화사.
18. 김인걸, 강현욱(1989). 『일제하 조선노동운동사』. 일송정.
19. 김재명(2003). 『한국현대사의 비극-중간파의 이상과 좌절』. 선인.
20. 김주용(2018). 『한국독립운동과 만주-이주·저항·정착의 점이지대』. 경인문화사.
21. 김춘선 외(2006). 『최진동 장군』. 흑룡강 조선 민족출판사.
22. 김학철(1994). 『누구와 함께 지난날의 꿈을 이야기하라』. 실천문학사.
23. 김학준(1992). 『매헌 윤봉길 평전』. 민음사.
24. 김학철(1983). 『항전별곡』. 흑룡강 조선민족출판사.
25. 김학철(1989). 『태항산록』. 대륙연구소 출판부.
26. 김학철(1995). 『최후의 분대장』. 문학과 지성사.
27. 김학철(1996). 『20세기의 신화』. 창작과 비평사.
28. 류연산(2004). 『일송정 푸른 솔에 선구자는 없었다』. 아이필드.
29. 박영석(1984). 『일제하 독립운동사 연구』. 일조각.
30. 박용규(2011). 『조선어학회 항일투쟁사』. 한글학회.
31. 박용규(2013). 『우리말 우리역사 보급의 거목 이윤재』. 독립기념관 한국독립운동사연구소.

32. 박용규(2014). 『조선어학회 33인』. 역사공간.
33. 박윤재(2009). 『몽골을 치료한 의사, 이태준』. 한국역사연구회.
34. 박은식 지음, 김도형 옮김(2008). 『한국 독립운동지혈사』. 소명.
35. 박태원(2000). 『약산과 의열단』. 깊은 샘.
36. 박환(2004). 『잊혀진 혁명가 정이형』. 새미.
37. 스칼라피노, 이정식 지음, 한홍구 옮김, 『한국공산주의 운동사 I』. 돌베개.
38. 신영란(2019). 『지워지고 잊혀진 여성독립군 열전』. 초록비책공방.
39. 신주백(2005). 『1920-30년대 중국지역 민족운동사』. 선인.
40. 안재성(2015). 『잃어버린 한국현대사』. 인문서원.
41. 양소전 외(2009). 『중국 조선족혁명투쟁사』. 연변인민출판사.
42. 염인호(2001). 『조선의용군의 독립운동』. 나남.
43. 원희복(2015). 『사랑할 때와 죽을 때』. 공명.
44. 이강훈(1975). 『무장독립운동사』. 서문당.
45. 이덕일(2009). 『한국사 그들이 숨긴 진실』. 역사의 아침
46. 이덕호(2001). 『친미사대주의 교육의 전개과정』. 다움.
47. 이도영(2000). 『죽음의 예비검속』. 월간 말.
48. 이동현(1990). 『한국 신탁통치 연구』. 평민사.
49. 이범석(1971). 『우둥불』. 사상사.
50. 이윤옥(2018). 『서간도에 들꽃 피다』. 얼레빗. 2권.
51. 이윤옥(2018). 『여성독립운동가 300인 인물사전』. 얼레빗.
52. 이은상(1953). 『노변필담』. 민족문화사.
53. 이은상(1966). 『산 찾아 물 따라』. 박영사.
54. 이은상(1973). 『민족의 향기』. 교학사.
55. 이정식 면담, 김학준 편집 해설(2005). 『혁명가들의 항일 회상』. 민음사.
56. 이정식(1991). 김성환 옮김. 『조선노동당 약사』. 이론과 실천.
57. 이종범, 최원규(1995). 『자료 한국근현대사 입문』. 혜안.
58. 이주한(2011). 『노론 300년 권력의 비밀』. 역사의 아침.
59. 이충우(1980). 『경성제국대학』. 다락원.
60. 이현희(2018) 『한국여성독립운동가』. 국학자료원.
61. 이화림 구술(2015), 장촨제 엮음, 박경철·이선경 옮김. 『이화림 회고록』. 차이나하
    우스.
62. 임경석(2008). 『잊을 수 없는 혁명가들에 대한 기록』. 역사비평사.
63. 임선묵(1983). 『근대시조집의 양상』. 단대출판부.
64. 장경순(2016). 『회고록, 나는 아직도 멈출 수 없다』. 계간문예.
65. 정상규(2017). 『잊혀진 영웅들, 독립운동가』. 휴먼큐브.
66. 정선이(2002). 『경성제국대학 연구』. 문음사.
67. 정진석(1990). 『한국언론사』. 나남.
68. 조선의용군 발자취 집필조(1987). 『중국의 광활한 대지 우에서』. 연변인민출판사.
69. 조연현(1961). 『한국현대문학사』. 인간사.
70. 조영래(2005). 『전태일 평전』. 돌베개.

71. 조준희(2016). 『만주 무장투쟁의 맹장 김승학』. 한국독립운동사 연구소. 역사공간.
72. 지중세 역편(1984). 『조선 사상범 검거 실화집』. 돌베개.
73. 채근식(1949). 『무장독립운동비사』. 대한민국 공보처.
74. 최규진(2009). 『조선공산당 재건운동』. 한국독립운동사연구소.
75. 편집부. 『4·19 혁명론 Ⅱ』. 일월서각. 1983년.
76. 한상도(1994). 『한국독립운동과 중국군관학교』. 문학과 지성사.
77. 한창수(1984). 『한국공산주의운동사』. 지양사.
78. 한철호 외(2015). 고등학교 『한국사』. 미래앤.
79. 허대영(2009). 『오천석과 미군정기 교육정책』. 한국학술정보(주).

2. 학위논문
1. 곽태섭(1994). 『조봉암의 생애와 정치사상』. 고려대 석사 논문.
2. 권삼웅(1995). 『1920년대 평양지역 민족운동 연구』. 고려대 석사 논문.
3. 김병기(2005). 『참의부 연구』. 단국대 박사 논문.
4. 김선옥(2013). 『가람과 노산 시조의 비교연구』. 청주대 박사 논문.
5. 박우정(1994). 『1929-1932년의 조선공산당 재건운동』. 부산대 석사 논문.
6. 신영섭(2008). 『한국 현대시 노래화 현황 연구』. 연세대 석사 논문.
7. 신춘식(1993). 『조직주체를 중심으로 본 조선공산당 창건과정』. 성균관대 석사 논문.

3. 학술논문
1. 강영미(2012). 「『동아일보』와 시조 정전」. 『한국시학연구』 제33호.
2. 강영미(2014). 「배제의 논리로 구축된 시조부흥론」. 『한국시학연구』 제39호.
3. 강영심(2004). 「이화림, 조선의용대 여성대원」. 『여성이론』 제11집.
4. 강인숙(2007). 「한일 자연주의 비교연구」. 『한국현대문학회』 학술발표회 자료집.
5. 강헌국(2008). 「김동인의 소설론」. 『한국어문학 국제학술포럼』 학술대회 자료집.
6. 곽근(2011). 「김동인론-김동인의 생애와 문학」. 『문예운동』 2011년 6월.
7. 기창덕(1994). 「의학교육의 현대화 과정」. 『의사학』 3(1).
8. 김상천(2020). 「야비한 자연주의-김동인론」. 『네거리의 예술가들』. 사실과 가치: 2020
9. 김선기(1977). 「국어운동, 한글학회의 발자취」. 『나라사랑』 제26호.
10. 김성연(2020). 「윤동주 평전의 질료와 빈 곳-윤동주와 박치우의 서신, 그 새로운 사실과 전망」. 『한국사학연구』 제61권.
11. 김영삼(2020). 「제국과 친일의 생명정치 논리」. 『친일문인 기념문학상 이대로 둘 것인가』. 동인문학상(조선일보 주관) 비판 세미나.
12. 김영환(2001). 「'과학적' 국어학 비판-이희승을 중심으로」. 『한글』 제252권.
13. 김영환(2002). 「다시 생각해 보는 최현배와 이희승」. 『나라사랑』 제103호.
14. 김영환(2007). 「한글사랑 운동의 역사적 성격과 그 앞날」. 『한글』 제276권.
15. 김영환(2015). 「'과학적' 국어학의 유산-경성제대와 서울대」. 『仙道文化』 제19집.
16. 김영환(2016). 「이희승의 '딸깍발이'에 나타난 선비관 비판-'과학적' 국어학과 연관하여」. 『仙道文化』 제20집.

17. 김윤정(1998). 「1930년대 초 범태평양노동조합 계열의 혁명적 노동조합운동」. 『역사연구』 제6호.
18. 김재현(1983). 「시조문학의 재평가」. 『응용언어학』 제1호. 한국응용언어학회.
19. 김재현(1988). 「일제하, 해방 직후의 맑시즘 수용: 신남철을 중심으로」. 『철학 연구』 제24권.
20. 김재현(2009). 「신남철의 『역사철학』에 대한 해제」. 『통일인문학』 제47권.
21. 김정숙(2006). 「김동인 초기 소설에 나타난 근대문학독자의 형성 연구」. 『어문학』 제91권.
22. 김춘규(2020). 「김동인 소설의 변화와 제국주의 욕망의 동일화 과정」. 『친일문인기념문학상 이대로 둘 것인가』. 동인문학상(조선일보 주관) 비판 세미나.
23. 김희곤(2005). 「윤자영의 생애와 민족운동」. 『한국독립운동사연구』 제24집.
24. 김희철(1995). 「노산 이은상론」. 『태릉어문연구』 제 5·6호. 서울여대 국문학회.
25. 남화숙(1988). 「'여장군' 김명시의 생애」. 『여성』 2호. 여성사연구회. 창작사.
26. 려증동(2001). 「<백범일기>를 허물어뜨리고 <白凡逸志>로 조작한 사람 이광수」. 『배달말교육』 제22호. 배달말 교육학회.
27. 류승완(2012). 「사상과 현실, 그리고 실천」. 『내일을 여는 역사』 제47권.
28. 문영희(2003). 「강경애 - 타자의 삶, 타자의 문학」. 『여성이론』 제9권.
29. 박노자(2018). 「박종홍 철학 : 민족과 근대, 종속과 주체성 사이에서」. 『동서인문』 제10권.
30. 박순섭(2014). 「1920-30년대 김찬의 사회주의운동과 민족협동전선」. 『한국근현대사 연구』 71집.
31. 박용규(2015). 「해방 이후 조선어학회의 정치지형」. 『仙道文化』 제19집.
32. 박용규(2011). 「이희승의 문세영 『조선어사전』 비판에 대한 검토」. 『국학연구』 제18집.
33. 박용찬(2008). 「해방기의 시조담론과 시조문학교재의 양상」. 『시조학 논총』 제29호.
34. 박종린(2014). 「1920년대 사회주의 사상의 수용과 맑스주의 원전 번역」. 『한국근대사 연구』 제69권. 한국근현대사학회.
35. 박준형, 박형우(2011). 「제중원에서 약물학 상권의 번역과 그 의미」. 『의사학』 20(2).
36. 박태준(1982). 「마산 창신학교 때의 인연」. 『민족시인, 노산의 문학과 인간』. 노산문학회 편찬위원회.
37. 박한용(2000). 「1930년대 혁명적 노동조합운동」. 『진보평론』 2000년 가을호.
38. 반병률(2000). 「의사 이태준(1883~1921)의 독립운동과 몽골」. 『한국근현대사 연구』 13집.
39. 반병률(2006). 「일제 초기 독립운동노선논쟁-급진론과 완진론: 초기 상해임시정부를 중심으로」. 『한국 동양 정치사상사 연구』 5(2). 한국 동양 정치사상사학회.
40. 반병률(2009). 「1920년대 전반 만주·러시아 지역 항일무장투쟁」. 독립기념관 독립운동사연구소.
41. 반병률(2013). 「홍범도 장군의 항일무장투쟁과 고려인 사회」. 『한국근현대사 연구』

제67호.

42. 배은희(2010). 「1920년대 시조론 형성과정 고찰」. 『시조학 논총』 제32집.

43. 배은희(2014). 「근대시조의 표현양태 변모과정 연구」. 『한국시가연구』 제36집.

44. 석형락(2016). 「한국근대작가론의 초기 풍경-1920년대 작가 인상기의 등장과 의미」. 『현대소설연구』. 제63권.

45. 손정수(2005). 「신남철 박치우의 사상과 그 해석에 적용하는 경성제국대학이라는 장」. 『한국학 연구』 제14권.

46. 송민호(2010). 「1920년대 초기 김동인-염상섭 논쟁의 의미와 자연 개념의 의미적 착종 양상」. 『서강인문논총』 제28호. 서강대학교 인문과학연구소.

47. 송우혜(1991). 「유명인사 회고록 왜곡 심하다: 이범석의 우둥불」. 『역사비평』 1991년 봄호.

48. 신운용(2017). 「경신참변과 대종교」. 『단군학연구』 제37호, 단군학회.

49. 신주백(2019). 「1920년 동만주지역 독립군의 지형과 독립전쟁론-대한북로독군부를 중심으로」. 『봉오동전투 및 청산리전투 시기 만주독립군의 전투 환경』. 최운산 장군 기념사업회 제4회 학술세미나 자료집.

50. 신춘식(2000). 「조선공산당을 위한 변명」. 『진보평론』. 2000. 봄호.

51. 신효승(2019). 「제1차 세계대전 이후 중국 동북지역 독립군 부대의 무기 도입」. 『봉오동전투 및 청산리전투 시기 만주독립군의 전투환경』. 최운산 장군 기념사업회 제4회 학술세미나 자료집.

52. 양진오(2001). 「근대문학의 형성과 예술가의 발견-김동인의 소설을 통해서」. 『현대소설연구』 제15권.

53. 여지선(2009). 「1950년대 시조의 역사인식의 다층성」. 『시조학 논총』 제31집.

54. 오승희(1990). 「노산 이은상 시조의 공간구조」. 『시조학 논총』 제6호.

55. 오양호(2018). 「한국 근대수필과 이은상」. 『어문학』 142호. 한국어문학회.

56. 오창은(2002). 「친일문인 문학상 제도의 실태와 문제점-문학사에 드리워진 어두운 그늘, 친일문인 문학상」. 『실천문학』 2002년 11월.

57. 유관지(2015). 「평양지역 감리교 역사와 한국교회」. 『한국기독교와 역사』 제42호.

58. 유병호(1992). 「1920년 중기 남만주에서 자치와 공화정체-정의부와 참의부의 항일근거지를 중심으로」. 『역사비평』 1992. 5.

59. 윤대석(2006). 「아카데미즘과 현실 사이의 긴장: 박치우의 삶과 사상」. 『우리말글』 36권.

60. 윤대원(2013). 「참의부의 개정과 상해임시정부」. 『한국독립운동사연구』 제44집.

61. 윤상원(2011). 「시베리아 내전 종결과 한인 빨치산 부대의 해산」. 『역사연구』 제20호.

62. 윤상원(2013). 「러시아혁명기 원동해방전쟁과 한인부대의 역할」. 『한국근현대사 연구』 제67호.

63. 윤상원(2013). 「만들어진 신화, 고등학교 한국사 교과서 대한독립군단 서술의 문제점」. 『한국사학보』 제51권. 고려사학회.

64. 윤상인(1999). 「일본 '국민' 작가 나쓰메 소세키와 제국주의」. 『역사비평』 1999. 8.

65. 이강로(1994). 「외솔 선생과 한글학회」. 『나라사랑』 제89호.

66. 이계형(2019). 「최운산의 삶과 독립운동」. 『봉오동전투 및 청산리 전투 시기 만주 독립군의 전투 환경』. 최운산 장군 기념사업회 제4회 학술세미나 자료집.
67. 이민웅(2010). 「충무공 이순신에 대한 몇 가지 인식 문제 고찰」. 『역사와 경계』 제77집. 부산경남사학회.
68. 이병렬(2016). 「순수문학, 그리고 월북이라는 질곡 - 상허 소설의 문학사적 위상」. 『문예운동』 2016. 11.
69. 이병수(2015). 「신남철의 『전환기의 이론』」. 『통일인문학』 제62권.
70. 이상경(1990). 「강경애의 삶과 문학」. 『여성과 사회』 제1권.
71. 이선호(2011). 「올리버 알 애비슨(Oliver. R. Avison)의 연희전문학교 사역」. 『신학논단』 제64권.
72. 이순웅(2016). 「박치우의 삶과 죽음을 통해 본 해방 정국의 인텔리겐치아 문제」. 『진보평론』 제69권.
73. 이준식(2000). 「조선공산당 재건운동」. 『진보평론』 제4호.
74. 이준식(2013). 「해방 후 국어학계의 분열과 대립-언어민족주의와 '과학적' 언어학을 중심으로」. 『한국근현대사연구』 제67집.
75. 이준식(2008). 「최현배와 김두봉-언어의 분단을 막은 두 한글학자」. 『역사비평』. 11.
76. 임경석(2002). 「잊을 수 없는 사람들-강달영, 조선공산당 책임비서」. 『역사비평』 제58호.
77. 임명선(2020). 「김동인 소설과 '자리'의 문제」. 『친일문인 기념문학상 이대로 둘 것인가』. 동인문학상(조선일보 주관) 비판 세미나.
78. 장석흥(2002). 「1910~1920년대 몽골지역에서 전개된 한국 독립운동」. 『한국근현대사 연구』 제23집.
79. 장세윤(2004). 「만주지역 항일무장투쟁 세력의 식생활과 보건위생」. 『한국근현대사연구』 제28호.
80. 정선이(2007). 「일제강점기 경성제국대학 졸업생의 사회적 진출 양상과 특성」. 『교육비평』 제23권.
81. 정선이(2014). 「경성제국대학은 우리에게 무엇인가」. 『역사와 현실』 제93권. 한국역사연구회.
82. 정종현(2010). 「신남철과 대학제도의 안과 밖 : 식민지 학지의 연속과 비연속」. 『동악어문학』 제54권.
83. 조경덕(2013). 「김동인 소설의 나쓰메 소세키(夏目漱石) 소설 수용 연구-<마음이 여튼 자여>와 <마음(こころ)>을 중심으로」. 『현대소설연구』 제53권.
84. 조석래(1983). 「퇴폐와 오만성-<약한 자의 슬픔>을 중심으로」. 『어문학』 1983. 5.
85. 지수걸(1998). 「조선정치사상범 탄압을 문제 삼아야 할 이유」. 『역사비평』 제45권. 역사비평사.
86. 진설아(2005). 「한국문단사와 '순수' 그 이면을 찾아서」. 『어문론집』 제33집. 중앙어문학회.
87. 채영국(1995). 「正義府의 지방조직과 對民정책」. 『한국독립운동사연구』 제9집.
88. 채영국(1997). 「1920년대 중후기 中日合同의 在滿韓人 탄압과 대응」. 『한국독립운

동사연구』 제11집.

89. 최규진(1997). 「'꼼무니스트' 그룹과 태평양 노동조합 계열의 노동운동 방침」. 『역사연구』 제5집.

90. 최규진(2000). 「김단야 기억 저편에서 드높고 허망한」. 『진보평론』 2000. 여름호.

91. 최봉춘(2001). 「석정 열사의 항일투쟁사」. 『석정 윤세주 열사의 생애와 독립정신』. 세미나 자료. 밀양문화원.

92. 최성주(2019). 「무장독립군 기지 봉오동과 봉오동전투 재조명」. 『세계 한인 Diaspora와 독립운동』. 3·1운동 100주년과 학생독립운동 90주년 기념 국제학술회의 자료집.

93. 최성주(2019). 「만주 무장독립전쟁의 주역 최운산 장군」. 『봉오동 전투 및 청산리 전투 시기 만주독립군의 전투 환경』. 최운산 장군 기념사업회 제4회 학술세미나 자료집.

94. 한홍구(1991). 「기획 해방전야, 해외 4대 세력 무엇을 하고 있었나. 무정과 화북조선독립동맹」. 『역사비평』 1991. 8월.

95. 허재영(2015). 「근대 계몽기 과학 담론 형성과 일제강점기 '과학적 국어학'」. 『코기토』 제78권.

96. 홍윤기(2001). 「박종홍 철학연구-철학과 권력의 퇴행적 결합」. 『역사비평』 제55호.

97. 화니 이샤꼬브나 샵쉬나(1995). 「한국 공산주의 운동과 민족해방운동(1918~1945)에 대한 러시아 한국학자들의 견해」. 『한국독립운동사 연구』 제9호.

4. 논평

1. 권승욱(1949). 「朝鮮語學會 受難의 回顧」. 『民聲』. 제5호. 통권 34호.

2. 김광명(2010). 「아버님(김동인)에 대한 추억」. 『근대서지』. 제2집.

3. 김규동(2002). 「내가 만난 해방 무렵 문인들」. 『문단유사』. 한국문인협회 월간 문학.

4. 김기협(1994). 「이희승 비판론의 획일주의」. 『말』. 1994년 11월호.

5. 김승빈(1994). 「고독한 항일무장투쟁의 길목에 서서」. 『동화』. 1994년 3월호.

6. 김승빈(1994). 「러시아 원동의 조선인 빨치산 운동」(1918-1922). 『동화』. 1994년 8월호.

7. 김윤경(1946). 「조선어학회 수난기」. 『한글』. 제11권 제1호.

8. 김태완(2017). 「고정일 대표, "편견 벗겨 춘원 이광수·육당 최남선의 본심을 이해해야"」. 『월간조선』. 2017. 4월호

9. 김팔봉(1960). 「부정선거와 예술인의 지성」. 『사상계』. 1960년 5월호.

10. 노천명(1946). 「팔로군에 종군했던 김명시 여장군의 반생기」. 『신천지』. 제1권 제2호.

11. 류연산(2003). 「봉오동전투의 최진동은 독립투사 아닌 친일파」. 『말』. 통권 208호.

12. 박형숙(2001). 「문화 이슈: 제32회 동인문학상 후보 거부한 공선옥」. 『말』. 2001년 10월호.

13. 신경림(1996), 「광야에서 초인을 기다린 개결의 시인 이육사」, 『우리교육』. 1996년 6월호,

14, 신웅순(2016). 「민족시인 노산 이은상」. 『서예문인화』. 2016년 2월호.

15. 안지현(2017). 「항일독립운동에 나선 의학도와 의사들」. 『국방저널』. 519호.

16. 이영애(1976). 「나라사랑의 고백, 그 그늘 속에서」. 『나라사랑』 13집.

17. 이은상(1967). 「짧은 일생을 영원한 조국에」. 『새길』. 제145호.

18. 이은상(1971). 「잊을 수 없는 스승」. 『나의 인생관: 오늘도 탑(塔)을 쌓고』. 휘문출판사: 1971.

19. 이은상(1973). 「태양이 비치는 길로 : 충무공 발자국 따라」. 『해군』. 제230호.

20. 이은상(1975). 「故 성곡 김성곤 선생 신도비명 및 서문」. 『성곡 논총』. 6호.

21. 「이은상-문태갑 특별대담」. 『유신정우』. 6-1호. 1978. 3월.

22. 이은상(1980). 「새 대통령에게 바란다-새 시대 새 역사의 지도자상」. 『정경문화』. 187호. 1980년 9월호.

23. 이종모(1937). 「보호관찰령의 적용범위」. 『朝光』. 제3권 제2호.

24. 정인승(1969). 「가람 이병기 박사의 인간과 문학」. 『신동아』. 1969년 1월호.

25. 정재욱(2016). 「박정희는 세종과 이순신을 합친 정도의 위인」. 『감사해요 박정희』. 통권 49호. 박정희 대통령 기념재단.

26. 조봉암(1958). 「내가 걸어온 길」. 『사상계』. 1958년 2월호.

27. 조봉암. 「나의 정치백서」.

28. 조재수(2018). 「노산 선생님 말씀」. 『한글 새소식』. 547호. 한글학회.

29. 최범산(2019). 「이놈들! 하늘이 무섭지 않느냐」. 『백년편지』. 대한민국 임시정부기념사업회.

30. 홍성덕(2018). 「봉오동 전승 98주년에 즈음하여: 철기 이범석의 '우둥불'과 '김일성 회고록'의 오류」. 『순국』. 2018년 6월호.

31. 定村光鉉(1941). 「朝鮮思想犯 豫防拘禁令 解説」. 『조광』. 제7권 제4호.

32. 하성환(2017). 「매화향기 가득한 항일혁명시인 이육사(2)」. 『순국』. 통권315호.

5. 신문, 사전류 그 외

1. 강양구. 「몽골 초원에 묻힌 청년 의사… 무슨 일이 있었나?」. 『프레시안』 2010. 6. 12.

2. 「국무원포고 제1호」. 『독립신문』. 1920. 2. 5.

3. 권영민. 『한국현대문학대사전』.

4. 김용덕(2007). 「경성제국대학의 교육과 조선인 학생」. 『한일공동연구총서』. 12권.

5. 김학규(2019). 「남과 북 국립묘지에 동시 안장된 최초의 독립운동가」. 『오마이뉴스』. 2019. 8. 15.

6. 경남도민일보 이은상, 조두남 논쟁 편찬위원회. 『이은상, 조두남 논쟁-지역사회의 역사투쟁 26년의 기록』. 2006년.

7. 『경향신문』. 1949. 10. 14.

8. 『경향신문』. 2005. 5. 30.

9. 김도윤. 「공산주의자, 조선 독립운동에 한 평생 바치다」. 『SSUE MAKER』. 2017. 8. 5.

10. 김동인(1935). 「조선의 작가와 톨스토이-머리를 숙일 뿐」. 『매일신보』. 1935. 11. 20.

11. 김동인(1942). 「감격과 긴장」. 『매일신보』. 1942. 1. 23.

12. 김동인(1944). 「총동원 태세로-決戰下 文壇人의 決意」. 『매일신보』. 1944. 1. 1.

13. 김삼웅 외(2018). 『대한민국 100주년 남북한 여성독립운동가를 기억하다』. 한국여

성독립운동연구소, 표창원 의원 공동 주최.

14. 「김필순이 안창호에게 보낸 1912년 3월 11일자 서신」. 독립기념관 독립운동사 정보 시스템.
15. 김혁. 「여걸 이화림」. 『동북아 신문』. 2015. 3. 16.
16. 김혁. 「인물 연구: 윤봉길 신변의 여인-이화림」. 『동포투데이』. 2015. 4. 26.
17. 노세극(2019). 「1920년대 항일무장투쟁의 맹장 오동진」. 『매일노동뉴스』. 2019. 7. 18. 『대한매일신보』. 1907. 5. 23.
19. 「독립군전투사(상)」. 『독립운동사』 제5권.
20. 『독립신문』. 1896. 6. 4.
21. 『독립신문』. 1897. 8. 5.
22. 『독립신문』. 1922. 11. 8.
23. 『독립신문』. 1923. 5. 2.
24. 『독립신문』. 1924. 10. 4.
25. 『독립신보』. 「여류혁명가를 찾아서: 21년간 투쟁생활, 태중에도 감옥살이-김명시 여사 편」. 1946. 11. 21.
26. 독립운동사 편찬위원회(1975). 「독립군전투사(하)」. 『독립운동사』. 제6권.
27. 『동아일보』. 1926. 5. 26.
28. 『동아일보』. 1928. 5. 2.
29. 『동아일보』. 1929. 11. 2.
30. 『동아일보』. 1932. 8. 29.
31. 『동아일보』. 「共産再建事件 金命時 發病(新義州)」. 1933. 2. 2.
32. 『동아일보』. 「김찬 사건과 병합심리, 조봉암 사건과」. 1933. 2. 26.
33. 『동아일보』. 1933. 6. 1.
34. 『동아일보』. 「조봉암, 홍남표 등 17명은 예심 종결, 관계자 1명은 옥중 사망」. 1933. 6. 1.; 6. 2.
35. 『동아일보』. 1933. 11. 17.
36. 『동아일보』. 「피고들의 騷然으로 부득이 분리심리, 조봉암 등은 퇴정시켜, 단일 共黨 김명시, 김찬 등 속행 공판(신의주)」. 1933. 11. 16.; 1933. 12. 8.; 1933. 12. 18.
37. 『동아일보』. 1933. 12. 1.
38. 『동아일보』. 1934. 5. 9.
39. 『동아일보』. 1934. 7. 10.
40. 『동아일보』. 1935. 1. 26.
41. 『동아일보』. 1936. 5. 3.
42. 『동아일보』. 1939. 1. 1.
43. 『동아일보』. 1945. 12. 23.
44. 마산시의회 세미나 자료. 『노산 이은상 탐구』. 2000. 5. 23.
45. 「불령선인단 正義府의 現勢에 관한 건」. 『독립운동사 자료집』. 10. 1973. 12.
46. 『매일신보』. 1933. 2. 25.
47. 『매일신보』. 1933. 11. 15.
48. 『매일신보』. 1933. 11. 17.

49. 『매일신보』. 1938. 2. 4.
50. 민족문제연구소(2009). 『친일인명사전』.
51. 반병률(2003). 「러시아에서의 민족운동의 자취를 찾아서」. 『한국사 시민강좌』. 33.
52. 『연합뉴스』. 2002. 7. 17.
53. 『서울신문』. 1960. 3. 5.
54. 『세명일보』. 2019. 7. 29.
55. 『수원일보』. 「김구의 한인애국단 핵심 윤봉길 이봉창과 이화림」. 2012. 7. 10.
56. 『시대일보』. 1926. 5. 25.
57. 「신민부 농업경영 및 군자금 모집 위해 鮮內地 침입 계획에 관한 건」. 『不逞團關係 雜件-朝鮮人의 部-在滿洲의 部 43』. 1926. 6. 21.
58. 안창호가 아내 이혜련에게 보낸 1908년 12. 30일자 서신」. 독립기념관 독립운동사 정보시스템.
59. 『여성연합』. 「조선의용대 부녀대장 이화림」. 2002. 5. 20.
60. 「女子의 一片丹誠」. 『獨立新聞』. 1920. 12. 28
61. 『연변일보』. 「민족의 전설, 항일 장령 무정 장군의 인생 비화」. 2017. 8. 21.
62. 『연변일보』. 「민족의 전설, 항일 장령 무정 장군의 인생 비화」 2018. 1. 8.
63. 오문수. 「몽골 울란바토르 한복판에 이태준 기념공원, 어떤 사연?」. 『오마이뉴스』. 2018. 7. 26.
64. 윤성효. 「더는 기념하지 않는 게 이은상 위하는 길」. 『오마이뉴스』. 2016. 5. 29.
65. 『월간조선』. 2002년 4월호.
66. 이동언(2006). 「조선어학회 사건 판결문」. 독립기념관 소장 자료.
67. 「이영우 신문조서」. 『한민족 독립운동사 자료집』. 59.
68. 이은상(1957). 「나의 해방 전후 : 포박이 벗겨지던 날」. 『조선일보』. 1957. 8. 19.
69. 임기상. 「일본 수뇌부 쑥밭…꽃이 휘날리듯 아름다워」. 『노컷뉴스』. 2014. 5. 28.
70. 임완숙(2018). 「몽골 초원과 바이칼의 파도소리」. 『수필시대』. 13호(가을). 문예운동사.
71. 『자유신문』. 1945. 12. 24.
72. 『자유신문』. 1945. 12. 26.
73. 『자유신문』. 「우리의 피로 조선을 찾자. 이채 띤 김명시 여장군의 축사」. 1945. 12.
74. 『자유신문』. 1946. 3. 9.
75. 『자유신문』. 1947. 11. 22.
76. 『자유신문』. 1947. 5. 22.
77. 『자유신문』. 「北勞 간부 金命時, 富平署 유치장서 자살」. 1949. 10. 11.
78. 『자유신문』. 1949. 10. 23.
79. 전점석(2019). 「인물 추적 이은상: 노산 이은상이 지은 각종 비문」. 『경남도민일보』. 2019. 1. 30.
80. 「조규석 신문조서 제 3회」. 『한민족 독립운동사 자료집』. 60.
81. 『조선연감』. 1948년.
82. 『조선일보』. 1937. 5. 11.
83. 『조선일보』. 1937. 5. 30.

84. 『조선일보』. 1960. 4. 15.
85. 『조선일보』. 1999. 4. 28.
86. 『조선중앙일보』. 「조봉암 등 17명, 예심종결결정서, 그 전문은 여좌하다」. 1933. 6. 4.
87. 조선총독부(1932). 『生活狀態調査 其四 平壤府』.
88. 진영원. 「3·15 의거는 불합리·불법이 빚은 불상사」. 『경남도민일보』. 2003. 7. 30.
89. 최성주(2016). 「연재 독립운동가 최운산 장군 1, 역사 속으로 들어가다」. 『한겨레 온』. 2016. 10. 20.
90. 최성주(2016). 「연재 독립운동가 최운산 장군 5, 만주 독립군의 어머니 독립군 김성녀」. 『한겨레 온』. 2016. 12. 11.
91. 최성주(2016). 「연재 독립운동가 최운산 장군 3, 최운산 장군의 마을 봉오동에 가다」. 『한겨레 온』. 2016. 11. 28.
92. 최성주(2016). 「연재 독립운동가 최운산 장군 3, 최운산 장군의 마을 봉오동에 가다」. 『한겨레 온』. 2016. 11. 28.
93. 최성주(2016). 「연재 독립운동가 최운산 장군 4, 증조부 최우삼의 묘소를 찾다」. 『한겨레 온』. 2016. 12. 7.
94. 최성주(2016). 「연재 독립운동가 최운산 장군 5, 만주 독립군의 어머니 독립군 김성녀」. 『한겨레 온』. 2016. 12. 11.
95. 최성주(2016). 「연재 독립운동가 최운산 장군 1, 역사 속으로 들어가다」. 『한겨레 온』. 2016. 10. 20.
96. 최성주(2017). 「[연재] 독립운동가 최운산 장군 19. 빛나는 형제 최진동과 최운산 2」. 『한겨레 온』. 2017. 6. 5.
97. 최성주(2017). 「[연재] 독립운동가 최운산 장군 13. 손녀 최성주가 보내는 편지」. 『한겨레 온』. 2017. 3. 8.
98. 최성주(2017). 「연재 독립운동가 최운산 장군 18. 경주 당고모」. 『한겨레 온』. 2017. 5. 29.
99. 최성주(2019). 「영화 <봉오동전투> 유감」. 『한겨레 온』. 2019. 7. 11.
100. 최성주(2019). 「'독립전쟁의 제1회전'이라 불린 "봉오동 전투" 그날의 이야기」. 『한겨레 온』. 2019. 8. 1.
101. 한국학 중앙연구원 『민족문화대백과』.
102. 『현대일보』. 1946. 4. 7.
103. 황희면. 「독립투사 이화림 녀사와 로인회장님들」. 『길림신문』. 2012. 11. 28.
104. 『不逞團關係 雜件-朝鮮人의 部-鮮人과 過激派 2』. 機密 제49호. 1922. 2. 14.
105. 『不逞團關係 雜件-朝鮮人의 部-鮮人과 過激派 2』. 機密 제58호. 1922. 2. 17.
106. 「機密 第143號 大正 13年 12月 21日 統義府離反軍隊의 統義府聲討文에 關한 件」. 『在滿洲의 部(40)』.
107. 「不逞鮮人의 取締方法に關する朝鮮總督府奉天省間의 協定」. 『日本外交年表竝主要文書』 下. 原書房. 日本 東京. 1965. 12.
108. 『梶村秀樹, 姜德相(1970). 『現代史資料』. 27권. みすず.
109. 『調査資料 第2輯-間島事情』.
110. 『朝鮮民族運動年鑑』. 111. 「朝鮮に於ける共産主義運動의 近況」. 『思想彙報』. 5호

(1935). 42쪽.

112. http://db.history.go.kr 「시베리아 내전과 한인사회」.

113. http://db.history.go.kr 이기권 반민특위 자료. 「의견서」. 1949. 8. 30.

114. http://db.history.go.kr 이기권 반민특위 자료. 「피의자 신문조서(제3회)」. 1949. 8. 17.

115. http://db.history.go.kr 증인 이정규 반민특위 자료. 「증인 신문조서」. 1949. 8. 18.

116. http://db.history.go.kr 이기권 반민특위 자료. 「피의자 신문조서(제2회)」. 1949. 8. 12.

117. http://db.history.go.kr 이기권 반민특위 자료. 「피의자 신문조서(제4회)」. 1949. 8. 19.

118. http://db.history.go.kr 증인 김창영 반민특위 자료. 「증인 신문조서」. 1949. 8. 20.

119. http://db.history.go.kr 이기권 반민특위 자료. 「피의자 신문조서(제6회)」. 1949. 8. 28.

120. http://db.history.go.kr 「봉오동 전투」.

121. http://db.history.go.kr 「북간도 지역 한인사회와 독립운동」.

122. http://db.history.go.kr 「사회주의적 청년운동」. 『한민족 독립운동사』. 제9권.

123. http://db.history.go.kr 「한민족 독립운동사 연표」 (1931년). 『한민족독립운동사』. 13권.

삶의 행복을 꿈꾸는 교육은 어디에서 오는가?

● **교육혁명을 앞당기는 배움책 이야기** 혁신교육의 철학과 잉걸진 미래를 만나다!

● **비고츠키 선집 시리즈** 발달과 협력의 교육학 어떻게 읽을 것인가?

 생각과 말
레프 세묘노비치 비고츠키 지음
배희철 · 김용호 · D. 켈로그 옮김 | 690쪽 | 값 33,000원

 도구와 기호
비고츠키 · 루리야 지음 | 비고츠키 연구회 옮김
336쪽 | 값 16,000원

 어린이 자기행동숙달의 역사와 발달 I
L.S. 비고츠키 지음 | 비고츠키 연구회 옮김
564쪽 | 값 28,000원

 어린이 자기행동숙달의 역사와 발달 II
L.S. 비고츠키 지음 | 비고츠키 연구회 옮김
552쪽 | 값 28,000원

 어린이의 상상과 창조
L.S. 비고츠키 지음 | 비고츠키 연구회 옮김
280쪽 | 값 15,000원

 비고츠키와 인지 발달의 비밀
A.R. 루리야 지음 | 배희철 옮김 | 280쪽 | 값 15,000원

 수업과 수업 사이
비고츠키 연구회 지음 | 196쪽 | 값 12,000원

 비고츠키의 발달교육이란 무엇인가?
비고츠키교육학실천연구모임 지음 | 412쪽 | 값 21,000원

 비고츠키 철학으로 본 핀란드 교육과정
배희철 지음 | 456쪽 | 값 23,000원

 성장과 분화
L.S. 비고츠키 지음 | 비고츠키 연구회 옮김
308쪽 | 값 15,000원

 연령과 위기
L.S. 비고츠키 지음 | 비고츠키 연구회 옮김
336쪽 | 값 17,000원

 의식과 숙달
L.S 비고츠키 | 비고츠키 연구회 옮김
348쪽 | 값 17,000원

 분열과 사랑
L.S. 비고츠키 지음 | 비고츠키 연구회 옮김
260쪽 | 값 16,000원

 성애와 갈등
L.S. 비고츠키 지음 | 비고츠키 연구회 옮김
268쪽 | 값 17,000원

 흥미와 개념
L.S. 비고츠키 지음 | 비고츠키 연구회 옮김
408쪽 | 값 21,000원

 관계의 교육학, 비고츠키
진보교육연구소 비고츠키교육학실천연구모임 지음
300쪽 | 값 15,000원

 비고츠키 생각과 말 쉽게 읽기
진보교육연구소 비고츠키교육학실천연구모임 지음
316쪽 | 값 15,000원

 교사와 부모를 위한 비고츠키 교육학
카르포프 지음 | 실천교사번역팀 옮김
308쪽 | 값 15,000원

 혁신교육, 철학을 만나다
브렌트 데이비스 · 데니스 수마라 지음
현인철 · 서용선 옮김 | 304쪽 | 값 15,000원

 혁신교육 존 듀이에게 묻다
서용선 지음 | 292쪽 | 값 14,000원

 다시 읽는 조선 교육사
이만규 지음 | 750쪽 | 값 33,000원

 대한민국 교육혁명
교육혁명공동행동 연구위원회 지음
224쪽 | 값 12,000원

 경쟁을 넘어 발달 교육으로
현광일 지음 | 288쪽 | 값 14,000원

 독일 교육, 왜 강한가?
박성희 지음 | 324쪽 | 값 15,000원

 핀란드 교육의 기적
한넬레 니에미 외 엮음 | 장수명 외 옮김
456쪽 | 값 23,000원

 한국 교육의 현실과 전망
심성보 지음 | 724쪽 | 값 35,000원

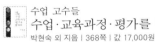

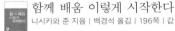

프레이리의 사상과 실천
사람대사람 지음 | 352쪽 | 값 18,000원
2018 세종도서 학술부문

혁신학교, 한국 교육의 미래를 열다
송순재 외 지음 | 608쪽 | 값 30,000원

페다고지를 위하여
프레네의 『페다고지 불변요소』 읽기
박찬영 지음 | 296쪽 | 값 15,000원

노자와 탈현대 문명
홍승표 지음 | 284쪽 | 값 15,000원

선생님, 민주시민교육이 뭐예요?
염경미 지음 | 244쪽 | 값 15,000원

어쩌다 혁신학교
유우석 외 지음 | 380쪽 | 값 17,000원

미래, 교육을 묻다
정광필 지음 | 232쪽 | 값 15,000원

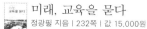
대학, 협동조합으로 교육하라
박주희 외 지음 | 252쪽 | 값 15,000원

입시, 어떻게 바꿀 것인가?
노기원 지음 | 306쪽 | 값 15,000원

촛불시대, 혁신교육을 말하다
이용관 지음 | 240쪽 | 값 15,000원

라운드 스터디
이시이 데루마사 외 엮음 | 224쪽 | 값 15,000원

미래교육을 디자인하는 학교교육과정
박승열 외 지음 | 348쪽 | 값 18,000원

흥미진진한 아일랜드 전환학년 이야기
제리 제퍼스 지음 | 최상덕·김호원 옮김 | 508쪽 | 값 27,000원
2019 대한민국학술원우수학술도서

폭력 교실에 맞서는 용기
따돌림사회연구모임 학급운영팀 지음
272쪽 | 값 15,000원

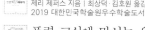
그래도 혁신학교
박은혜 외 지음 | 248쪽 | 값 15,000원

학교는 어떤 공동체인가?
성열관 외 지음 | 228쪽 | 값 15,000원

교사 전쟁
다나 골드스타인 지음 | 유성상 외 옮김
468쪽 | 값 23,000원

시민, 학교에 가다
최형규 지음 | 260쪽 | 값 15,000원

교육과정, 수업, 평가의 일체화
리사 카터 지음 | 박승열 외 옮김 | 196쪽 | 값 13,000원

학교를 개선하는 교장
지속가능한 학교 혁신을 위한 실천 전략
마이클 풀란 지음 | 서동연·정효준 옮김 | 216쪽 | 값 13,000원

공자뎐, 논어는 이것이다
유문상 지음 | 392쪽 | 값 18,000원

교사와 부모를 위한
발달교육이란 무엇인가?
현광일 지음 | 380쪽 | 값 18,000원

교사, 이오덕에게 길을 묻다
이무완 지음 | 328쪽 | 값 15,000원

낙오자 없는 스웨덴 교육
레이프 스트란드베리 지음 | 변광수 옮김
208쪽 | 값 13,000원

끝나지 않은 마지막 수업
장석웅 지음 | 328쪽 | 값 20,000원

경기꿈의학교
진흥섭 외 지음 | 360쪽 | 값 17,000원

학교를 말한다
이성우 지음 | 292쪽 | 값 15,000원

행복도시 세종,
혁신교육으로 디자인하다
곽순일 외 지음 | 392쪽 | 값 18,000원

나는 거꾸로 교실 거꾸로 교사
류광모·임정훈 지음 | 212쪽 | 값 13,000원

교실 속으로 간 이해중심 교육과정
온정덕 외 지음 | 224쪽 | 값 13,000원

교실, 평화를 말하다
따돌림사회연구모임 초등우정팀 지음
268쪽 | 값 15,000원

학교자율운영 2.0
김용 지음 | 240쪽 | 값 15,000원

학교자치를 부탁해
유우석 외 지음 | 252쪽 | 값 15,000원

국제이해교육 페다고지
강순원 외 지음 | 256쪽 | 값 15,000원

선생님, 페미니즘이 뭐예요?
염경미 지음 | 280쪽 | 값 15,000원

평화의 교육과정 섬김의 리더십
이준원·이형빈 지음 | 292쪽 | 값 16,000원

학교를 살리는 회복적 생활교육
김민자 · 이순영 · 정선영 지음 | 256쪽 | 값 15,000원

 수포자의 시대
김성수 · 이형빈 지음 | 252쪽 | 값 15,000원

 교사를 위한 교육학 강의
이형빈 지음 | 336쪽 | 값 17,000원

 혁신학교와 실천적 교육과정
신은희 지음 | 236쪽 | 값 15,000원

 새로운학교 학생을 날게 하다
새로운학교네트워크 총서 02 | 408쪽 | 값 20,000원

 삶의 시간을 잇는 문화예술교육
고영직 지음 | 292쪽 | 값 16,000원

 세월호가 묻고 교육이 답하다
경기도교육연구원 지음 | 214쪽 | 값 13,000원

 혐오, 교실에 들어오다
이혜정 외 지음 | 232쪽 | 값 15,000원

 미래교육, 어떻게 만들어갈 것인가?
송기상 · 김성천 지음 | 300쪽 | 값 16,000원
2019 세종도서 교양부문

 혁신교육지구와 마을교육공동체는 어떻게 만들어지는가?
김태정 지음 | 376쪽 | 값 18,000원

 교육에 대한 오해
우문영 지음 | 224쪽 | 값 15,000원

 선생님, 특성화고 자기소개서 어떻게 써요?
이지영 지음 | 322쪽 | 값 17,000원

 혁신교육지구 현장을 가다
이용운 외 4인 지음 | 344쪽 | 값 18,000원

 학생과 교사, 수업을 묻다
전용진 지음 | 344쪽 | 값 18,000원

 배움의 독립선언, 평생학습
정민승 지음 | 240쪽 | 값 15,000원

 혁신학교의 꽃, 교육과정 다시 그리기
안재일 지음 | 344쪽 | 값 18,000원

 교육혁신의 시대
배움의 공간을 상상하다
함영기 외 지음 | 264쪽 | 값 17,000원

 학습격차 해소를 위한 새로운 도전
보편적 학습설계 수업
조윤정 외 지음 | 225쪽 | 값 15,000원

 서울의 마을교육
이용운 외 지음 | 352쪽 | 값 18,000원

 물질과의 새로운 만남
베로니카 파치니-케처바우 지음 | 240쪽 | 값 15,000원

평화와 인성을 키우는 자기우정
따돌림사회연구모임 우정팀 지음 | 240쪽 | 값 15,000원

 미래교육을 열어가는 배움중심 원격수업
이윤서 외 지음 | 332쪽 | 값 17,000원

● **살림터 참교육 문예 시리즈** 영혼이 있는 삶을 가르치는 온 선생님을 만나다!

 꽃보다 귀한 우리 아이는
조재도 지음 | 244쪽 | 값 12,000원

 선생님이 먼저 때렸는데요
강병철 지음 | 248쪽 | 값 12,000원

 성깔 있는 나무들
최은숙 지음 | 244쪽 | 값 12,000원

 서울 여자, 시골 선생님 되다
조경선 지음 | 252쪽 | 값 12,000원

 아이들에게 세상을 배웠네
명혜정 지음 | 240쪽 | 값 12,000원

 행복한 창의 교육
최창의 지음 | 328쪽 | 값 15,000원

 밥상에서 세상으로
김흥숙 지음 | 280쪽 | 값 13,000원

 북유럽 교육 기행
정애경 외 14인 지음 | 288쪽 | 값 14,000원

 우물쭈물하다 끝난 교사 이야기
유기창 지음 | 380쪽 | 값 17,000원

 시험 시간에 웃은 건 처음이에요
조규선 지음 | 252쪽 | 값 15,000원

 오천년을 사는 여지
염경미 지음 | 272쪽 | 값 16,000원

 다정한 교실에서 20,000시간
강정희 지음 | 296쪽 | 값 16,000원

● 교과서 밖에서 만나는 역사 교실 상식이 통하는 살아 있는 역사를 만나다

 전봉준과 동학농민혁명
조광환 지음 | 336쪽 | 값 15,000원

 남도의 기억을 걷다
노성태 지음 | 344쪽 | 값 14,000원

 응답하라 한국사 1·2
김은석 지음 | 356쪽·368쪽 | 각권 값 15,000원

 즐거운 국사수업 32강
김남선 지음 | 280쪽 | 값 11,000원

 즐거운 세계사 수업
김은석 지음 | 328쪽 | 값 13,000원

 강화도의 기억을 걷다
최보길 지음 | 276쪽 | 값 14,000원

 광주의 기억을 걷다
노성태 지음 | 348쪽 | 값 15,000원

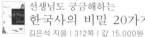 선생님도 궁금해하는
한국사의 비밀 20가지
김은석 지음 | 312쪽 | 값 15,000원

 걸림돌
키르스텐 세룹-빌펠트 지음 | 문봉애 옮김
248쪽 | 값 13,000원

 역사수업을 부탁해
열 사람의 한 걸음 지음 | 388쪽 | 값 18,000원

 진실과 거짓, 인물 한국사
하성환 지음 | 400쪽 | 값 18,000원

 우리 역사에서 사라진
근현대 인물 한국사
하성환 지음 | 296쪽 | 값 18,000원

 꼬물꼬물 거꾸로 역사수업
역모자들 지음 | 436쪽 | 값 23,000원

 즐거운 동아시아사 수업
김은석 지음 | 240쪽 | 값 15,000원

 노성태, 역사의 길을 걷다
노성태 지음 | 324쪽 | 값 17,000원

 교과서 밖에서 배우는 역사 공부
정은교 지음 | 292쪽 | 값 14,000원

 팔만대장경도 모르면 빨래판이다
전병철 지음 | 360쪽 | 값 16,000원

 빨래판도 잘 보면 팔만대장경이다
전병철 지음 | 360쪽 | 값 16,000원

 영화는 역사다
강성률 지음 | 288쪽 | 값 13,000원

 친일 영화의 해부학
강성률 지음 | 264쪽 | 값 15,000원

 한국 고대사의 비밀
김은석 지음 | 304쪽 | 값 13,000원

 조선족 근현대 교육사
정미량 지음 | 320쪽 | 값 15,000원

 다시 읽는 조선근대 교육의 사상과 운동
윤건차 지음 | 이명실·심성보 옮김 | 516쪽 | 값 25,000원

 음악과 함께 떠나는 세계의 혁명 이야기
조광환 지음 | 292쪽 | 값 15,000원

 논쟁으로 보는 일본 근대 교육의 역사
이명실 지음 | 324쪽 | 값 17,000원

 다시, 독립의 기억을 걷다
노성태 지음 | 320쪽 | 값 16,000원

 한국사 리뷰
김은석 지음 | 244쪽 | 값 15,000원

 경남의 기억을 걷다
류형진 외 지음 | 564쪽 | 값 28,000원

 어제와 오늘이 만나는 교실
학생과 교사의 역사수업 에세이
정진경 외 지음 | 328쪽 | 값 17,000원

● 더불어 사는 정의로운 세상을 여는 인문사회과학 사람의 존엄과 평등의 가치를 배운다

밥상혁명
강양구·강이현 지음 | 298쪽 | 값 13,800원

좌우지간 인권이다
안경환 지음 | 288쪽 | 값 13,000원

도덕 교과서 무엇이 문제인가?
김대용 지음 | 272쪽 | 값 14,000원

민주시민교육
심성보 지음 | 544쪽 | 값 25,000원

자율주의와 진보교육
조엘 스프링 지음 | 심성보 옮김 | 320쪽 | 값 15,000원

민주시민을 위한 도덕교육
심성보 지음 | 500쪽 | 값 25,000원
2015 세종도서 학술부문

민주화 이후의 공동체 교육
심성보 지음 | 392쪽 | 값 15,000원
2009 문화체육관광부 우수학술도서

교과서 밖에서 배우는 인문학 공부
정은교 지음 | 280쪽 | 값 13,000원

갈등을 넘어 협력 사회로
이창언·오수길·유문종·신윤관 지음
280쪽 | 값 15,000원

오래된 미래교육
정재걸 지음 | 392쪽 | 값 18,000원

동양사상과 마음교육
정재걸 외 지음 | 356쪽 | 값 16,000원
2015 세종도서 학술부문

대한민국 의료혁명
전국보건의료산업노동조합 엮음 | 548쪽 | 값 25,000원

교과서 밖에서 배우는 철학 공부
정은교 지음 | 280쪽 | 값 14,000원

교과서 밖에서 배우는 고전 공부
정은교 지음 | 288쪽 | 값 14,000원

교과서 밖에서 배우는 사회 공부
정은교 지음 | 304쪽 | 값 15,000원

전체 안의 전체 사고 속의 사고
김우창의 인문학을 읽다
현광일 지음 | 320쪽 | 값 15,000원

교과서 밖에서 배우는 윤리 공부
정은교 지음 | 292쪽 | 값 15,000원

카스트로, 종교를 말하다
피델 카스트로·프레이 베토 대담 | 조세종 옮김
420쪽 | 값 21,000원

한글 혁명
김슬옹 지음 | 388쪽 | 값 18,000원

일제강점기 한국철학
이태우 지음 | 448쪽 | 값 25,000원

우리 안의 미래교육
정재걸 지음 | 484쪽 | 값 25,000원

한국 교육 제4의 길을 찾다
이길상 지음 | 400쪽 | 값 21,000원
2019 세종도서 학술부문

왜 그는 한국으로 돌아왔는가?
황선준 지음 | 364쪽 | 값 17,000원
2019 세종도서 교양부문

마을교육공동체 생태적 의미와 실천
김용련 지음 | 256쪽 | 값 15,000원

공간, 문화, 정치의 생태학
현광일 지음 | 232쪽 | 값 15,000원

교육과정에서 왜 지식이 중요한가
심성보 지음 | 440쪽 | 값 23,000원

인공지능 시대의 사회학적 상상력
홍승표 지음 | 260쪽 | 값 15,000원

식물에게서 교육을 배우다
이차영 지음 | 260쪽 | 값 15,000원

동양사상과 인간 그리고 사회
이현지 지음 | 418쪽 | 값 21,000원

왜 전태일인가
송필경 지음 | 236쪽 | 값 17,000원

장자와 탈현대
정재걸 외 지음 | 424쪽 | 값 21,000원

한국 세계시민교육이 나아갈 길을 묻다
유네스코태평양 국제이해교육원 지음 | 260쪽 | 값
18,000원

놀자선생의 놀이인문학
진용근 지음 | 380쪽 | 값 185,000원

● 평화샘 프로젝트 매뉴얼 시리즈 학교폭력에 대한 근본적인 예방과 대책을 찾는다

학교폭력 어떻게 만들어지는가
문재현 외 지음 | 300쪽 | 값 14,000원

아이들을 살리는 동네
문재현·신동명·김수동 지음 | 204쪽 | 값 10,000원

학교폭력, 멈춰!
문재현 외 지음 | 348쪽 | 값 15,000원

평화! 행복한 학교의 시작
문재현 외 지음 | 252쪽 | 값 12,000원

왕따, 이렇게 해결할 수 있다
문재현 외 지음 | 236쪽 | 값 12,000원

마을에 배움의 길이 있다
문재현 지음 | 208쪽 | 값 10,000원

젊은 부모를 위한 백만 년의 육아 슬기
문재현 지음 | 248쪽 | 값 13,000원

별자리, 인류의 이야기 주머니
문재현·문한의 지음 | 444쪽 | 값 20,000원

우리는 마을에 산다
유양우·신동명·김수동·문재현 지음
312쪽 | 값 15,000원

동생아, 우리 뭐 하고 놀까?
문재현 외 지음 | 280쪽 | 값 15,000원

누가, 학교폭력 해결을 가로막는가?
문재현 외 지음 | 312쪽 | 값 15,000원

**코로나 19가 앞당긴 미래,
마을에서 찾는 배움길**
문재현 외 지음 | 308쪽 | 값 16,000원

● 남북이 하나 되는 두물머리 평화교육 분단 극복을 위한 치열한 배움과 실천을 만나다

10년 후 통일
정동영·지승호 지음 | 328쪽 | 값 15,000원

선생님, 통일이 뭐예요?
정경호 지음 | 252쪽 | 값 13,000원

분단시대의 통일교육
성래운 지음 | 428쪽 | 값 18,000원

김창환 교수의 DMZ 지리 이야기
김창환 지음 | 264쪽 | 값 15,000원

한반도 평화교육 어떻게 할 것인가
이기범 외 지음 | 252쪽 | 값 15,000원

포괄적 평화교육
베티 리어든 지음 | 강순원 옮김 | 252쪽 | 값 17,000원

● 창의적인 협력 수업을 지향하는 삶이 있는 국어 교실 우리말 글을 배우며 세상을 배운다

**중학교 국어 수업
어떻게 할 것인가?**
김미경 지음 | 340쪽 | 값 15,000원

토론의 숲에서 나를 만나다
명혜정 엮음 | 312쪽 | 값 15,000원

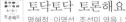
토닥토닥 토론해요
명혜정·이명선·조선미 엮음 | 288쪽 | 값 15,000원

인문학의 숲을 거니는 토론 수업
순천국어교사모임 엮음 | 308쪽 | 값 15,000원

어린이와 시
오인태 지음 | 192쪽 | 값 12,000원

수업, 슬로리딩과 함께
박경숙 외 지음 | 268쪽 | 값 15,000원

언어던
정은균 지음 | 268쪽 | 값 15,000원
2019 세종도서 교양부문

민촌 이기영 평전
이성렬 지음 | 508쪽 | 값 20,000원

감각의 갱신, 화장하는 인민
남북문학예술연구회 | 380쪽 | 값 19,000원

참된 삶과 교육에 관한
생각 줍기